U0110979

生活廣場 1

366天誕生星

馬克‧矢崎治信 著

李 芳 黛 譯

大展出版社有限公司　出版

品冠文化出版社　發行

500天禪生活

SPRING 春

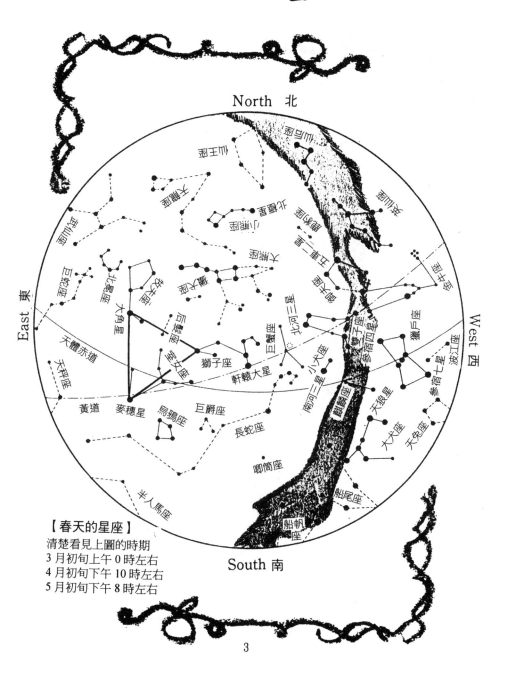

North 北

East 東

West 西

South 南

御夫座
英仙座
大熊座
小熊座
鹿豹座
天貓座
北斗七星
大角星
室女座
后髮座
獅子座
軒轅大星
巨爵座
烏鴉座
麥穗星
黃道
天秤座
天龍座
牧夫座
北冕座
巨蛇座
天體赤道
北河三星
雙子座
參宿四星
南河三星
小犬座
長蛇座
唧筒座
巨蟹座
獅子座一星
麒麟座
天狼星
大犬座
天兔座
獵戶座
參宿七星
波江座
金牛座
船尾座
船帆座
半人馬座

【春天的星座】
清楚看見上圖的時期
3 月初旬上午 0 時左右
4 月初旬下午 10 時左右
5 月初旬下午 8 時左右

SUMMER 夏

North 北

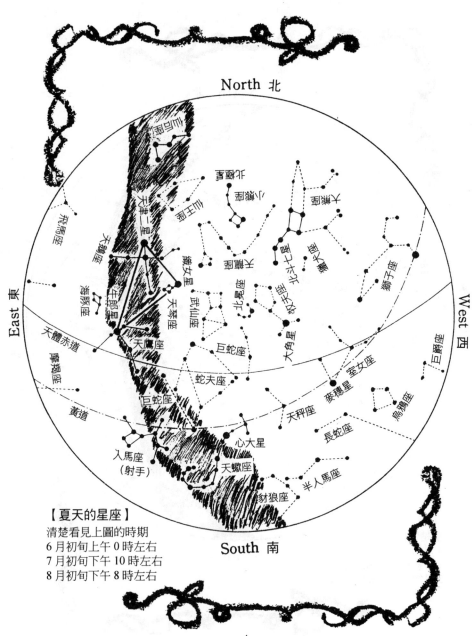

East 東

West 西

【夏天的星座】
清楚看見上圖的時期
6月初旬上午 0 時左右
7月初旬下午 10 時左右
8月初旬下午 8 時左右

South 南

4

AUTUMN 秋

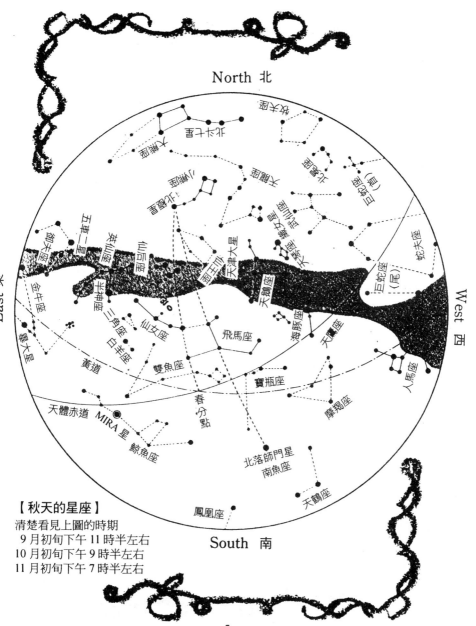

North 北

East 東

West 西

South 南

黃道

天體赤道　MIRA 星

春分點

北斗七星

天津大星

天津大星

飛馬座

雙魚座

寶瓶座

摩羯座

人馬座

巨蛇座（尾）

蛇夫座

北落師門星
南魚座

天鶴座

鯨魚座

仙女座

三角座
白羊座

金牛座

海豚座

天鷹座

鳳凰座

【秋天的星座】

清楚看見上圖的時期
9 月初旬下午 11 時半左右
10 月初旬下午 9 時半左右
11 月初旬下午 7 時半左右

5

WINTER 冬

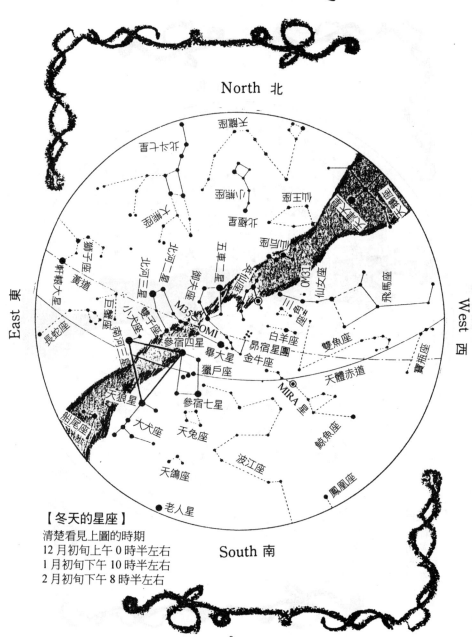

North 北

West 西

East 東

South 南

【冬天的星座】
清楚看見上圖的時期
12 月初旬上午 0 時半左右
1 月初旬下午 10 時半左右
2 月初旬下午 8 時半左右

前　言

　　首先要聲明，這並非是坊間一般星座占卜的書。也不是看你是處女座、獅子座，或將生日依一年十二宮引導出來的星座占卜。

　　這本『誕生星之書』，恐怕是世界第一本針對一年三六六天，看每天所愛星辰，而非星座的影響之書。這比從星座看一個人更細密，能夠很清楚地看出，你誕生過天愛誕生星怎麼樣的影響。

　　這本『誕生星之書』，是指你出生當天早上，與太陽同時升起的唯一星辰，對你這一生所帶來的影響。從這顆星辰，我們可以透視當天出生的每一個人。與太陽同時升起的星座，代表你的光，也可說象徵你的人生。同時，它也反射出你的內在。

每天的星辰，各有其傳說。例如優尼克奔跑、蓓佳沙斯舞蹈、首塔烏斯射箭等神話世界。女神艾樂蒂與奧利安的悲劇戀情、勇者海勒克里斯之戰、美麗女性凱莉斯托的悲劇——這裡充滿各式各樣戀愛故事，以及激情的夢想。而每天守護星所代表的意義，本書根據當天太陽與哪一顆星呈什麼角度的西洋占星術的知識而加以說明。

　　人的運勢有先天的運勢，也會受到後天環境所影響。但實際上，依人的意志與努力所開發出來的，占絕大部分。只不過，如果能了解自己與生俱來的運勢，不是更可以往幸福之道邁進嗎？本書即擔任你往幸福之道邁進的重要指標。另外，尚你眺望夜晚的星空時，也希望你的內心充滿羅曼蒂克的故事。

馬克・矢崎治信

目 錄

各頁的看法

☆月、日
　※ 例：「1／2」=1月2日的意思。

☆Birthday Star
　　　誕生星。當天和太陽同時升起的星，即為當天誕生者的守護星。考慮到歲差（地球轉動產生的差異），以平均值求出當天的誕生星。因為是與太陽一起升起，所以誕生星無法在當晚的夜空看見。大致而言，是在相反的季節（夏天的誕生星即為冬天）出現於夜空中。（南半球的誕生星在北半球看不見）。

☆星座
　　　包含誕生星的星座。

☆特性
　　　當天誕生者的人格、內心。

☆星語
　　　誕生星所代表的意義。可以說是一種發現。
　　※例：「1／1」……星語是「內心穩定的樂天主義」

☆星星與傳說
　　　說明誕生星位置的星座之神話、傳說、發現等。也可說是當天誕生者所擁有的浪漫故事。

☆守護星占卜
　　　根據誕生星所代表的意義，以及當天太陽與星座位置的關係，進行判斷的占卜。

☆當天誕生的名人
　　　相同生日的名人

※插圖中的★符號，是指這顆星大概的位置

10

希臘文字的 α、β：

希臘文字		讀　　法
大文字	小文字	
A	α	阿爾發
B	β	貝他
Γ	γ	伽瑪
△	δ	得爾他
E	ε	埃普西隆
Z	ζ	曲他
H̄	η	埃他
Θ	θ	西他
I	ι	伊歐他
K	κ	卡巴
Λ	λ	蘭姆達
M	μ	謬
N	ν	紐
Ξ	ξ	克西
O	ο	奧密庫隆
Π	π	拍
P	ρ	洛
Σ	σ	西格瑪
T	τ	他烏
γ	υ	烏普西隆
Φ	φ	法埃
X	χ	凱
Ψ	ψ	普西
Ω	ω	奧米加

每顆星星各有其在星座中的順序。從希臘文字來看，以 α、β 來表示。此外，每顆星也有它自己的名字。

本書依下列例子表示星辰。

例：1／1　Vega………天琴座的 α 星。這是星星本身有名字的例子。

1／2　ζ·Pavo……表示孔雀座的 ζ 星。天文學上，孔雀座的學名即為 Pavo。

Birthday Star
Vega
（天琴座 α 星）

特性：和平主義、膽小、樂天派

內心穩定的樂天主義

★星星與傳說

天琴座在日本有七夕牛郎織女的故事。希臘神話當中，代表樂人奧爾菲宇斯的豎琴。其中，特別閃耀美麗光芒的就是 Vego（織女一星）。這把豎琴，原來是傳令海爾梅斯架在龜甲上的弦，一種普通的樂器而已。但是，當奧爾菲宇斯彈奏時，就會變成森林中猛獸均聞之喪膽的奇妙聲音。

像神奇音色般發射白光的織女一星，據說在一萬兩千年之後，會成為天上的指針，亦即北極星。

★守護星占卜

以織女一星為守護星的你，不論對任何人，都呈現永不改變的笑臉，並以穩健的態度待人。任何人與你面對面，便覺心理安定許多。這是由於你本能嫌惡衝突與對立，不管多麼令人討厭的事，都在你的好意中消化了。這正是你的優點及長處。但有時候恐怕也會遭受「優柔寡斷」的負面評價。

戀愛方面，保持與朋友一般的戀人關係。

當天誕生的名人

田中美知太郎（1902・哲學家）
傑洛姆・D・沙林佳（1919・作家）
倉本聰（1935・編劇家）
澤田亞矢子（1949・女演員）

Memorial

Birthday Star
S.Pavo
（孔雀座ξ星）

特性：連帶感、膽小、權威主義

害怕孤單的寂寞者

★星星與傳說

孔雀只有在展開羽毛時，才能顯露其美麗的一面。但孔雀座卻是在羽毛閉合的狀態下位於天空。孔雀羽毛的花紋，看起來像曼陀羅一樣，能展現威嚇他人的銳利眼光。這顆星表示有腳的孔雀。

希臘神話當中，曾經出現擁有一百隻眼睛的怪物。牠對女神海拉非常忠實，永遠不睡覺，總是眼睜睜地執行她的任務。因為丈夫宙斯很花心，所以身為妻子的海拉非常擔心，便指派此百眼怪獸協助自己。

孔雀座可以視為是擁有一百隻眼睛的怪物，也可以視為美麗的孔雀。端看仰望夜空者的內心。

★守護星占卜

以孔雀座的ξ星為守護星的你，很重視與人接觸。你有一種很獨特的磁場，讓四周的人很容易聚集到你身邊。你也很會照顧人，只要以心相許的對象，便竭盡心力為其付出。但另一方面，只要你身旁無人，你就受不了，這是難耐孤獨的一面。因此，有時會讓戀人覺得你有點煩。應努力充實一人時間。

當天出生的名人

伊丹萬作（1900・電影導演）
阿薩克・阿西莫夫（1920・科學家）
立川談志（1936・喜劇演員）

Memorial

Birthday Star

Ø · Sagittarius

（人馬座φ星）

特性：神秘、自然科學、個性固執

個性豐富的自信家

★星星與傳說

　　希臘神話當中，有上半身為人，下半身為馬的肯塔烏斯上場。據說肯塔烏斯族野蠻、殘暴，但被當成人馬座代表的凱隆，卻是位禮儀端正、擅長醫術、藝術的弓箭好手。凱隆的箭，以西方空中的天蠍座為目標。即使成為星座之後，凱隆好像依然有著強烈使命感，非打倒令人討厭的毒蠍不可。

　　人馬座的φ星，即代表此箭中心的星星。它是一顆 3 等星，但實際光度達到太陽的 180 倍，可說是顆強而有力的星辰。

★守護星占卜

　　以人馬座的φ星為守護星的你，對於所有領域均有興趣，徹底分析各種知識，即使勞苦也在所不惜。討厭半途而廢，有自信能追根究底，導出結論。但無論什麼事都只依自己判斷，所以人際關係不太好。有自信絕非壞事，但別忘了尊重他人的個性。

　　你的戀愛將富羅曼蒂克。

當天誕生的名人
岩下志麻（1941・女演員）
海爾・吉普森（1956・演員）
山崎浩子（1960・資深演藝人員）
柳葉敏郎（1961・演員）
吉田榮作（1969・演員）

Memorial

14

Birthday Star
Sheliak
（天琴座的 β 星）

特性：有個性、富野心、虐待狂

向夢想勇敢前進

★星星與傳說

豎琴名手奧爾菲宇斯彈奏出來的音色，據說能打動冥府（黃泉國度）國王哈地斯的心。當奧爾菲宇斯的妻子伊麗黛絲被蛇咬死後，奧爾菲宇斯傷心欲絕，於是帶著豎琴進入冥府尋妻，並用他的琴聲打動了冥王及所有幽魂。最後，冥王同意釋放他的愛妻，但唯一條件是，在奧爾菲宇斯到達人間地界之前，絕不能回頭探望妻子。可憐的奧爾菲宇斯，在快到陽間之際，因思念情切，忍不住回頭一望。突然之間，伊麗黛絲消失在黑暗中，奧爾菲宇斯永遠失去了愛妻。

位於豎琴轉角處的 Sheliak（漸臺二），在一定週期會放出暗淡光芒，這好像正代表奧爾菲宇斯悲傷的淚水。

★守護星占卜

以 Sheliak 為守護星的你，是位面對偉大夢想，毫不迷惘前進的人。不論何時何地，你都勇往直前，從沒想過停止或後退。對於阻礙你前進的人，你則絕無寬赦地與之戰鬥。但這種強者的作風，稍一不慎，映在他人眼底就成了「冷酷者」。不妨試著敞開心扉看看四周，相信你應該會發現，某處正有溫柔守候你的關懷眼神……。

當天誕生的名人
牛頓（1643・科學家）
克里姆兄（1785・文學家）
夢野久作（1889・作家）
竹內力（1964・演員）

Memorial

1/5

Birthday Star
Kaus Media
（人馬座 σ 星）

特性：合理主義、無情、保守、真理

細密、冷靜的保守個性

★星星與傳說

　　傳說中下半身為馬，上半身為人的肯塔烏斯族，是野蠻的生物，但其中也有像凱隆般，力量與智慧兼備的優秀例子。各國王子，甚至連天上的神都想向他討教。凱隆也是弓箭名手。人馬座就象徵凱隆雄糾糾氣昂昂的拉弓姿態。

　　Kaus Media（箕宿二）是人馬座中第一顆明亮星星，表示握箭凱隆的右手，他的右手可以決定箭的去向。

★守護星占卜

　　以箕宿二為守護星的你，不畏懼任何難題，有冷靜判斷事物的能力。但因為被既定的思考所束縛，所以也有欠缺產生新構想的部分。人生有許多難以估計的部分，人心就是其中之一。不是什麼都像自己所想的一樣，包括你本身的心亦然。

　　如果在戀愛、工作方面都能更自由對應的話……，你應該更能閃耀光芒。

當天誕生的名人
夏目漱石（1867・作家）
宮崎駿（1941・漫畫家）
澤松和子（1951・網球名將）

Memorial

ζ.Sagittarius

（人馬座ζ星）

特性：思慮、自我批判、拙於演出

充滿信賴感的正義使者

★星星與傳說

人馬座是以希臘神話肯塔烏斯族之一，凱隆為典型。因為下半身是馬，所以跑得很快，不論什麼獵物都逃不了。另外，由於上半身是人，因此凱隆具有超人智慧與技術。廣為人知的豪傑海勒克里斯，幼年時也拜凱隆為師，學習科學及哲學。但不知是否命運之神的捉弄，最後凱隆竟命喪酒醉後的海勒克里斯箭下。

人馬座ζ星正好位於凱隆的心臟處。即使成為星座之後，還靜靜地跳動著的這顆星子，讓人感受其具有深不可測的力量。

★守護星占卜

被人馬座ζ星守護的你，當面臨決斷時，首先以「正義」為第一考量。從各方面進行檢討，在決定之前絕不輕率行動，所以獲得周圍人的信賴。

服從信念的姿態非常感人，但如果過度拘泥，則恐怕會遇到非犧牲自己人性不可的場合。以「像自己」為首要，你所具備的魅力將更迷人。這也正是你掌握戀情的秘訣。

當天誕生的名人

強納・達克（1412・聖人）
休里曼（1822・考古學家）
木村優子（1961・播音員）
大場久美子（1960・演員）

Memorial

17

Birthday Star

ζ · Aquila

（天鷹座ζ星）

特性：勤勉、行動、單一形式

充滿努力與行動力、大器晚成

★星星與傳說

　　希臘神話中的宙斯，是奧林匹斯山（希臘神話中眾神居住的地方）的最高權力者，同時也是有名的好色之神。天鷹座描繪帶著少年的大鷹之姿，這隻大鷹正是宙斯的化身。宙斯醉心於住在特洛伊國的美少年傑尼米德，於是自己變成一隻大鷹降臨地面，帶著又哭又叫的傑尼米德離去。

　　天鷹座的中心由河鼓一（β星）、河鼓二（α星）、河鼓三（γ星）所組成，位於其西北的吳越星（ζ星），表示大鷹的尾部，發散出藍色閃爍光芒，可稱為天鷹座的主要星星之一。

★守護星占卜

　　以吳越（ζ星）為守護星的你，不論任何事情均憑自己的力量堅持到最後，具備耐性與行動力。就算步伐有些遲，你所臨之處必定結滿果實。亦即所謂大器晚成型。但容易於單一型式的陷阱當中，所以不要忘了調整心情與思緒。必須要有喘口氣的地方，讓你鬆口氣的人，沒有壓力的努力才是必要的。改變自己的心情，在戀人面前完全放鬆自己，才是戀愛的重點。

當天誕生的名人
前島密（1835・政治家）
森茉莉（1903・作家）
高橋由美子（1974・演藝人員）

Memorial

Birthday Star
τ · Draco

（天龍座 τ 星）

特性：頑固、意志、慎重、猜疑心

行動性的一匹狼

★星星與傳說

根據希臘神話，天龍是隻看守世界西方盡頭黑斯庇斯（Hesperides）花園，有一百個頭的守衛獸拉頓。拉頓奉宙斯之命，看守黃金蘋果樹。這株樹是宙斯迎娶女神海拉時，其他女神的賀禮，備受宙斯重視。拉頓後來被巨人海勒克里斯用箭刺殺。為了讚賞天龍的功績，便使其成為星座，高掛空中。

這是顆 5 等星的小星星，龍的身體正好位於中央。

★守護星占卜

以天龍座的 τ 星為守護星的你，在聽別人的意見之前，會先行動。不管結果是好是壞，都由自己一肩扛起責任，不會造成他人的困擾。但反之，卻有在無形中壓迫自己的危險。

在你四周，應該有許多值得信賴的人。可愛的戀人、新鮮的戀情正等待著你。

當天誕生的名人
埃爾比斯·布瑞斯里（1935·歌手）
森英惠（1926·服裝設計師）
大衛·柏伊（1947·音樂家）
周恩來（1898·政治家）

Memorial

1/9

Birthday Star

κ・Cygnus

（天鵝座κ星）

特性：朋友意識、安定

嗅覺敏銳富群體性

★星星與傳說

　　與南十字星很像，但外型之大與對稱度均凌駕其上的，就是北十字星。北十字星是天鵝座的別名，美麗的十字將夏季的夜空裝點得美豔動人。

　　此天鵝座的翅膀部分，即日本、中國傳說中，牛郎、織女每年相會時，在天河架起的「鵲橋」。

　　天鵝座的κ星，位於左翅的前端部分，亦即強力支撐天河鵲橋的星辰。雖然是在天鵝座一角悄悄發光的4等星，卻是存在感十足的星辰。

★守護星占卜

　　被天鵝座的κ星守護的你，對於和自己相同思想、嗜好的人，可以在一瞬間成為好朋友，立即請回家中。許多朋友信任你。但因為雙方聯繫太強烈，你可能有拒絕其他接觸的傾向。當你陷入熱戀中時，彷彿世界上只有你們二個人，看不見周圍的人的存在。更應該以客觀心情面對重要的朋友、重要的戀人。

當天誕生的名人
西莫奴・得・帕布瓦爾（1908・作家）
大林宣彥（1938・電影導演）
宗茂・猛（1953・馬拉松選手）

Memorial

20

α · Sagittarius

（人馬座α星）

特性：責任感、向上心、理想、獨立

大人與小孩混合體

★星星與傳說

人馬座表現半人半馬的肯塔烏斯手握弓箭模樣。肯塔烏斯族中，以精通箭術、具有超人智慧的凱隆為人馬座的典範。凱隆不但精通箭術，還精通學術、藝術。但諷刺的是，他被自己的學生海勒克里斯的箭誤傷。

凱隆命喪箭下，而其中箭的膝部，正是這顆α星的位置。

★守護星占卜

以人馬座α星為守護星的你，成熟的大人部分與稚氣的小孩部分共存。這種奇妙的組合，讓你具有不可思議的魅力。這種魅力對戀愛有些正面作用，但在社會性方面，卻多少留有一些問題。只依照意慾、理想行動，往往出現過於自我的行動。

稍微停下腳步，回頭看看自己，再慢慢往前進，是使你更感性的秘訣。

當天誕生的名人
島村抱月（1871・文藝評論家）
三遊亭圓歌（1929・喜劇演員）
長門裕之（1934・演員）

Memorial

Birthday Star

δ・Aquila

（天鷹座δ星）

特性：無名英雄、謙虛、照亮他人

害羞、靦腆、謙虛

★星星與傳說

天鷹座表現大鷹及大鷹所捉住少年的姿態。依照希臘神話，這隻大鷹是天神宙斯化身，被大鷹捉住的少年，則為特洛伊國美少年傑尼米德。只要看見自己喜歡的美麗東西，就非弄到手不可。宙斯背著女神海拉，四處輕浮花心。對方是位美少年，宙斯的慾望當然難抑。宙斯從地上帶傑尼米德上奧林匹斯山之後，相當疼愛他。

天鷹座的δ星，正好位於大鷹右側翅膀處，是顆3等星，散發穩定柔和的光芒。

★守護星占卜

你喜歡若無其事、穩定的生活。在周圍認識的人的眼中，你的能力及優點被認同。與其說你是醒目的存在，不如說是腳踏實地的存在。

謙虛、謹慎的姿態非常完美，但有時也應想想如何向自己挑戰。周圍還有不少人沒注意到你的魅力。鼓起些微的勇氣將使你的新世界更寬廣。

當天誕生的名人
岡田茉莉子（1933・女演員）
江利チエミ（1937・歌手）
ちばてつや（1939・漫畫家）
深津繪里（1973・女演員）
黃舒駿（歌手・音樂創作者）

Memorial

Birthday Star
β · Cygnus
（天鵝座β星）

特性：同伴意識、排他的鬥爭心

對於對方盡力的熱心派

★星星與傳說

斯巴達國王頓達瑞斯的王妃莉達，其貌之美甚至傳到奧林匹斯山。天神宙斯得知此消息，便想至凡間一探究竟。正好莉達在宮女們的服侍下，在宮殿附近泉水入浴。望見莉達美麗裸體的宙斯，化為一隻天鵝，飄飄然地降至泉水邊。莉達抱起天鵝親吻。

天鵝座的β星，正是位於天鵝嘴部的星辰。這是顆美麗的雙星，散放金色與藍色的光芒。

★守護星占卜

被天鵝座β星守護的你，一旦陷入愛情的漩渦中，便會為對方全心全力地付出，即使自我犧牲也在所不惜。你是位最佳戀人。但如果對方背叛你，你則恨之入骨，甚至出現攻擊行為。不限於戀人，對於朋友、工作，也容易對敵人做出這種行動，必須特別注意。

如果能夠包容對方的缺點，以溫柔的眼神守候對方，你的魅力必定倍增。

當天誕生的名人

三浦朱門（1926・作家）
かまやつひろし（1941・音樂家）
村上春樹（1949・作家）
楠田枝里子（1952・演員）
澤登正朗（1970・足球選手）

Memorial

Birthday Star
ι · Telescopium
（遠鏡座 ι 星）

特性：沈默寡言、包容力、純潔

沈默寡言、實在、正直

★星星與傳說

8 月的夜空，銀河從北至南清晰地將天空一分為二，美麗的星辰們爭奇鬥艷。像筒子般細長、長跨東西 23 度，亮度非擁有 1 等星、2 等星、3 等星的星座們所及的，正是遠鏡座。遠鏡座均為 4～6 等星的細小星辰，但這大概是天神觀察地面所用的望遠鏡。

要用肉眼捕捉到遠鏡座的 ι 星，實在有點困難，因為它是那麼細小的星辰。但謹慎閃爍的這顆星，靜靜地守護夏季的星座圖繪。

★守護星占卜

不過度修飾自己、少說話、腳踏實地，這就是你。這種純潔自然的姿勢，與依照道理的思考力，正是你迷人所在。但不懂得懷疑人的正直部分，可能在不知不覺之間，被有心人利用了。你有必要學習看清一個人的內在真面目。

關於戀愛，你並不積極行動，這樣可能使你失去最愛的人。不妨在愛情上積極一點，美麗的戀情正在等待著你。

當天誕生的名人

阿刀田高（1935・作家）
野澤那智（1938・聲樂家）
相米慎二（1948・電影導演）
秋本奈緒美（1963・女演員）

Memorial

24

Birthday Star

α · Sagitta

（天箭座α星）

特性：踏實、善意、謙虛、得眾望

充滿魅力與幸運

★星星與傳說

位於天河中的天箭座，是愛的女神愛弗羅蒂以兒子為愛的使者，兒子（邱比特）手上所拿的箭即天箭座。被這支箭射中心扉，便會萌生愛苗，故事很有名。

邱比特的箭最有名的，要算是庫爾奇斯國女王美蒂亞的故事了。伊阿宋為了奪取庫爾奇斯國，便打算親近美蒂亞。邱比特愛神的箭不偏不倚正好射中美蒂亞的心臟，結果，美蒂亞背叛自己的國家，反過來幫助伊阿宋奪取庫爾奇斯國。

天箭座的 α 星位於箭翼處，好像比喻貫穿愛情有時得付出很大犧牲。

★守護星占卜

以天箭座 α 星為守護星的你，一生是人人稱羨的一帆風順。你的幸運不論他人或自己都很肯定。最重要的是不可驕傲，保持踏實的姿勢。你的魅力洋溢，受眾人羨慕，前途也一片光明。

但因為太順利了，恐怕冒險、挑戰精神有點不足。尤其戀愛對象應是自己努力付出心力追求得到。你擁有浪漫戀情的命運。

當天誕生的名人

阿爾貝特·休拜薩（1875·哲學家）
三島由紀夫（1925·作家）
費·達那威（1941·女演員）
石田純一（1955·演員）

Memorial

Birthday Star
δ · Cygnus
（天鵝座δ星）

特性：信念、棄世、與社會隔絕

我行我素的信念

★星星與傳說

希臘神話中的宙斯，是奧林匹斯山的最高權力者，但好像也是害怕愛妻的人。為了騙過妒嫉心強的妻子海拉眼目，與傾心的女性約會，宙斯化身為天鵝。

天鵝座也代表宙斯化身後的姿態。天鵝想見的，是舉世聞名的絕世美女，斯巴達國的王妃莉達。宙斯以天鵝之姿，降臨莉達入浴的泉水邊。

天鵝座的δ星位於天鵝左翅部分，具有3等星亮度，是天鵝座的主要星座。

★守護星占卜

以自己的世界為重，憑藉強烈信念為基礎，我行我素地依自己方式前進，這就是你。也許你會被他人視為「怪人」，但只要你不迷失自己，抬頭挺胸走在正道上，必定能得到成功與地位。如果你再多具備一些社會的適合性，則你的魅力光芒更強烈。

一直在你身旁守候的伴侶，能夠彌補你的缺點，給你很大的助力。好好把握。

當天誕生的名人
馬汀・路沙・金克（1929・牧師）
落合惠子（1945・作家）
宮崎綠（1958・播音員）

Memorial

Birthday Star
Tarazed

（天鷹座 γ 星）

特性：眼力、理解藝術、懷古

不隨波逐流、透視真價的雙眼

★星星與傳說

從奧林匹斯山頂往下眺望的宙斯，當目光移至特洛伊國時，發現一位美少年。他的名字叫傑尼米德。少年出色罕見的美麗，立即俘虜宙斯的心。棕色頭髮、黑色瞳孔、粉紅色嘴唇……，傑尼米德比任何人更動人、更令人愛憐。宙斯化身為一隻大鷹，從特洛伊國將又哭又叫的傑尼米德帶走。

Tarazed 即為「襲擊的鷹」，是構成天鷹座的主要 3 顆星的其中之一。也可說是令人感受到奔回天空的大鷹強烈意志之星星。

★守護星占卜

以天鷹座 γ 星為守護星的你，不會受流行所左右，是掌握事物的本質，透視真價的人。即使面對喜歡的人，也不會感情用事，而會冷靜觀察。

但由於過度拘泥過去的慣例及習慣，也有視野狹窄的一面。如果能多注意新事物、奇特的事物，則更能透視大局。

當天誕生的名人

伊藤整（1905・作家）
吉野弘（1926・詩人）
須田哲夫（1948・播音員）
池上季實子（1959・女演員）
田村英里子（1973・歌手）
藍心湄（歌手・節目主持人）

Memorial

Birthday Star

α · Aquila

（天鷹座α星）

特性：冷靜、客觀、詩心、表現

羅曼蒂克及自然行動

★星星與傳說

希臘神話中的天神宙斯，喜歡一切美麗的事物，只要發現就非弄到手不可。有一天，他被住在特洛伊國的美少年傑尼米德深深吸引，無論如何也想擁有他。於是宙斯化身為一隻禿鷹，飛到特洛伊國。傑尼米德正感覺一片黑雲來臨之際，立即被帶往奧林匹斯山頂。

天鷹座的α星（牛郎星），正好位於禿鷹的心臟部位。是放射白色光芒的1等星。在日本稱為牽牛星或彥星，其妖艷的光芒，也許正代表戀愛的心。

★守護星占卜

被天鷹座α星守護的你，具備客觀觀察事物、冷靜下判斷的優點。不會被表面現象所迷惑，能夠掌握事物的本質。在你冷靜的眼光下挑選出來的戀人、朋友，一定永遠支持你。

此外，你喜歡浪漫，而且能將浪漫感情用自己的話說出來。從事寫詩、寫作的工作應該不錯。而你的戀愛也出乎意料地熱情。

當天誕生的名人
木杉榮（1885・思想家）
坂本龍一（1952・音樂家）
山口百惠（1959・歌手）
查洛那（1960・足球選手）
工藤夕貴（1971.女演員）
李玟（歌手）

Memorial

Birthday Star

γ · **Sagitta**

（天箭座 γ 星）

特性：向上意志、自我鍛鍊、努力

自省的「成長人」

★星星與傳說

　　天箭座代表愛的女神愛弗羅蒂之子邱比特的箭。庫爾奇斯國女王美蒂亞被邱比特的箭射中，愛上敵國的伊阿宋。最後，美蒂亞甚至背叛自己的國家，她對伊阿宋的愛慕之心與日俱增，不許他注視其他的女性，最後出現陸續毒殺其他女性的暴行。之後，美蒂亞變成魔女，給希臘帶來災厄。

　　位於箭尾瑞的 γ 星，是浪漫的愛神之箭，有時也會帶來始料未及的命運。

★守護星占卜

　　你對自己絕不寬大，經常回過頭來反省自己，再踏實地往前進。不滿足於「現在」，在到達偉大的目標之前，備嘗艱辛也不在乎。

　　戀愛方面，等待彼此誠實的戀人出現，以自然體創造戀人關係。

當天誕生的名人

莫哈梅特·艾利（1942·拳擊手）
比特たけし（1948·演員）
森山良子（1948·歌手）
凱賓·克斯那（1955·演員）

Memorial

1/19

Birthday Star

ε · Pavo

（孔雀座 ε 星）

特性：安定志向、理想與現實、宗教

煩惱多、追求安定

★星星與傳說

　　希臘神話中有這麼一則故事。在神殿服務的伊娃，長得非常漂亮，因此搏得天神宙斯的青睞。但宙斯的妻子海拉是位善妒嫉的女神，她無法忍受這件事，便將伊娃變成一頭牛。這樣還無法安心，海拉又派有一百隻眼睛的怪獸看守這頭牛。這頭百眼怪獸，後來成為孔雀，恐怖的一百隻眼睛，就是孔雀羽毛美麗的花紋。

　　這顆星位於孔雀的足部，是 4 等星。放射出的黯淡光芒，讓人感覺像謎一般。到底是美麗的孔雀，還是恐怖的百眼怪獸，就端視本人的心了。

★守護星占卜

　　以孔雀座的 ε 星為守護星的你，視「安定」為一種理想。因為太拘泥於安定，因此只要稍微有些不安，你就會非常煩惱。

　　戀愛也是一樣，只要一陣子見不著面，你就忐忑不安，疑東疑西，使自己內心的不安越來越膨脹。但最後會結出真心的戀愛果實。

當天誕生的名人
森鷗外（1862・作家）
松任谷由實（1954・音樂家）
柴門ふみ（1957・漫畫家）

Memorial

ξ・**Telescopium**

（遠鏡座ξ星）

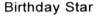

特性：直覺、分析、經營

分析、直覺

★星星與傳說

遠鏡座是位於人馬座的馬人（肯塔烏斯）南側的星座。像筒子般細長、橫跨東西的望遠鏡，不知是誰在看什麼東西。希臘神話當中，充滿各式各樣的愛情故事。從天上高處向下望的天神們，大概利用這支望遠鏡，追求美貌的淑女或可愛的少年吧！當然，從地面上是望不到這支望遠鏡的，所以遠鏡座的星辰們，只在一旁悄悄地散發出細小的光芒。

遠鏡座的ξ星，不但細小，而且光芒微弱。但對天神卻有很大的助益。

★守護星占卜

你能憑著敏銳的直覺力，渡過各種危機。這與幻像的直覺不同，而是以經驗與實質為基礎的直覺力，所以可信度高，對人生也有很大的幫助。從事經營事業，成功的可能性大增。

只不過，對於戀愛的對象，即使他有一點點的小缺點，你也會反應過度，害怕放手後，重要的人物會離你而去。順其自然、放鬆心情是談戀愛的秘訣。

當天誕生的名人

西脇潤三郎（1894・詩人）
菲狄利克・菲里尼（1920・電影導演）
有吉佐和子（1931・作家）
南果步（1964・女演員）
若花田勝（1971・力士）

Memorial

θ · **Aquila**

（天鷹座θ星）

特性：安定、利用、集團與統率

具協調性的領導人

★星星與傳說

奧林匹斯山的天神宙斯，非常喜歡特洛伊國的美少年傑尼米德，於是化身為一隻禿鷹，從天而降。傑尼米德在驚魂未定之際，就被捉回天上。

天鷹座的θ星，代表傑尼米德為了求救而向上揮舞的右手。突然遭受攻擊，傑尼米德又哭又叫的份，其他一點辦法也沒有。宙斯答應讓他永遠年輕貌美，而他的一生就在宙斯的斟酒童子生涯中渡過。

★守護星占卜

以天鷹座θ星為守護星的你，獲得許多人支持，能發揮優秀的統率力。具有領導人資質的你，投入創意工夫，能為眾人奉獻心力。

不管戀人也好，朋友也罷，你都能得到支持，讓你更加閃耀生輝。別忘了感謝周圍的眾人。

當天誕生的名人
克莉斯汀·迪奧（1905·服裝設計師）
竜雷太（1940·演員）
京本政樹（1959·演員）

Memorial

Birthday Star
ρ · Aquila
（天鷹座 ρ 星）

特性：理想、意志、友情

敏銳的感性及崇高的理想

★星星與傳說

　　這顆星位於遨翔在高空的大鷹的左翅前端。這隻大鷹正朝奧林匹斯山飛去。

　　天鷹座代表一隻大鷹與一位少年。少年是特洛伊國的美少年傑尼米德。大鷹是奧林匹斯山的天神宙斯。被傑尼米德美貌吸引的宙斯，化為一隻大鷹從天而降。這是表現宙斯為所欲為之行動的神話。

★守護星占卜

　　以天鷹座的 ρ 星為守護星的你，有著崇高的理想，並且非常重視贊同自己理想的朋友。在連帶感強烈的朋友關係中，你的感性更受到鍛鍊。很多藝術家屬於這一型。戀愛方面，過度拘泥理想，將現實看得太神話了，一不小心就會跌落陷阱中。你有激烈的愛情故事。

當天誕生的名人
拜倫（1788·詩人）
椋鳩十（1905·作家）
鳳蘭（1946·演員）
高橋惠子（1955·女演員）
岡部まり（1963·演員）

Memorial

Birthday Star
β · Capricornus
（摩羯座 β 星）

特性：愛夢想、容易受騙

目光在夢境中閃閃發光

★星星與傳說

　　上半身是山羊，下半身是魚，這種奇怪姿態的「海山羊」星座，就是摩羯座。這顆 β 星位於羊角根部。二顆美麗的雙星也是一大特徵。

　　依照希臘神話，這隻海山羊是牧羊神龐恩的化身。有一天，奧林匹斯山眾神們在奈斯河邊辦宴會，不料突然出現一隻可怕的怪物。眾神們驚慌之餘，紛紛化身為蟲、鳥逃跑，但龐恩卻跳入奈斯河中。他本想變成一條魚，但匆忙之中，上半身忘了變身，依然為山羊之姿。最後就以此姿態高掛空中。

★守護星占卜

　　愛做夢、幻想的你，目光閃閃發光，魅力十足。然而，追夢之餘，往往疏忽了現實。最好以冷靜的態度，客觀地觀察現實。

　　戀愛方面，屬於浪漫型。

當天誕生的名人
艾德華・馬涅（1832・畫家）
湯川秀樹（1907・物理學者）
傑安馬場（1938・職業摔角運動員）
李心潔（歌手）

Memorial

Birthday Star

γ · **Cygnus**

（天鵝座 γ 星）

特性：自己的世界、自由

自由、理想主義

★星星與傳說

天鵝座表示天神宙斯化身之姿。斯巴達國王頓達瑞斯之妻莉達，是位絕世美女，這也難怪只將目光停留在美女身上的宙斯要心動了。望見莉達在宮殿附近泉水入浴，宙斯立即化身為一隻美麗的天鵝，飛至泉水邊。天鵝伸長頸子靠向莉達，讓莉達輕柔地擁抱。

γ 星位於天鵝的胸部。就像被莉達擁抱時，宙斯的悸動一般，γ 星閃耀白色光芒。

★守護星占卜

不受任何束縛，以自由自在的心生存。但由於過於重視自己的世界，往往無視於周圍的聲音。也許周圍的聲音對你而言就像雜音一般，但當中也包含重要的建言。

戀愛方面，率直敞開心扉是重點。

當天誕生的名人
野際陽子（1936・女演員）
尾崎將司（1947・職業高爾夫球運動員）
里中滿智子（1948・漫畫家）
都提・歐格（1950・歌手）
五輪真弓（1951・歌手）

Memorial

Birthday Star

α · Pavo

（孔雀座 α 星）

特性：自由思想、吟遊詩人、革命宣傳

崇高的理想與強烈的勇氣

★星星與傳說

　　這顆星正好位於孔雀的頭部。展開羽毛則如曼陀羅般具神秘美感的孔雀，其羽毛花紋的樣子，看起來就像銳利的眼睛一般。

　　希臘神話中所說的孔雀，原本是有一百隻眼睛的怪獸。這隻怪獸稱為 Argos（百眼巨人），頭的前後及身體到處都有眼睛。就算其中的 98 隻眼睛閉起，其他的二隻眼睛也絕不休息。為女神海拉擔任守衛的工作。孔雀羽毛的花紋像眼睛，大概就是這個緣故吧！

★守護星占卜

　　以孔雀座 α 星為守護星的你，有崇高的理想，獨自向前邁進，充滿奮鬥的力量。這種自信十足、毫不猶疑展開行動的勇氣，贏得眾人的稱讚。只不過，其中也潛藏自以為是的危險。

　　多看看他人的目光、多聽聽他人的聲音，與人多商量，你的心情將更有餘裕。戀愛方面，將有戲劇般的戀情造訪。

當天誕生的名人
池波正太郎（1923・作家）
松本零士（1938・漫畫家）
森田芳光（1950・電影導演）

Memorial

Birthday Star
θ · Cepheus
（仙王座 θ 星）

特性：天賜恩惠、理想、自我犧牲、慈善

幸運與崇高的精神

★星星與傳說

仙王座的歷史非常古老，有人說西元前 23 世紀的迦勒底人（Chaldea）就發現了；也有人說這是埃及第 4 王朝國王胡夫的星座。希臘神話中，以衣索比亞（Ethiopia）國王凱比斯坐在椅上之姿流傳下來。以凱比斯為首，王妃卡西歐比亞、公主安特洛美達等衣索比亞王族的星辰，將秋天的夜空點綴得多彩多姿。將自己的女兒託付給勇者培修斯，期盼她幸福快樂的姿態，令人感受到偉大的力量。

位於國王右手腕的仙王座 θ 星，悄悄地綻放光芒，洋溢出獨特的風格與氣質。

★守護星占卜

你是個幸運者，這份上天賜予的幸運，使你長久以來總不吝惜地為他人付出。你為他人著想甚於自己的偉大精神，得到不少人支持。

只不過，遇到不順利的事情時，不要將一切原因歸罪於自己，這樣只會使對方更囂張而已。學習清楚表達「YES」、「NO」的毅然態度，如此一來，你的人生將更光輝。

當天誕生的名人
保羅・紐曼（1925・演員）
所喬治（1955・演員）
小川知子（1949・女演員）
山下久美子（1959・音樂家）
長島一茂（1966・職業棒球選手）

Memorial

Birthday Star

α · Indus

（印地安座 α 星）

特性：雙面性、秘密、向上心、超人

詭辯的雙面性

★星星與傳說

印地安座，是 17 世紀初期約翰・保威新設定的星座。在日本只能看見一部分，因此不太多人所知。但位於北邊橋上的這顆 α 星，是 3 等星之巨星，光度約達太陽的 70 倍。

構成印地安座的星辰，除了 α 星以外，均為 4 等星至 5 等星等暗星。但想像和白人戰鬥的印地安人勇敢之姿時，這顆星也散發強烈的光芒吧！

★守護星占卜

你擁有能巧妙區分表面及內在的素質。你應該被家人公認具備社會性。生存在複雜的現代，這種雙面性可說是必要的武器。

戀愛方面，是屬於氣氛洋溢的華麗戀情。二人戀愛熱情均不衰退。

當天誕生的名人

莫札特（1756・作曲家）
路易士・卡羅（1832・作家）
米海爾・巴莉西尼克夫（1948・芭蕾舞者）
三田寬子（1966・女演員）

Memorial

Birthday Star
Svalocin
（海豚座α星）

特性：理想與現實、達成信念與妥協

理想與現實均衡

★星星與傳說

依照希臘神話，海豚是海神寶頓的使者。寶頓第一眼看見海老神涅雷烏斯的女兒阿姆比多莉，即像侵占般地將她當成自己的妻子。但阿姆比多莉怎麼也不喜歡寶頓這種強迫性的姿態，於是悄悄地躲了起來。助寶頓一臂之力找到阿姆比多莉隱居場所的，是一隻海豚。據說，之後二人心心相印。姑且不論此，從此之後，海豚即成為海神的使者。

海豚是聰明的動物。這顆 Svalocin（狐爪一）正好位於海豚座的頭邊。實際上，它是顆亮度為太陽 70 倍的巨星。

★守護星占卜

以狐爪一為守護星的你，一方面追求理想，一方面也把握住現實的嚴肅面，絕不會出現不盡情理的言行。即使對人也不會提出無理的難題。你可說是精神上成熟的大人。在自己的內心當中，能夠清楚地區分應該貫徹什麼、應該妥協什麼。

只不過，對於戀人或友人，你這種懂事的優點，多少令人感覺拘束。表現自己柔弱的一面，是不錯的方法。

當天誕生的名人
森敦（1912・作家）
小松左京（1931・作家）
三浦友和（1952・演員）
周俊三（1969・籃球選手）

Memorial

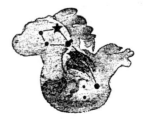

Birthday Star
α · Cygnus
（天鵝座α星）

特性：理論、超現實、討論

對於超理論事物感興趣

★星星與傳說

在夏天的夜空中，可看見展翅高飛的天鵝座。根據希臘的神話，這隻天鵝是天神宙斯的化身，目的在於接近絕代美人莉達。不知情的莉達溫柔地擁抱天鵝，結果懷了宙斯的孩子。

α星是位於天鵝座尾部的 1 等星。實際光度是太陽的 2 萬倍，堪稱為一顆巨星。然而，這麼明亮的星辰，耗力速度也很快，壽命只有太陽的一仟分之一左右而已。這大概就是美麗的宿命吧！但這顆α星，仍將夏季的夜空點綴得更亮麗。

★守護星的占卜

你是對科學無法解明的領域感興趣的人。但你不只是憧憬不可思議的現象而已，更是能以理論思考的人。甚至你具備冷靜分析人心、精神的能力，你對於人非常感興趣。

因此，遇到有人找你商量，你多半能確實提出解決之道，搏得許多人的信賴。但自己的事情，好像就不是那麼心想事成了。早日找到值得信賴的人，是通往幸福大道的捷徑。

當天誕生的名人

傑賀爾（1860．作家）
羅曼．羅蘭（1866．作家）
德瑞沙．田（1953．歌手）
岡村孝子（1962．歌手）
鄧麗君（1953．歌手）

Memorial

Birthday Star
ε · Cygnus
（天鵝座 ε 星）

特性：理想、前衛藝術家、獨特感覺

前衛的先驅者

★星星與傳說

希臘神話中的天神宙斯，是眾所周知的好色之神。他瞞著女神海拉，與美少女、美少年見面。第一眼見到斯巴達的莉達王妃，他就忍不住化身為一隻天鵝，從天而降飛到她身邊。莉達不知那是宙斯的化身與天鵝嬉戲後，懷了宙斯的孩子。

溫柔抱著莉達的天鵝右翅，即為 ε 星的所在處。雖是 3 等星，卻散發出妖艷的光芒。

★守護星占卜

被天鵝座 ε 星守護的你，之所以稱為對前人未到領域感興趣的先驅者，是指不論任何時代，均為第一受到迫害者。只要相信自己、貫徹信念，對往後的人生應該很有助益。學習開拓的勇氣與毅力。

支持你的，是認清你長處、短處的人。請將自己的心帶到值得把握的人的身旁。

當天誕生的名人
勝海舟（1823・政治家）
弗蘭克林・D・路斯貝爾特（1882・政治家）
長谷川町子（1920・漫畫家）

Memorial

41

Birthday Star

μ · Aquarius

（寶瓶座 μ星）

特性：雙面性、自我演出、紙老虎

被裝飾的自我

★星星與傳說

寶瓶座在黃道 12 宮當中，是排在第 11 位的星座，宮名為「寶瓶座」。並非表示水瓶的星座，而是描繪手持水瓶的少年之姿。依照希臘神話，這位少年是住在特洛伊國的美少年傑尼米德。他全身像閃耀金黃色光輝般的美麗，因此搏得天神宙斯的青睞，強帶回奧林匹斯山。傑尼米德終其一生都在為宙斯斟酒。

這顆星位於傑尼米德的左手位置，是 5 等星的暗星。也許正表達他對特洛伊國的思念之心。

★守護星占卜

以寶瓶座 μ星為守護星的你，過於在意別人的眼光，害怕表現出真正的自己，於是在不知不覺中不斷掩飾自己。你應該對真正的自己更有信心。回首以往，你並沒向他人展現真心。

相信他人、相信自己、放鬆心情、讓自己快樂一點。浪漫的戀情正等著你呢！

當天誕生的名人

弗倫斯・蕭邦（1797・作曲家）
大江健三郎（1935・作家）
石野真子（1961・演員）
石黑賢（1966・演員）
香取慎吾（1977・演員）

Memorial

Birthday Star

β · Indus

（印地安座β星）

特性：宗教、肉體解放、冥想

自然、穩重

★星星與傳說

日本人曾經稱這個星座為「印度人座」。但這個星座是由 15~16 世紀航海者所發現的，他們所謂的印度人，事實上是是美國印地安人。之後於 17 世紀，約翰·保威新設「印地安座」。頭戴羽毛帽，手持長箭的印地安人之姿，在日本只有極少的地區能看見，因此更讓人感覺出一股神秘力量。

這是顆 4 等星，因為距離 160 光年，所以看起來是黑暗之星。實際上它是非常明亮的巨星。

★守護星占卜

以印地安座 β 星為守護星的你，不考慮得失，以自然親切的態度待人。即使內心混亂，也不忘自省，所以不會呈現出焦躁的樣子。你的表情總是那麼地沈穩。只是缺少刺激，也許和對方的感情有些起伏比較好。在戀愛中過於尊重對方的心情，不是太無趣了嗎？

當天誕生的名人

克拉克·蓋博（1901·演員）
渡邊貞夫（1933·爵士音樂家）
中村雅俊（1951·演員）
土田尚史（1967·足球選手）

Memorial

Birthday Star

γ · **Microscopium**

（顯微鏡 γ 星）

特性：平等、平穩、精神主義

憧憬與心儀之人戀愛

★星星與傳說

這個星座是 18 世紀法國拉卡在編製南半球星座時新設定的。它是位於摩羯座南方的小星座，這顆 γ 星是最亮的星，但它也只不過是 4.7 等星而已。

當時，顯微鏡是劃時代的科學觀測器具，受到相當高的評價。雖然沒有傳說故事流傳下來，但可說是科學時代確立的象徵。秋天夜空與顯微鏡——讓人感覺不怎麼對稱的組合，從人類歷史的觀點來看，應該還是具有它獨特的價值。

★守護星占卜

被顯微鏡座 γ 星守護的你，非常喜歡與人交往，重視心與心的連結。不論對誰，首先都以信任為基本，善於發現他人的優點。也許在他人的眼中，你就像「爛好人」一樣，但因為你對別人好，自然也能夠擁有對你盡心盡力的好朋友。

談戀愛得等一等，經驗將使你更有魅力。

當天誕生的名人
橋本左內（1834・幕末志士）
詹姆斯・喬伊斯（1882・作家）
寺尾（1963・力士）
艾德（1963・足球選手）

Memorial

Birthday Star
ξ・Cygnus
（天鵝座ξ星）

特性：理性、智慧、宇宙的、哲學的

冷靜與理論的思考

★星星與傳說

　　向著天河南邊降臨地面的天鵝之姿，就是天鵝座。根據希臘神話，這隻天鵝是天神宙斯的化身。有一天，宙斯被斯巴達國王之妻莉達的美色所迷倒，於是化身為一隻天鵝，從天而降至沐浴中的莉達的身旁。這幅景象，對於文藝復興後期的藝術家而言，似乎是很不錯的題材，當時的作品出現不少「擁抱天鵝的莉達」。

　　天鵝座的ξ星位於天鵝的腳部。暗喻為了吸引莉達的注意，宙斯拚命地滑水之姿。

★守護星占卜

　　頭腦轉得快的你，具備不輸人的討論素質。但由於過度拘泥於理論，因此多少給人冷酷的印象。

　　如果你的聰穎資質，能再加進一些柔和，則視野將無限寬廣。

　　戀愛方面意外地熱情。會出現知性戀人。

當天誕生的名人
河竹默阿彌（1816・劇作家）
二葉亭四迷（1864・作家）
檀一雄（1912・作家）
伊昂・烏茲那姆（1958・職業高爾夫運動員）

Memorial

2/4

Birthday Star
υ · Aquarius
（寶瓶座υ星）

特性：嶄新的構想、突發的行動、挑戰

嶄新的構想與自省力

★星星與傳說

寶瓶座代表持水瓶（酒壺）的少年之姿。這位少年是特洛伊國的傑尼米德，其美姿打動天神宙斯的心，被宙斯強帶往奧林匹斯山。而傑尼米德終其一生都當宙斯斟酒的童子。

寶瓶座的υ星，是代表左手掌的星。右手抱著小瓶，這隻左手到底在掌握什麼呢？也許是遺留在特洛伊國的重要物品吧！

★守護星占卜

不善於與大家一起前進的你，有獨特的想法，在向新的事物挑戰時，才能夠感覺出生存的價值。乍看之下你是突發奇想，事實上你的心中隨時充滿嶄新的感覺。

即使失敗，你也不會喪志，你相信從失敗中必可掌握住什麼。即使失戀，也會期待下一段戀情。

當天誕生的名人
山下達郎（1953·音樂家）
喜多郎（1953·音樂家）
時任三郎（1958·演員）
小泉今日子（1966·歌手）

Memorial

Birthday Star

ζ · Cygnus

（天鵝座ζ星）

特性：樸直、變革、打破常識

自由地走在自己的大道上

★星星與傳說

在夏季夜晚的空中，有一隻展翅沿天河南下的天鵝——這就是天鵝座。天鵝的身體與翅膀，描繪出美麗的十字形，所以也稱北十字星。這個星座靠近北方，所以北半球各國在迎接聖誕節時，正好可以看見西方天空中直立的十字架。對於北半球的聖誕節而言，沒有比天鵝座更重要的星座了。

構成十字架的主要星辰之一，天鵝座ζ星，位於天鵝的翅膀部分。在七夕的故事中，這正是牛郎織女相會的鵲橋。

★守護星占卜

你不依照前人訂下的常識、倫理，而隨自己心意自在地生活。不論人或物，喜歡就想得到，不喜歡就立即拋棄，你就是這麼率直的人。雖然看起來是很快樂的生活方式，但也必須承受周圍輿論的壓力。

你能夠遇見接受你這種生活態度的人，並且獲得極大的幸福。

當天誕生的名人
山田五十鈴（1917・女演員）
西鄉輝彥（1947・歌手）
大地真央（1956・女演員）

Memorial

Birthday Star

α · Equuleus

（小馬座α星）

特性：整體思考、壯大世界觀

凝視遠方宇宙的瞳孔

★星星與傳說

在飛馬座的西方，夜空中也描繪出相同的天馬模樣。雖是小星座，但它包含在托勒玫（Ptolemaeus）星座中，而且比飛馬座還早出現於空中，因此有「先頭小馬」之稱。依照希臘神話，這隻小馬是飛馬的兄弟。為傳令神海爾梅斯送給雙子座的哥哥卡斯特之物。小馬名叫凱雷里斯，雖不如飛馬那麼有名，但它所綻放的美麗，卻是不容否定的。

α星是小馬座當中最明亮的星，與名稱相同，即為「馬」的意思

★守護星占卜

以小馬座α星為守護星的你，就像壯大的宇宙般，擁有偉大胸襟與寬闊的視野。你能夠環視周圍的人，但絕不會因為周圍的人對自己的看法，而修飾或改變自己。不拘泥於小事，目標是在大方位。

能夠吸引你的異性，也必定是和你一樣，擁有偉大胸襟與寬廣視野的人，彼此相得益彰。

當天誕生的名人
培布・路斯（1895・棒球選手）
羅那爾特・雷根（1911・政治家）
法蘭蘇瓦・德魯弗（1932・電影導演）
福山雅治（1969・歌手）

Memorial

Birthday Star
α · Cepheus
（仙王座α星）

特性：對制度反彈、個人主義

自立志向的一匹狼

★星星與傳說

　　威風凜凜坐在椅上之姿，這就是仙王座。在秋季的夜空中精彩演出的主要星座，均以一個故事為主軸，亦即被稱為「衣索比亞王族之星」的相關星座。以卡西歐比亞的丈夫、安特洛美達的父親凱比斯王為主軸，發展出希臘神話的浪漫故事。

　　這顆α星自轉速度很快，大約 5500 年後就會成為北極星。凱比斯王君臨天的中心。

★守護星占卜

　　具備獨特才能，也有討厭附屬於大團體，或依附大樹陰影下的一面。與人交往時，以 1 對 1 對等立場為大前提，不喜歡他人輔佐或干涉。雖像狼一般的強勢，但有時也必須傾聽他人的聲音。

　　你必定在歷經轟轟烈烈的戀愛後，才踏上結婚之途。

當天誕生的名人
C・狄肯茲（1812・作家）
阿久悠（1937・作詞家）
小林稔侍（1943・演員）
岳翎（？・演員）

Memorial

49

Birthday Star

ζ · Capricornus

（摩羯座 ζ 星）

特性：神秘、好奇心、暴露秘密

成為人輪中心的魅力

★星星與傳說

這顆星位於摩羯座的象徵「海山羊」的腹部。它是一顆 4 等星，但實際光度為太陽的 5400 倍，可說是顆非常明亮的超級巨星。

依照希臘神話，摩羯座是牧羊神龐恩的化身之姿。有一天，奧林匹斯天神們在奈斯河邊設宴，突然隨著巨大的聲響出現恐怖的怪獸。這隻稱為拉頓的怪物，是大地之神卡亞為了向天神宙斯復仇而製造出來的。眾神們嚇得紛紛化身為鳥、蟲逃走。龐恩本想跳入奈斯河中，變成一條魚，沒想到匆忙之間，忘了變上半身。所以至今，龐恩仍以山羊頭、魚身的姿態裝飾夜空。

★守護星占卜

以摩羯座 ζ 星為守護星的你，具有非常明朗的性格。在人群中居於中心位置。每個人都愉快地等你提供話題。你的話題豐富，有著不讓人感覺無聊的魅力。

戀愛大膽、有戲劇性。

當天誕生的名人
詹姆斯・狄恩（1931・演員）
山本寬齋（1944・服裝設計師）
山田詠美（1959・作家）
辛曉琪（？・歌手）

Memorial

Birthday Star
β · Cepheus
（仙王座 β 星）

特性：自我犧牲、社會主義

慈愛、同情、使命感

★星星與傳說

　　衣索比亞國王凱比斯，將心愛的女兒安特洛美達，託付給希臘勇士培修斯。象徵這位仁慈國王的星座，就是仙王座。

　　凱比斯王受到衣索比亞人民的擁護，治理衣索比亞。但為了平息海神波塞頓掀起的海難，不得已獻出心愛的女兒當祭品。在千鈞一髮之際拯救安特洛美達的，正是培修斯。或許是將女兒託付給這位勇敢的年輕人而讓凱比斯王感到很放心吧！位於夜空中的仙王座，看起來總是那麼優閒。

　　這顆 β 星位於國王的腰際處，正如表現凱比斯王優閒的心情一般，寧靜地在一旁閃爍。

★守護星占卜

　　遇到不幸的人，你總無法袖手旁觀，即使犧牲自己，也要助對方一臂之力，你是心地善良的人。因為知道自己的弱點，所以對他人之痛，能夠感同身受。

　　戀情也可能從同情心當中萌芽。你將有一場激烈的愛情故事。

當天誕生的名人
ハナ肇（1930・演員）
あだち充（1951・漫畫家）
小林麻美（1952・女演員）
ラモス瑠偉（1957・足球選手）

Memorial

Birthday Star
Sadalsud
（寶瓶座β星）

特性：對時代潮流敏感、正義感

不妥協的新聞工作者精神

★星星與傳說

寶瓶座是通往太陽之道黃道上的第一個星座，太陽位於此星座附近的 2 月左右，正好是雨季。寶瓶座可說是水或水源的象徵。

依照希臘神話，持水瓶的是美少年傑尼米德。因為被宙斯所喜歡，而強行帶往奧林匹斯山，終其一生都在當斟酒童子。

這顆星代表傑尼米德的左肩，Sadalsud（虛宿一）這個星名的意思是「幸運中最大的幸運」。雖然是 3 等星，但卻比被其他星圍住的 1 等星更有價值。

★守護星占卜

以虛宿一為守護星的你，不喜歡妥協，只追求真實，具有新聞工作者的精神。對於自己的生活樣式，也有一貫的信念。當面臨人生的抉擇時，你會花一段長時間來思考，在充分理解之前，不輕易提出答案。對於戀愛、結婚也是一樣，如果對方與自己沒有相同的價值觀，你的心是不可能被打動的。

對異性而言，你是很有交往價值的人物，你將有戲劇化的戀情。

當天誕生的名人
田河水泡（1899‧漫畫家）
高橋英樹（1944‧演員）
萬雷克‧諾曼（1955‧職業高爾夫運動員）
杜德偉（歌手）

Memorial

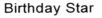

Birthday Star

ε · Capricornus

（摩羯座ε星）

特性：責任、立場、自我犧牲

堅持到最後的領導人才

★星星與傳說

摩羯座為上半身是羊、下半身是魚的奇怪姿態。這個星座據說為希臘神話中上場的牧羊神龐恩之化身。奧林匹斯山眾神們在奈斯河舉行宴會時，突然出現一隻巨大的怪物拉頓，眾神們嚇得紛紛化身為鳥、蟲逃跑。龐恩跳入河中化身為魚，不料情急之下，只有下半身變成魚，上半身依然是羊，成為奇怪的姿態。

這顆星位於山羊與魚的交界處。雖只是五等星，卻是這個不可思議星座的重要存在。

★守護星占卜

以摩羯座ε星為守護星的你，是責任感很強的人。別人所交付的任務，即使犧牲自己，也非得堅持到最後不可。你的這種力量得到周圍的人的認同，自然成為領導人物。也許有時你也感到負荷很重。

但不久之後，就能找到一位能讓你放鬆心情的伴侶。

當天誕生的名人

愛迪生（1847‧發明家）
折口信夫（1887‧國文學者）
唐十郎（1940‧劇作家）
長谷川祥之（1969‧足球選手）

Memorial

Birthday Star
Nashira
（摩羯座 γ 星）

特性：友情、親切心、情愛

值得信任的友情

★星星與傳說

摩羯座為黃道第一宮摩羯宮，其形狀描繪出以南為頂點的二等邊三角形。為上半身羊、下半身為魚的「海山羊」之姿。Nashira（壘壁陣三）是代表捲曲的魚尾部分。

依照希臘神話，這隻奇怪的海山羊，是牧羊神龐恩的化身。眾神們擁有偉大的力量，想變成什麼就可以變成什麼。但即使身為神，遇到無法保持平常心的緊急事件時，還是會有意想不到的失敗。龐恩懼怕突然出現在酒宴上的怪物拉頓，縱身跳入旁邊的奈斯河中。但化身成功的只有在水面下的部分，上半身還是原來的姿態。這是崇高如神仍無法避免失敗的小插曲。

★守護星占卜

體貼朋友的你，當心靈契合的朋友有難時，你會放下手邊一切工作，趕去幫忙。當然，你也能交到同樣為你付出、值得信賴的好朋友。互相禮讓的關係讓你們不會產生糾紛，但並非習慣性配合就一定沒有危險。二人主張相融合也很重要。

戀愛方面，可以形成互相鍛鍊的戀人關係。

當天誕生的名人
林肯（1809·政治家）
達爾文（1809·博物學者）
植村直己（1941·冒險家）
岡田奈奈（1959·女演員）

Memorial

Fom

（飛馬座 ε 星）

特性：精神昂揚、肉體的鍛鍊、向上

傾全力努力

★星星與傳說

飛馬座所描出的四邊形，可說是秋空的象徵。希臘神話中的飛馬（Pegasus），指的是有翅膀的馬。

當勇士培修斯擊敗女怪米杜莎時，切下她的頭，從被切的傷口飛出一匹長有翅膀的駿馬，就是飛馬座。另外，也可說吸引了海神寶頓的血。

這顆星位於飛馬的鼻翼處，閃耀光芒。它所放出的橘色光芒，實際光度是太陽的五千倍，非常明亮，可說是顆超巨星。

★守護的占卜

你最喜歡的字眼是「努力」。在達成目的之前，任何精神上、肉體上的疲勞都不當一回事，具有向前衝的強大力量。不僅為了自己，也能為他人盡心盡力，這正是你最大的長處。

一旦遇見喜歡的對象，一定會將自己的全部獻給對方。但這時候必須注意，不要造成對方的負擔，以平常心交往最重要。

當天誕生的名人
法蘭基一堺（1929・演員）
南こうせつ（1949・音樂家）
南原清隆（1965・演員）
矢野顯子（1955・音樂家）

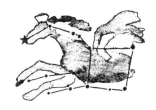

Memorial

Birthday Star
δ · Capricornus
（摩羯座δ星）

特性：慈愛、忠告者、助手

自我犧牲之深情者

★星星與傳說

　　希臘神話中，有這麼一則有趣的小插曲。奧林匹斯山眾神們在奈斯河畔開 party 時，出現一隻恐怖的怪物拉頓。拉頓是有一百個頭、口吐火焰、兩手一伸足以覆蓋整個天空的怪物。即使身為萬能的神，這時也驚慌而逃。其中，牧羊神跳進奈斯河裡，打算變成一條魚，沒想到化身失敗，卻變成上半身羊、下半身魚的奇怪姿態。

　　摩羯座正代表化身失敗的龐恩。摩羯座的δ星位於魚尾處發光。此外，摩羯座也有分光連星，也是以二十四小時為週期改變明亮度的神秘星辰。

★守護星占卜

　　以摩羯座δ星為守護星的你，經常將自己的東西與他人分享，總會助有難者一臂之力，是相當體貼的人。當別人與你商量的事情，你會將此視為自己的事情，對很多人有所幫助。

　　戀愛出乎意料地熱情，這也是重要的關鍵。

當天誕生的名人
莫涅（1840 · 畫家）
豐田佐吉（1867 · 發明家）
麥雷爾（1961 · 足球選手）
酒井法子（1971 · 歌手）
涂善妮（演員）

Memorial

γ · **Grus**

（天鶴座 γ 星）

特性：知性、感情控制者

分析力豐富的知性

★星星與傳說

天鵝座是 1603 年，德國約翰・保威新設的星座。鶴在埃及是觀星家的象徵，可說意義非凡。

這是在南方地平線低空描繪出的星座，晴朗之夜非常引人矚目。與鳳凰並駕齊驅的鶴，伸長脖子，展開雙翅的姿態，可說是仰望著幸運降臨的前兆。

γ 星位於天鶴的眼睛部分發光。

★守護星占卜

很少將感情表現於外，是非常穩健的性格。遇到問題不慌張，會從根本加以思考，冷靜分析原因所在。反之，遇到可喜的事情也無法完全放開或表現喜悅。

戀愛方面，對戀人表現體貼是關鍵。戲劇化的戀情將帶你走向幸福之道。

當天誕生的名人

井伏鱒二（1898・作家）
松谷みよ子（1926・作家）
わたせせいぞう（1945・漫畫家）
尤秋興（動力火車・歌手）

Memorial

Birthday Star

δ · Indus

（印地安座δ星）

特性：現實主義、計畫性、冷靜

準備周到、認眞

★星星與傳說

　　印地安指的是美國大陸原住民族，亦即美國印地安人，原稱「印度人」。印地安座為十七世紀初期，約翰・保威新設的星座，日本人以前稱之為「印度人座」。頭插羽毛、手持箭的印地安人，呈現出與侵略戰鬥的姿態。

　　此星座位於南方位低處，所以在日本僅可看見一部分而已。這顆δ星座為五等星，但其中包含被大自然擁抱的印地安人雄壯的魂魄。

★守護星占卜

　　你很討厭想到什麼就做什麼，如果不依細密的計畫展現行動，內心便感到十分的不安，屬於謹慎認真的性格。一旦事情沒有依照自己的計畫進行，一下子就會陷於沮喪中，拚命地想要扭轉局勢。

　　讓內心多點餘裕，不論做什麼事，都必須敞開胸懷。如此表情才能夠呈現出圓融的模樣，越來越有魅力。

當天誕生的名人
大岡信（1931・詩人）
高倉健（1931・演員）
逸見政孝（1945・演員）
多岐川裕美（1951・女演員）
約翰・馬凱隆（1959・網球手）

Memorial

58

ο · Aquarius

（寶瓶座 ο 星）

特性：技巧性、感性、高尚

能幹、高尚的魅力

★星星與傳說

寶瓶座描繪一位少年手持小瓶之姿。這位少年是傑尼米德。依照希臘神話，它是位舉世罕見的美少年，其美姿打動天神宙斯的心，結果被宙斯帶往天上，這段故事相當有名。傑尼米德在天上為宙斯服務，擔任為宙斯斟酒的工作。

這顆 ο 星位於手持水瓶的少年的右手處，是顆小星星，其光連肉眼都難以辨認，但卻是少年支撐水瓶的重要位置。

★守護星占卜

以寶瓶座的 ο 星為守護星的你，手部很靈巧，喜歡漂亮，高尚的姿態深具魅力。但只要有一次失誤，你就會變得缺乏力氣，表現出令人難以置信的失態。這是由於你過度以自己的理想為目標，將自己繃得太緊的緣故。自然的你才是最美的，好好發揮你潛在的優點。

戀愛屬於堅實派。屬於踏實孕育幸福型。二人有落實的感情。

當天誕生的名人

梶井基次郎（1901・作家）
岡本喜八（1924・電影導演）
竹脇無我（1944・演員）
有森薰（1959・播音員）
舞海秀平（1968・力士）

Memorial

2/18

Birthday Star
Sadalmelik
（寶瓶座α星）

特性：獨立、刷新、創意工夫

享受過程臨機應變

★星星與傳說

這顆星的名字，從阿拉伯語發音，即代表「王者幸運」之義。位於抱水瓶的少年右肩之三等星，實際光度為太陽八千倍之超巨星。

抱水瓶的少年名叫傑尼米德，是住在特洛伊國的美少年。有一天，天神宙斯從奧林匹斯山向地面眺望時，發現了他，於是強行將他帶走。宙斯將他置於自己的王座附近，擔任斟酒童。為宙斯斟酒的傑尼米德之姿－－這就是寶瓶座。

★守護星占卜

你是享受過程型，較不拘泥於結果的好壞。但你也有討厭依既定的公式行動的傾向，經常在嶄新創意上下工夫。藉著臨機應變，向新的事物挑戰。

戀愛屬浪漫型。能越過中途偶發的困難。

當天誕生的名人
越路吹雪（1924・歌手）
歐諾・約克（1933・藝術家）
馬利安（1962・演員）
馬特・狄龍（1964・演員）

Memorial

Birthday Star

α · Grus

（天鶴座 α 星）

特性：親人、離鄉背井、獨立、畫期的

相信前進的自己無限的可能性

★星星與傳說

在秋天的空中，接近地平線低飛的，就是天鶴座。天鶴那種伸長脖子、張開大翅膀的姿態，真可說是「帶來幸運的鳥」。

這是 17 世紀初期，德國約翰・保威新設的星座。但據說是荷蘭船員發現的。在埃及，鶴是星觀測家的象徵，鶴加入星座中，可說意義重大。

α 星是位於天鶴翅膀西側的明亮星辰。綻放藍白色的星光，但在日本看起來是紅色的奇妙星辰。

★守護星占卜

相信自己所具備的可能性，洋溢前進的意慾，不接受周圍的援助，獨自努力開創前程。即使失敗也不後悔，奮力向下一步邁進。

不回首過去，你的眼光總是眺望未來。

當天誕生的名人

克貝爾尼克斯（1473・天文學家）
村上龍（1952・作家）
如月小春（1956・劇作家）
かとう禮子（1969・演員）

Memorial

2/20

Birthday Star

ζ・Cepheus

（仙王座ζ星）

特性：博愛、同伴意識、排他

重視感覺的特質

★星星與傳說

　　希臘神話中有許多美女上場，其中衣索匹亞的王妃卡西歐比亞，也是貌不輸人的美女。國王凱比斯誇耀其妻貌美，卡西歐比亞也為自己的美貌沾沾自喜，沒想到卻觸怒了海神。海神下令，除非國王肯犧牲公主安特洛美達贖罪，否則將大鬧此國家。「再這樣下去，衣索匹亞不久就會沈入海底」，凱比斯王不得已，只好以公主當祭品。安特洛美達公主後來為勇者培修斯所救，而百姓們也為凱比斯王的勇氣所感動。

　　仙王座的ζ星位於凱比斯王的頭部附近，象徵著為國不惜犧牲一切的凱比斯王。它的光芒始終是那麼的謹慎、保守。

★守護星占卜

　　你是相當重視感性的人。對於同樣擁有感性的人，毫不保留地敞開心扉。然而，只要出一次差錯，你在中途即變得漠不關心，性格非常極端。閃爍相同光輝的朋友很重要，但為了自己全面性成長，也應試著與各式各樣的人接觸。戀人最好是與自己不同的類型者。

當天誕生的名人
石川啄木（1886・詩人）
長島茂雄（1936・職業棒球選手）
安東尼・豬木（1943・職業角力者，政治家）
後藤義一（1964・足球選手）
石野陽子（1968・演員）

Memorial

ε · Cepheus

（仙王座 ε 星）

特性：精神解放、寬容、大方

正面思考的寬容性

★星星與傳說

　　仙王座像個描繪出尖房屋屋頂的五角形。依照希臘神話，仙王是安特洛美達公主之父、卡西歐比亞王妃之夫、衣索比亞國的凱比斯國王。排列成五角形的星座，代表坐在大椅子上的凱比斯王的姿態。

　　與絕世美女卻受海神嫉妒，和勇者培修斯一起進行各式各樣冒險的安特洛美達公主比較起來，凱比斯王在神話中欠缺故事性，但國王的仁慈與膽識搏得了人民的愛戴。這顆 ε 星可說象徵衣索比亞國王的頭腦，位於仙王的頭部閃閃發光。

★守護星占卜

　　以仙王座 ε 星為守護星的你，不拘小事，凡事均以肯定的眼光看待，是位寬宏大量者。不在乎缺點，只認同優點的姿態，成為眾人的模範。即使他人失敗了，你也會將眼光放在他以前所做的努力上。即使對於十惡不赦的人也是如此，是令人擔憂之處。

　　只不過，對於戀人過度地寬容，也許會被背叛。必須適可而止。

當天誕生的名人

石垣りん（1920・詩人）
沙姆・貝金巴（1925・電影導演）
だにえる（1968・足球選手）

Memorial

Birthday Star

α · Tucana

（杜鵑座α星）

特性：慎重、膽小、權威主義

慎重、會撒嬌

★星星與傳說

　　杜鵑俗名大嘴鳥，因為牠天生擁有大嘴。主要棲息於中南美，大嘴與漂亮的色彩是其特徵。

　　這個星座是 1603 年，德國約翰・保威新設的星座，很適合南半球的天空，與日本的天空不太相稱，但可於沖繩上空看見。

　　這顆α星是 3 等星，位於杜鵑前端的黃色星辰。實光度為太陽之 100 倍的巨星。

★守護星占卜

　　以杜鵑座的α星為守護星的你，很會撒嬌。依賴他人反而成為你的魅力。如果有人問你心目中理想的對象，你也會回答：「強而有力，值得依靠的人。」

　　你對於事物思考謹慎，但禁不起強力及權威的壓迫，往往因此疏忽重要的事。

　　戀愛方面，你的嫉妒心是關鍵。

當天誕生的名人
高浜虛子（1874・演員）
大藪春彥（1935・作家）
都春見（1948・歌手）

Memorial

Birthday Star
Sadachbia

（寶瓶座 γ 星）

特性：安定志向、逃避現實、夢、獨斷

封閉性的夢想

★星星與傳說

這個星座的歷史悠久，據說美索米亞時代即出現其原形。依照希臘神話，為被天神宙斯帶到天上的美少年傑尼米德之姿。多情的宙斯，偶然間看見特洛伊國美少年傑尼米德，便強行將其帶至奧林匹斯山，當自己的斟酒童子留在身邊。

寶瓶座的 γ 星（墳墓二），是位於傑尼米亞右手的星辰。這顆星名代表「秘密場所的幸運」，可說是阿拉伯的神秘星。

★守護星占卜

在追求理想的同時，也把握現實的嚴格，絕非不盡情理的言行。不會對任何人出難題，你可說是精神上完全的大人。在自己的心中，你很會區分什麼是應該妥協之事、什麼是應該貫徹之事。

只不過，對於戀人或朋友而言，你這種過於懂事的長處，多少有些無聊。表現出柔弱的一面，意外地是戀愛的幸運重點。

當天誕生的名人
池田滿壽夫（1934・藝術家、作家）
宇崎竜童（1946・音樂家）
中島見雪（1952・音樂家）
淺野哲也（1967・足球選手）
橫山典弘（1968・騎士）

Memorial

65

Birthday Star

π · **Aquarius**

（寶瓶座 π 星）

特性：直覺力、感覺、靈巧、操縱

直覺力與靈巧、感性

★星星與傳說

　　寶瓶座位於太陽的通道中，黃道 12 宮的第 11 宮，其宮名為「寶瓶宮」。其形為一名少年肩抱水瓶之姿。這位少年名叫傑尼米德，他所持的水瓶是酒壺，是要為他的主人宙斯斟酒。傑尼米德原本住在特洛伊國，其美貌打動宙斯的心，於是被強行帶至天上。傑尼米德是喜悅地接受自己的命運呢？還是………。

　　π 星位於傑尼米德的右手處。它是一顆 5 等星，並非醒目的星辰。但是傑尼米德緊握水瓶的手，讓人感覺出其力之強。

★守護星占卜

　　被寶瓶座 π 星守護的你，感性非常敏銳，直覺力頗佳。你所感受的第一印象，或是閃過的第一個念頭，多半能命中核心。找到愛情的瞬間也很羅曼蒂克，外人看起來好像夢一般的相會，在你而言卻是家常便飯。

　　戀愛屬堅實派，屬於踏實孕育幸福的人。戀人也是相同的類型。

當天誕生的名人
佐久間良子（1939 · 女演員）
阿朗 · 普羅斯托（1955 · FI 競走者）
秋吉久美子（1955 · 女演員）
菲瑞拉（1964 · 足球選手）

Memorial

Birthday Star

α · **Lacerta**

（蠍虎座α星）

特性：服務精神、商業人才、時代感覺

掌握人心的服務精神

★星星與傳說

　　飛馬的前腳，有個稱為蠍虎的小星座。為 17 世紀末黑威利斯新設的星座，沈浸在北半球的銀河中，描繪出浪漫的構圖。

　　這個蠍虎座，有時會有新星出現，1936 年突然發現光度增加的新星，也許可說是星座的意外禮物吧！

　　這顆 α 星，在蠍虎頭部的東北位置閃耀光輝。可說是潛藏生命力與敏捷度的劃時代星座。

★守護星占卜

　　以蠍虎座 α 星為守護星的你，對流行非常敏感。懂得掌握人心之術，是能發揮商業專才的人。由於你能隨即查知對方的心在想什麼，所以不會發生什麼大摩擦。為人服務精神旺盛，別人和你在一起，心情會很舒服。

　　愛情也很羅曼蒂克。

當天誕生的名人
黑岩重吾（1924·作家）
北大路欣也（1943·演員）
喬治·哈里遜（1943·音樂家）
田中勝春（1971·騎士）

Memorial

Birthday Star

ν・**Tucana**

（杜鵑座 ν 星）

特性：表現自己、偽善、計算、服務

成爲人群中心的指導性

★星星與傳說

　　1603 年德國的約翰・保威，為南方新設不少的星座。這個杜鵑座也是其中之一。杜鵑有很大的嘴巴，為啄木鳥科的「大嘴」。色彩鮮艷的嘴唇與體毛，以及滑稽的表情，令人印象深刻。

　　這顆新星並非亮星，是肉眼幾乎看不見的暗星。但這顆星代表的是南國的熱情與活力。

★守護星占卜

　　你往往站在眾人的前方，只要自己不醒目，你的內心就無法平靜。不過，你是不會踩著別人的頭往上爬的，因為為人盡力而受人歡迎，你能從中感受喜悅。你是屬於領導型的人，但如果太過勉強，則壓力堆積，恐怕不能如願以償。謹慎計算行為。

　　戀愛方面，強迫與體貼的平衡失調是危機。但沒關係，只要二人越過危機，則更能緊密結合。

當天誕生的名人
岡本太郎（1911・藝術家）
山下洋輔（1942・爵士音樂創作者）
桑田佳祐（1956・音樂家）
三浦知良（1967・足球選手）
黃品冠（1972・無印良品、歌手）

Memorial

Birthday Star

η · Aquarius

（寶瓶座 η 星）

特性：理想、浪漫、獨立、藝術

才能豐富的浪漫主義

★星星與傳說

　　裝飾秋天清澄夜空的星座當中，這個星座絕非亮麗耀眼的星座。依照希臘神話，表現寶瓶座的，是罕見的美少年傑尼米德之姿。其美令天神宙斯初見之時，即為之傾心，留在身邊當斟酒童。從水瓶內流出來的酒，正注入宙斯的杯中。

　　η 星位於水瓶的把手處。雖是四等星，但其光芒卻令人想念那施予豪華裝飾的水瓶。

★守護星占卜

　　以寶瓶座 η 星為守護星的你，過份埋首於自己的世界裡，感覺好像被周圍的人遺棄似的。你的才能很有價值，但需獲得周圍的人的認同，才能開花結果。追求浪漫的姿勢很神聖，但腳踏實地的堅實也很重要。

　　你太追求羅曼蒂克的愛情，一旦達不到理想便立即放手。二人應該重新思考戀愛真正的意義。

當天誕生的名人
長谷川一夫（1908・演員）
伊莉莎白・泰勒（1932・女演員）
高田賢三（1939・服裝設計師）
富田靖子（1969・女演員）

Memorial

69

Birthday Star

β · Grus

（天鶴座β星）

特性：理想、人類愛、正義、熱情

正義感強烈、熱情

★星星與傳說

鶴美麗的姿態，代表千年長壽的鳥。描繪在秋天南方空中的天鶴座，是一隻伸長脖子張開大翅膀的鳥。由於是位於南方低空的星座，若非日本澄澈的天空，根本不見其姿態。正因為如此，才潛藏著秘密的幸運。

天鶴座是十七世紀初期，德國的約翰・保威新設之星座。鶴是星象觀測家的象徵，所以被確立為星座，也可說是必然的。

這顆β星散發極度的光亮，紅色的光芒中，讓人想像不知擁有何等的魔力。

★守護星占卜

正義感強的深情者。不但重視人心，而且站在公平的立場看事物的態度，搏得許多人的信賴。帶給周遭人幸福，就是你的理想。

關於戀愛，屬於為對方盡心盡力型。但你絕不允許對方背叛你，一旦你不信任對方，恐怕會暴力相對。投入也應適可而止……。

當天誕生的名人
兼高かおる（1928・旅行家）
原田芳雄（1941・演員）
田原俊彥（1961・歌手）

Memorial

η · Pegasus

（飛馬座 η 星）

特性：熱情、感情起伏、固執、集中

陷入戀愛中無法自拔的集中力

★星星與傳說

飛馬是有翅膀的馬，在希臘神話中很活躍。

據說流著海神波塞頓的血，勇士培修斯斬下女怪米杜莎的首級之後，從被斬的傷口飛出一匹長有翅膀的駿馬，就是飛馬。之後，登上天神們所住的奧林匹斯山，擔任搬運閃電的工作。備受藝術之神穆薩們所疼愛。

這顆 η 星代表「帶來幸運雨」的意思。因為帶著海神波塞頓的血，所以帶來與水有關的幸運。這是位於天馬前腳附近放射黃色光芒的 3 等星。

★守護的占卜

以飛馬座 η 星為守護星的你，集中力非常持久，這股力量任誰也阻止不了。一旦對某件事開始懲罰，便忘了時間、狀況，甚至造成周遭的困擾。只不過，如果能得到忠言，則擁有成就大事業的可能性，所以別忘了傾耳聆聽周圍的聲音。

一旦談起戀愛，則屬於投入型，也不想到會不會造成對方的困擾。但這種專心投入的魅力，能為你帶來幸福的戀情。

當天誕生的名人

羅西尼（1792·作曲家）
薪雅裕（1908·電影導演）
赤川次郎（1948·作家）
飯島直子（1968·演員）

Memorial

Birthday Star

ι · Cepheus

（仙王座 ι 星）

特性：理想、向上心、不畏逆境

向上志向的理想

★星星與傳說

秋天的星座非常華麗，充滿羅曼蒂克的故事。其中，被稱為「伊索匹亞王族之星」的一連串星座，可說是代表秋天夜空的星座。

「我是世界上最美麗的人，沒有人比得上我。」因此一語觸怒海神的是卡西歐比亞。為了平息海神波塞頓之怒氣，不得不犧牲成為祭品的是安特洛美達公主。另外，在一旁為妻子及女兒的不幸，一邊心痛一邊深情守候的，是國王凱比斯。

仙王座的 ι 星，位於握劍的凱比斯王的左手處閃耀光輝。是構成象徵王族的五角星星形的主要星之一。

★守護星占卜

被凱比斯王的星座守護的你，充滿堅強與向上心。不寬待自己，是一位總是以上一層為目標的理想家。所擁有的不滿與怒氣，也像彈簧一樣令你成長，你具備掌握大成功的原動力。

只不過關於戀愛，往往不是堅強一途就可隨心所欲的。有時也應謙虛地退一步。

當天誕生的名人

芥川龍之介（1892・作家）
葛連・米拉（1904・爵士音樂家）
柱谷幸一（1961・足球選手）
相樂晴子（1968・女演員）
中山美穗（1970・歌手）

Memorial

Birthday Star

λ · Aquarius

（寶瓶座λ星）

特性：理想主義、崇高精神、聖人

崇高的精神與自我犧牲

★星星與傳說

　　寶瓶座是描繪一位少年肩扛水瓶，水從水瓶內不斷流下的圖形。依照希臘神話，這位少年是被天神宙斯強行帶至天上的美少年傑尼米德。傑尼米德為宙斯服務，擔任斟酒的工作。換句話說，水瓶就是酒壺，而從中流出來的水就是酒。

　　這顆λ星，是位於從水瓶流出的水流中之 4 等星。看見綻放紅色光芒的星辰，便想到即使成為星座，仍一心一意為宙斯服務的傑尼米德之姿。

★守護星占卜

　　你就像忠心不二的傑尼米德一樣，即使犧牲自己，也要為他人盡力，具備崇高的精神。與其沈浸在世人讚揚的光環中，你寧願當個無名英雄，默默地盡自己的心力，從中享受喜悅。

　　即使戀人不專情，你也會認為是自己付出不夠所致，輕易放掉手中原本所擁有的。

當天誕生的名人
神坂次郎（1927·作家）
米哈尹·S·葛巴契夫（1931·政治家）
卡瑞·卡本特（1950·歌手）

Memorial

Birthday Star

Fomalhaut

（南魚座α星）

特性：社會義工、理想、信仰

建議高手、博愛主義者

★星星與傳說

秋天星座中唯一的 1 等星，就是這顆南魚座α星（北落師門）。雖是綻放藍白光芒的神秘星辰，卻因為接近地平線之故，所以看起來一片霞紅。

張開大口的這個南魚座，據說是太陽神阿波羅的化身。有一次，眾天神們在奈斯河舉行宴會，突然出現一隻怪物，嚇得眾神們紛紛化身鳥獸逃走。南魚座之所以呈現有趣的樣子，大概是匆忙化身所致吧！

★守護星占卜

以北落師門為守護星的你，像阿波羅放射的太陽光一樣，是非常明朗的人。你對人無差別待遇，始終以穩健的態度相待。周圍的人很喜歡和你商量事情。你的建議很中肯，而且不惜一切幫助對方，應該能夠得到來自四面八方的信賴。

戀愛是你從友情中成長的，能形成自然的戀人關係。

當天誕生的名人

坪田讓治（1890・作家）
正宗白鳥（1879・作家）
大森一樹（1952・電影導演）
吉克（1953・足球選手）
徐懷鈺（1978・歌手）
小蟲（本名陳煥昌・音樂創作者）

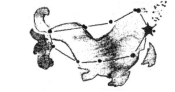

Memorial

74

ο · Andromeda

（仙女座ο星）

3/4

充滿正義感、完美主義

★星星與傳說

希臘神話中，安特洛美達公主享有美女之譽。父親凱比斯王、母親卡西歐比亞也感到很自豪。有一次，卡西歐比亞甚至誇稱：「我們的女兒之美，連海中仙女涅柔斯也比不上呢！」這句話觸怒了海神。於是海神託海怪傳話，必須以安特洛美達公主當祭品。雙手用鐵鍊鍊在海邊岩石，受波濤打擊的安特洛美達之姿，就成為一個星座高掛天空。

這顆ο星位於安特洛美達右手尖端的位置，好像就是這隻手喚來了勇士培修斯。

★守護星占卜

以仙女座ο星為守護星的你，是充滿正義感的好人。只要認為對的事情，不論遇到任何挫折，也絕不妥協。就算努力堅持而無法開花結果，但是貫徹正義，也能讓你得到滿足感了。

在心心相印之前戀愛，恐怕得吃一點苦。但最後有情人終成眷屬。

當天誕生的名人

有島正郎（1878·作家）
山本琳達（1951·歌手）
山本達彥（1954·音樂家）
佐野史郎（1955·演員）
淺野溫子（1961·女演員）

Memorial

75

3／5

Birthday Star
Scheat
（飛馬座 β 星）

特性：內心堅強、潛藏的智慧及能力

笑臉及內心的優雅

★星星與傳說

在希臘神話中，飛馬座是以有翅膀的馬之姿出現。這匹天馬，是勇士培修斯斬下女怪米杜莎的首級後，從她傷口血中生出來的。後來不但救了安特洛美達公主，打倒海怪，還成為希臘勇士們的手腳，建立不少功績。如今則展翅裝飾秋天的夜空。

這顆 β 星（室宿二），位於翅膀的根部閃耀光輝，交互發射 2 等與 3 等星光，一閃一閃的模樣，好像代表飛舞空中的飛馬一樣，擁有強大的力量。

★守護星占卜

以室宿二為守護星的你，在溫柔優雅的外表下，潛藏強大的力量。平時是笑臉迎人的沈穩者，但當自己或親人陷於危機狀態時，即冷靜策畫應付。為了保護重要的東西，不論多少犧牲都不在乎，這也是殘酷的一面。對於同伴而言，沒有像你這麼值得依賴的人了。

戀愛的伴侶可能有點任性，但最後能形成結滿果實的戀愛關係。

當天誕生的名人
會田雄次（1916・評論家）
中村真一郎（1918・作家）
彼耶魯・帕洛・帕得里尼（1922・電影導演）

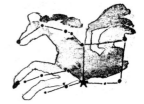

Memorial

Birthday Star

Markab · Pegasus

（飛馬座α星）

特性：預言、直覺、慎重、觀察力

直覺、計畫性、成功

★星星與傳說

秋季天空的近天頂處，可以看見飛馬座所描繪出來的寬廣四邊形。依照希臘神話，飛馬座代表有翅膀的天馬，而這顆α星（室宿一）正好位於心臟旁。

飛馬是勇士培修斯斬下女怪米杜莎的首級後，從傷口血中誕生的。培修斯乘著飛馬，拯救衣索匹亞國的安特洛美達公主。據說，後來在軍神阿狄納旗下鍛鍊，打倒怪物喀邁拉（獅頭、羊身、蛇尾的吐火怪物），非常活躍。這隻在空中飛舞的馬，不只姿態美妙，還潛藏深不可測的實力呢！

★守護星占卜

以飛馬座的α星為守護星的你，是直覺敏銳的人。但不會沈溺在直覺力當中，能夠慎重地觀察事物，所以你所插手的事，多半會成功。

只不過，這種準備周到的現象，映在他人的眼裡，卻成了工於心計，也許讓人敬而遠之。尤其對於戀愛有負面的影響。就在你過於慎重、過於注意之際，戀情卻在不知不覺中悄悄地結束了，必須格外留心。

當天誕生的名人

米開朗基羅（1475·藝術家）
安傑·懷特（1926·電影導演）
高橋真梨子（1949·歌手）
春風亭小朝（1955·滑稽演員）
培瑞拉（1960·足球選手）

Birthday Star

ι · **Grus**

（天鶴座 ι 星）

特性：專心、藝術、創造性

直覺敏銳的藝術性

★星星與傳說

　　天鶴座描繪出一幅張開大翅膀、頭向上伸展的鶴姿。ι 星是形成翅膀的星辰之一，居重要的地位。

　　據說是保持千年長壽的幸運鳥，除了美麗之姿外，內在擁有力量之強，更是浸透萬人的心。另外，鶴也被指為是星象觀測家的象徵，備受重視。

　　於 1603 年新設的這個天鶴座，也許會成為訴說新神話的星座。

★守護星占卜

　　被象徵幸福的天鶴座守護的你，是不是曾經一、二次感受到被一股無法言喻的大力量支持著？當被迫二者選一時，之所以一定會選擇正確的一方，是因為你直覺力良好，並相信自己的直覺之故。

　　依照內心直覺往前進的你，將在沒注意到的時候，遇到心愛的伴侶。此外，拜藝術才能之賜，也會很自然地遇見揮灑空間。

當天誕生的名人
萊威爾（1875・作曲家）
安部公房（1924・作家）
伊旺・連德爾（1960・網球名將）

Memorial

Birthday Star

ψ'・Aquarius

（寶瓶座ψ'星）

特性：精神性、藝術、演戲、音樂

時代感覺敏銳的尖端者

★星星與傳說

寶瓶座是歷史悠久的星座，起源要追溯至古美索不達米亞時代，或巴比倫王國時代。表現一位少年肩扛水瓶之姿。依照希臘神話，這位少年是住在特洛伊國的傑尼米德。他的皮膚像薔薇一般的紅嫩、全身閃耀金黃色的光輝，因此搏得好色天神宙斯的青睞，被強行帶往奧林匹斯山。從此終身當斟酒童子。

這顆星是描繪從水瓶中流出水的星辰之一，為ψ'三星中最明亮的一顆星。

★守護星占卜

被寶瓶座的水流守護的你，對於時代動向敏感，具備嶄新的感受性。在普通人的眼裏看來沒有什麼大不了的事物，只要經過你的手，就變得像鑽石一樣高貴。這種與生俱來的才能，是上天的恩賜。

令你心儀的對象，應該也是符合你的標準的有價值的人吧！不要只依賴感性的相性，創造互相磨練的成長關係。

當天誕生的名人

水上勉（1919・作家）
水木しげる（1922・漫畫家）
はらたいら（1943・漫畫家）
篠ひろ子（1948・女演員）
反町康治（1964・足球選手）

Memorial

Birthday Star

γ · **Sculptor**

（玉夫座 γ 星）

特性：華麗、自我演出、矚目

光輝的感覺與挑戰

★星星與傳說

這個星座是 1763 年，法國天文學者拉卡優製作南半球的星座時所創設的。以這顆 γ 星為首，沒有像這麼明亮的星辰，但卻是範圍廣泛的星座。

根據拉卡優的星座圖，此星座描繪出放置胸像的三腳台，以及雕刻的道具。原本，拉卡優名之為「雕刻家的工作室」。在夜空中的工作室，現在一定也不斷產生許多藝術作品。

★守護星占卜

以藝術的星座為守護星的你，擁有高人一等的感覺。能夠淋漓盡緻地發揮自己的才能，而且懂得戰勝自己的技術，因此贏得家人的矚目。

身為自己與他人共同認同的實力者，恐怕陷於自信過剩的瓶頸裡。對你而言，最重要的就是多一些謙虛與對周圍的關心。

戀愛方面，你的嫉妒心是關鍵。

當天誕生的名人
梅原龍三郎（1888・畫家）
篠田正浩（1931・電影導演）
木梨憲武（1962・演員）

Memorial

τ・Pegasus

（飛馬座τ星）

特性：偉大的夢想、傳統的技術

往崇高的理想前進的飛馬

★星星與傳說

在日本，飛馬座的四邊形部分稱為「大馬哈魚星」。依照希臘神話，則是擁有翅膀，在天空飛舞遨翔的美麗白馬。

飛馬流有海怪波塞頓的血，從被勇士培修斯所斬落的女怪米杜莎之首級的傷口產生。但與這麼恐怖的誕生背道而馳的，是飛馬與許多勇士們一起冒險，立下不少功績，也備受眾神的疼愛。

這顆τ星位於四邊形的內部，散發著光芒，與鄰接的ε星共同支撐胴體的中心。

★守護星占卜

你的守護星是奔馳於天空的天馬。這也正是你向偉大的夢想、目標努力前進的姿態。你的目標超越一般人，也許乍看之下是不可能實現的夢想，但憑著你的才能與知覺，必定能達到成功。不要理會耳邊的雜音，依自己的心意前進才是成功之道。

只要埋首於某件事，你就好像看不見其他的事物了。能包容你這種態度的伴侶最適合你。

當天誕生的名人

渥美清（1928・演員）
德光和夫（1941・播音員）
熊谷真實（1960・女演員）
松田聖子（1962・歌手）
石川康（1970・足球選手）

Memorial

Birthday Star

κ · **Pisces**

（雙魚座κ星）

特性：依賴、空想、戲劇化的人生

寂寞的夢想

★星星與傳說

雙魚座位於太陽通道黃道 12 宮的第 12 位，宮名為「雙魚宮」。像火花般的星辰相連，描繪出用繩子繫住的二條魚姿。這二條魚分別稱為「南魚」及「北魚」，據說是愛的女神維納斯與兒子艾羅斯。

當眾神在奈斯河邊舉行宴會時，突然出現怪獸襲擊。當時驚慌逃跑的眾神中，包括了維納斯及艾羅斯。二人化為魚身，用繩子結合彼此的身體，跳入奈斯河中。

這顆星位於「南魚」的胸部附近。

★守護星占卜

被雙魚座守護的你，是寂寞的幻想家。雖然重視與人交往，但也很容易受人影響。交到好朋友，會讓你的人生大放異彩；一旦選錯了朋友或環境，恐怕一生的命運完全不同。在入學、畢業、結婚等重大的節日時，將有重大的變化造訪。

戀愛方面，將有性感的戀人出現。以誠意相待，是步上幸福之道。

當天誕生的名人
和辻哲郎（1889・哲學家）
梅宮辰夫（1938・演員）
歐斯曼・桑克（1949・演員）
中井美穗（1965・播音員）
大澤隆夫（1968・演員）

Memorial

θ · Pisces

（雙魚座θ星）

特性：調停人、與人的關係密切

重視人際關係的協調性

★星星與傳說

依照希臘神話，描繪出雙魚座的二條魚，分別稱為「南魚」與「北魚」。據說是愛之女神維納斯及兒子艾羅斯的化身。有一次，眾神們在奈斯河畔舉行宴會，突然出現有一百個頭的怪獸。怪獸發出恐怖的咆哮聲，嚇得眾神們紛紛驚慌而逃。維納斯與艾羅斯互相用繩子綁住身體，化身魚兒逃入奈斯河中。之後，二人就以化身後的魚姿成為天上的星座。

θ星代表的是「南魚」的背。雖是顆小星星，但與 6～7 個星星組成一個圓環。

★守護星占卜

以愛神為守護星的你，很重視人與人之間的關係。你本身不也從與人的交往當中得到許多成功的機會嗎？從他人處學到的事情，都成為你的財產，因此你很怕一個人單獨行動。與他人之間的關係很重要，但有時也必須有自力開創道路的勇氣。

對於異性而言，你非常有魅力。只要不失誠實，繼續努力，幸福就在你的身邊。

當天誕生的名人

傑克・凱爾艾克（1922・作家）
江崎玲於奈（1925・物理學者）
瑞琦・米妮莉（1946・女演員）

Memorial

Birthday Star

β · Sculptor

（玉夫座β星）

特性：母愛、自我犧牲、溫柔

爲人盡心盡力的慈愛

★星星與傳說

玉夫座是橫跨鯨魚座西部南方的星座。這顆 β 星是位於最南方的星辰。以這顆星為首，全都是由暗星所組成，但卻是範圍廣泛的星座。

這是 18 世紀由法國天文學者卡拉優所創設的星座，本來名為「雕刻家工作室」。在這個夜空中的工作室裡，包括了銀河系的南極。而成為銀河座標的這個南極，擔負表示天體、小宇宙位置的重要任務。

★守護星占卜

以玉夫座的 β 星為守護星的你，具有慈悲心，總是站在他人立場來思考事物。就算知道自己被利用，也會為他人盡心力。

戀愛方面，對戀人體貼是關鍵。雖然有些小麻煩，還是能成為受人祝福的佳偶。

當天誕生的名人
高村光太郎（1883·詩人）
吉永小百合（1945·演員）
佐野元春（1956·音樂家）
卡爾薩（1967·足球選手）
戶田菜穗（1974·女演員）

Memorial

Birthday Star

λ・Andromeda

（仙女座 λ 星）

3/14

特性：專心、神秘、研究

嶄新獨特的第六感

★星星與傳說

　　仙女座以雙手攤開，手腕被鎖鍊銬住的姿態出現於夜空。這是由於母后，亦即衣索匹亞王妃卡西歐比亞的傲慢觸怒海神，因此成為犧牲品的安特洛美達公主之姿。最後便以當成海怪祭品的可憐姿態，高掛夜空為星座。後來被勇士培修斯所救，安特洛美達公主與培修斯渡過幸福的一生。

　　λ 星是 4 等星，在擁有浪漫、華麗故事的這個星座當中，屬於比較暗淡的星辰，但也正因為如此，更增添其趣味性。

★守護星占卜

　　被在希臘神話當中享有美女之譽的仙女座守護的你，能夠完全發揮與生俱來的感性。從與他人完全不同的角度觀察事物，做出比任何人都正確的判斷。專心一意，具有獨特的第六感，你的可信度極高。

　　戀愛的對象也一定是經由你的感性而選擇。只不過，一旦想太多而擁有煩惱時，則你的直覺會變得遲鈍。別忘了以坦率的態度待人。

當天誕生的名人

阿爾貝特・愛因斯坦（1879・物理學家）
昆西・喬恩茲（1933・音樂家）
栗原小卷（1945・女演員）

Memorial

Birthday Star
γ.Cepheus
（仙王座γ星）

特性：藝術、直覺、抽象、宗教

以崇高的理想爲目標的堅強

★星星與傳說

希臘神話傳說中的衣索匹亞國，是以王妃卡西歐比亞、公主安特洛美達為代表，發展出一連串充滿浪漫與冒險的故事。而治理衣索匹亞國的是凱比斯王。由於王妃卡西歐比亞對於美貌的傲慢，使得國王不得不以公主安特洛美達當祭品，平息海神之怒。雖然心疼女兒，卻又不能棄全國百姓於不顧，凱比斯王要下這個決定，實在艱難。也讓百姓感念這位仁慈的國王。

γ星位於凱比斯王的左膝。據說二千五百年後，這顆星將成為北極星，甚至讓人有它將支配上天的預感。

★守護星占卜

你的守護星γ，代表凱比斯王的強而有力。不論陷於任何的危機中，都不絕望，能夠化危機為轉機，讓人感受出其人生的價值。理想崇高，一步一步地往理想邁進的姿勢非常認真，也有不炫耀自己的堅實面。

在喜歡的人面前，高唱必要以上的精神論，也是你的特徵。純精神理論也要在不使對方感覺無聊的範圍內來發言。適度的妥協是必要的。

當天誕生的名人
五味川純平（1916．作家）
平岩弓枝（1932．作家）
武豐（1969．騎士）

Memorial

λ · Pisces

（雙魚座λ星）

特性：獨自的世界、感性、特異的個性

走在自己道路的強烈個性

★星星與傳說

雙魚座是二條魚連結在一起的奇妙姿態。這二條分別稱為「南魚」、「北魚」，據稱是愛之女神維納斯及兒子艾羅斯的化身。希臘神話當中，有以下這麼一則有趣的事。

有一天，眾神們在奈斯河岸舉行酒宴。正當眾神飲酒作樂時，突然出現一隻恐怖的怪獸。眾神們紛紛驚慌而逃。其中，維納斯與艾羅斯用繩子繫住彼此的身體，化為魚身跳入奈斯河裡。後來，以此姿態升空成為星座，就是雙魚座。

λ星位於「南魚」的腹部邊。

★守護星占卜

以雙魚座λ星為守護星的你，討厭與眾人一樣的生活方式。可以說你是具有獨特感與價值觀的藝術家。以堅定的信念，決定自己想做或不想做的事，不論多少阻礙也不動搖意志。

但如果只是關在自己的世界裡，則凝視你的溫柔的眼神，也會在不知不覺中消失。不要太封閉自己，多看看周圍的人。

當天誕生的名人

淺利慶太（1933・演出家）
貝爾那特・貝爾特利奇（1940・電影導演）
柏原崇（1977・影、歌星）

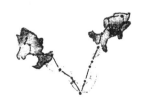

Memorial

Birthday Star

τ ・Cassiopeia

（仙后座τ星）

特性：熱中、盲信、集中力

不再重蹈覆轍的集中力

★星星與傳說

　　衣索匹亞國的卡西歐比亞王妃，是絕世美女，她的女兒安特洛美達公主，也是罕見的美少女。由於王妃大言不慚地說出：「我的美貌連海中仙女也比不上。」因此觸怒了海神，導致許多災害。最後，海神為了懲罰她，讓她坐在星空的椅子上，倒懸在環繞北極的星空，不停地環繞北極，終年不得休息。

　　這顆τ星，在華麗的仙后座當中，非常謹慎地悄悄散發微弱的光芒。

★守護星占卜

　　被自誇美麗的仙后星座守護的你，一旦遭遇失敗，往後絕對不會重蹈覆轍。不論面臨什麼問題，你都堅定意志、採取同一姿態，這種集中力非常了不起。但由於自信過度，所以沒辦法在途中適度修正。

　　戀愛方面，強硬與體貼的平衡感是關鍵。以自然體築起戀人關係。

當天誕生的名人
橫光利一（1898・作家）
山本陽子（1942・女演員）
洛勃・羅（1964・演員）

Memorial

Birthday Star

δ · Sculptor

（玉夫座 δ 星）

特性：放浪、理想、不安定、不安

容易隨著美麗而動搖的目光

★星星與傳說

　　玉夫座是 1763 年法國天文學者拉卡優新設的星座。佔據範圍相當的廣泛，但以這顆 δ 星為首，沒有比 4 等星更明亮的星辰了。而且，它也不是明顯醒目的星座。但不可忘記的是，銀河系有南極。在與后髮座所在的北極連結成中心線，表示天體或小宇宙位置時，它就擔負相當重要的任務了。

　　拉卡優原來稱此星座為「雕刻家的工作室」。根據星座圖，這個在夜空中的工作室，描繪出三腳台、雕刻刀、槌子等物品。不知哪一天，這個工作室創造出來的雕刻品，將裝飾著夜空。

★守護星占卜

　　守護你的星座是玉夫座。你與生俱來擁有追求藝術、美的姿勢。但你揭示的理想無法合而為一，總是不斷地向自己挑戰，因此映在旁人眼簾的，是非常不安定的一面。不妨考慮專心於一件事情吧！

　　你的戀人恐怕也被這樣的你搞得精疲力盡了。在沈著的氣氛中平靜地交談，創造更美好的二人關係！

當天誕生的名人
史蒂芬・馬拉梅（1842・詩人）
約翰・阿柏泰克（1932・作家）
橫山やすし（1944・相聲師）

Memorial

Birthday Star

ρ · **Cassiopeia**

（仙后座 ρ 星）

特性：精神論、理想、正義、糾葛

溫柔眼神的主角

★星星與傳說

以 W 形容特徵的仙后座，在日本看起來像山形，又像船錨形，因此也被稱為「山形星」或「錨星」。依照希臘神話，則是坐在椅上的卡西歐比亞王妃之姿。

卡西歐比亞是衣索匹亞國王凱比斯的王后、安特洛美達公主的母親。安特洛美達是罕見的美少女，卡西歐比亞也對自己的美貌沾沾自喜。但卡西歐比亞拿自己的美貌與海中仙女們比較，結果觸怒了海神，導致許多災禍。為了懲罰她，便讓她坐在椅上，永不停息地倒轉。

★守護星占卜

以仙后座為守護星的你，經常期望做自己人生舞台的主角。你所揭示的理想非常優越，也能夠以溫柔的眼光注視一切的事物，所以應該搏得周圍的人的矚目。但由於你期待更高的自己，所以內心總是充滿不滿之情。最好盡快卸下內心的重擔。

想擁有幸福美滿的戀情，重要的不是只有自己當主角，有時也該當當配角。

當天誕生的名人
布魯斯·威廉（1955·演員）
尾崎亞美（1957·音樂家）
いとうせいこう（1961·作家）
徐若瑄（1975·演員、歌手）

Memorial

Birthday Star

ε · Tucana

（杜鵑座 ε 星）

特性：中庸、平衡、經驗的自信

開朗地以現實自我前進

★星星與傳說

南半球的晚春至初夏，以及10月至11月，在南方的天空高處升起的星座，就是杜鵑座。在日本只出現在沖繩的天空。

杜鵑就是「大嘴鳥」，也就是嘴巴很大的一種鳥。尖頭彎曲的大嘴，呈現鮮艷的色彩，身體也被漂亮顏色的羽毛所覆蓋。這種鳥棲息在中南美洲，其滑稽的表情與活潑的態度，令你不得不發出微笑。

這顆 ε 星代表大嘴鳥的身體。雖是很保守的星辰，卻潛藏著南美的明朗。

★守護星占卜

南國有朝氣的鳥，杜鵑。被此星座守護的你，未來一片光明。由於你本身個性開朗，對於身邊發生的事，能全盤做正面肯定的思考，所以會渡過非常踏實的人生。此外，你不卑恭曲膝，也不自傲狂大，以符合自己真實面的姿態前進，能為你帶來幸運。

只不過關於戀愛，有時會令人感覺不足。這可是幸福之大敵喔！

當天誕生的名人
梅原猛（1925・古代史學者）
安野光雅（1926・畫家）
景山民夫（1947・作家）
竹內まりや（1955・音樂家）
郭泰源（1962・職業棒球選手）

Memorial

Birthday Star

ζ · Sculptor

（玉夫座ζ星）

特性：戲劇化的人生、晚年成功

波瀾萬丈的命運與不平凡

★星星與傳說

位於鯨魚座與寶瓶座南方的，就是玉夫座。均由4等星以下的星辰所構成，所以並不醒目，但卻是範圍相當廣泛的星座。這顆ζ星代表的不是雕刻室，而是雕刻用的道具。

1763 年，由法國天文學家拉卡優所創設，最初稱為「雕刻家的工作室」。光是想像不知誰一直在夜空中的雕刻室工作著，就使夜空更增添一分浪漫了。

★守護星占卜

被使夜空更艷麗的玉夫座守護的你，能渡過有山有谷的非凡人生。正享受著如夢般的戀情之際，卻嘗到失戀的苦果；正覺得工作陷入絕望的深淵時，不料卻反而登上頂峰，一直重複這種波瀾萬丈的歷程。只要好好掌握本身這種波濤節奏，即可周旋於幸運之間。

累積各種經驗，從中努力學習最重要。

當天誕生的名人
約翰·歇巴斯狄安·巴哈（1685·作曲家）
艾路頓·雪納（1960·FI 賽車手）
岩城滉一（1951·演員）

Memorial

92

Birthday Star
Sirrah

（仙女座α星）

特性：夢想、純真的夢、成功

結果實的美夢

★星星與傳說

仙女座的α星（壁宿二）在表示安特洛美達公主耳部的同時，也屬於飛馬座。換句話說，亦即擁有雙重國籍的星辰。

安特洛美達是衣索匹亞的公主，因為其美貌而引起許多災害。因為母后卡西歐比亞王妃對於美貌自傲，激怒了海神，安特洛美達不得已成為海神的祭品，後來為勇士培修斯所救。善妒的未婚夫對安特洛美達戀戀不忘，發動軍隊攻打培修斯。但歷經重重的困難後，二人在培修斯的故鄉共渡幸福的一生。

★守護星占卜

就像守護星壁宿二一樣，你的未來也閃閃發光。童年一直留在心底的夢想，在不久的將來，將會開花結果。這是由於你的一心一意、直樸的心、運勢強所造成的。

只不過，夢並非都是美的。在達到目的過程，也許會有意想不到的波折。也就是在這個時候，身邊應該會出現從旁支持你的伴侶，請好好把握。

當天誕生的名人
米利根（1868・物理學者）
大橋巨泉（1934・演員）
馬爾歇・馬爾遜（1934・默劇演員）
前川和也（1968・足球選手）

Memorial

3/23

Birthday Star

β · Cassiopeia

（仙后座β星）

特性：單純、樸直、寬容

相信他人的愛心與溫柔

★星星與傳說

提到衣索匹亞的安特洛美達公主，在希臘神話當中，可是出了名的美女。王妃卡西歐比亞也非常美麗，而且對自己的美貌很自豪。但驕傲也應該有個限度，有一次，她誇口道：「我的美麗連海中仙女也比不上呢！」這句話觸怒了海神。當海神的怒氣尚未解除前，為了懲罰王妃，就讓她坐在夜空的椅子上，永不停息地倒轉。

這顆β星（王良星）位於椅子的右側，散發白色的光芒。它只在特定週期才發出微弱的光芒，但其微妙的變化卻非常有趣。

★守護星占卜

就像放射純白光芒的守護星一樣，你擁有一顆清純的心。你不會懷疑任何人，能將眼光放在別人的長處上，以溫柔的心對待他人。愛任何人的你，也同樣被任何人所愛。相信許多人都在為你的幸福付出心力，別忘了向他們說聲謝謝。

因為被眾人所愛，所以戀愛也許會出現問題。你的博愛主義，在他人的眼中成了「八方美人」。你必須有只拉一條線的勇氣。

當天誕生的名人
黑澤明（1910・電影導演）
川上哲治（1920・職業棒球選手）
淺田彰（1957・社會思想史學者）
德利紐（1965・足球選手）
澤松奈生子（1973・網球選手）

Memorial

γ · **Pegasus**

（飛馬座γ星）

特性：技術、學問、繼承

受環境之惠的聰明

★星星與傳說

　　在希臘神話中登場，飛翔於天空的白馬飛馬，據說是從女怪米杜莎首級傷口血中形成的。也有一說是取自海神波塞頓的血。由此看來，其出生絕非好環境。然而，牠卻成為勇士培修斯、武士貝雷羅波的手足，建立不少功績。另外，被稱為藝術家靈感之源的「希波克雷涅靈泉」，據說是飛馬以馬蹄踢岩所噴出來的。

　　這顆γ星（壁宿一）表示飛馬的翅膀。放射藍光，約以三小時半為週期變化的星光，就彷彿飛馬在空中振翅之姿。

★守護星占卜

　　放射藍色美麗光芒的壁宿一，就像它所顯示的理智光輝一般，你篤實的才能也開始開花了吧！你很確實地聽他人的意見，不會驕傲地拒絕對方，而會依照他人的意見實行。在周圍協力的推動下，你應該擁有相當良好的環境。但正因為條件太好了，一旦怠於自己的創意工夫，就無法期待更好的發展。因為你一定也會遇到非得靠自己才能解決的問題啊！

　　遇到自己喜歡的對象時，在與人商量之前，先試著自己行動。這對你而言是最佳的戀愛秘訣。

當天誕生的名人
威廉・莫利斯（1834・詩人）
史蒂芬・馬克恩（1930・演員）
梶芽衣子（1947・女演員）
島田紳介（1956・演員）

Memorial

Birthday Star
θ · Andromeda
（仙女座θ星）

特性：自我表現、流行感覺

掌握異性心的魅力

★星星與傳說

在「衣索匹亞王族之星」當中，最華麗、最具浪漫色彩的，就是這個仙女座。雙手攤開被鎖鍊綁在岩石上的可憐姿態，是因為母親卡西歐比亞的言行觸怒了海神，為了彌補母親的罪過，安特洛美達公主答應成為海魔的祭品。這時候，騎著飛馬出現的是勇士培修斯。之後歷經重重的困難，二人幸福地渡過一生。

θ星是在仙女安特洛美達右手的星辰。此時此刻，她還不知培修斯的存在。

★守護星占卜

被仙女座守護的你，具有吸引異性眼光的不可思議的魅力。行動很華麗，了解如何展現自己的魅力。

戀愛方面，意外地熱情。輕鬆自在地往前，能得到出乎意料之外的好結果。戲劇化的戀情。

當天誕生的名人
樋口一葉（1872・作家）
阿雷薩・弗蘭克林（1942・歌手）
橋本治（1948・作家）
ジャンボ鶴田（1951・職業摔角選手）
的場均（1957・騎士）
梁詠琪（1976・演員）

Memorial

Birthday Star

ι · Cetus

（鯨魚座ι星）

特性：目的意識、行動力

乘勢則行動力強

★星星與傳說

從天空赤道向南占據廣大範圍的，就是鯨魚座。這隻鯨魚是被海神波塞頓捕捉的海怪。與其說是鯨魚，不如說是海狗與恐龍的合體更貼切。

這隻海怪名叫提阿馬杜，奉波塞頓之命，至衣索匹亞國興風作浪，準備吞噬安特洛美達公主。沒想到最後被培修斯變成石頭。天神認為忠實遵守命令，卻遭遇不幸的提阿馬杜很可憐，於是讓牠升天。

這顆ι星位於鯨北側的尾部，散發橘色的光芒。

★守護星占卜

擁有橘色強光的ι星，是你的守護星。具行動力，向目標邁進的你，總是生氣蓬勃的模樣。就在一切順利發展時，你本身能發揮強大的力量，然而一旦中途遇到挫折，便失去信心，往往走向自滅一途。告訴自己，失敗為成功之母，學習順應逆境吧！

因為一次失敗就心灰意冷，永遠找不到美妙的愛情。在謙虛之餘，必須懷有自信。

當天誕生的名人

今東光（1898·作家）
柴田鍊三郎（1917·作家）
後藤久美子（1974·女演員）
張信哲（歌手）

Memorial

97

Birthday Star

β · Hydrus

（水蛇座 β 星）

特性：意志、熱情、單純、輕率

全心投入的激烈熱情

★星星與傳說

南半球的春季至夏季，亦即日本的10月至11月，在南天高高升起的星座，是16世紀之後，德國約翰·保威所設的星座。大家知道春天的星座有「長蛇座」，長蛇座用的是女性名詞「Hydra」。相對於此，這個水蛇座用的則是男性名詞「Hydrus」。連巨人海勒克里斯也無法駕馭的長蛇，是有九個頭的蛇怪；但這個水蛇，則是極普通的蛇姿。雖是普通蛇，但其象微生命力的暴發力，卻非常的強烈。

這顆 β 星在水蛇尾端發光。

★守護星占卜

被水蛇座守護的你，具有熱情激烈的性格。一旦下決定之後，就不再聽取他人的任何意見。冷靜下來思考看看，應該沒有什麼錯誤的事，由於太投入了，使得事後毫無扭轉的餘地。從長遠的眼光來看，這種性格是一種損失。也許你需要一位讓你冷靜下來踩剎車的伴侶。即使有點囉嗦也沒關係，了解你的本質的伴侶最好。

當天誕生的名人
遠藤周作（1923·作家）
高峰秀子（1924·女演員）
田邊聖子（1928·作家）

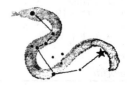

Memorial

Birthday Star
α・Phoenix
（鳳凰座α星）

特性：極端吉凶、經驗

戲劇化的命運

★星星與傳說

這是1603年，約翰・保威新設的星座。鳳凰是中國傳說中的靈鳥，但星座中所描繪的，是流傳於埃及，別名「大鳥」的Phoenix（不死鳥）之姿。這是類似擁有紅色及金黃色翅膀的鷲之鳥類，據說五百年飛入火中一次，即可重生，是相當吉祥的鳥。「長生不死」，對人類而言，是難以實現的夢想，也是永遠追求的願望。

位於鳳凰頭部最亮的一顆星，就是這顆α星。正如誇耀生命強韌般地綻放光芒。

★守護星占卜

以鳳凰座α星為守護星的你，擁有他人二倍的人生、多數的體驗。你與平凡的人生無緣，不斷遇到戲劇化的事情。光輝的成功、地獄的辛酸，心怎麼也平靜不下來是嗎？別擔心，只要你能承受這些歷練，終必「苦盡甘來」。

選擇戀人時得特別慎重。在醉心於戀情中的同時，有時也應冷靜思考。

當天誕生的名人
扇谷正造（1913・音樂家）
色川武大（1929・作家）
本田勝一（1932・評論家）
的場浩司（1969・演員）
邱永漢（1924・商界名人）

Memorial

Birthday Star

β'・Tucana

（杜鵑座β'星）

特性：好奇心、經驗力、行動力

戀情多的行動力

★星星與傳說

這個星座是1603年，德國的約翰・保威新設的。由於是在南半球高空升起的星座，所以日本人不太熟悉，但在沖繩的天空能找到它。

「杜鵑」俗名大嘴鳥，因為牠有很大的嘴。棲息於中南美，鮮艷的色彩引人注目。也許可說是披上朝氣開朗南國外衣的鳥。

β星分為這顆β¹與β²。換句話說，就是實視連星，位於大嘴鳥的背部附近。

★守護星占卜

被杜鵑座β¹星守護的你，是好奇心旺盛的行動派。不滿足於一對一的戀情，只要有喜歡的對象，便積極地靠近。乍看之下很輕浮，但這是由於你的器量大所致。只要遇見真正了解你的另一半，則你的幸福遠超過現在。

沒有任何節制，只要有讓你投入的工作、戀愛環境，你的潛在才能便會開花結果。

當天誕生的名人

實相寺昭雄（1937・電影導演）
柴田國明（1947・職業拳擊手）
野澤直子（1963・演員）
蔣宋美齡（蔣介石夫人）

Memorial

Birthday Star

ζ · Cassiopeia

（仙后座ζ星）

特性：洞察力、直覺、率直個性

優越的洞察力與知識

★星星與傳說

衣索匹亞國的王妃卡西歐比亞，對於自己的美貌很自豪。最後終於因為誇下豪語：「我的美貌，連海中仙女也比不上。」使得海神異常震怒。為了處罰卡西歐比亞，她至今仍坐在星空的椅子上倒轉著。

ζ星位於卡西歐比亞的眼睛處。如果撇開仙后座的W型不說，這並不是什麼醒目的星座，但卻可稱得上是推測卡西歐比亞王妃內心的大好星辰。

★守護星占卜

被仙后座守護的你，直覺感優秀，洞察力也不錯，是個知識份子。對於眼所見、耳所聽，全都有興趣，用獨特的思考方式追求事物，感受到生命的意義。而且由於行動迅速，能憑對於事物的直覺，掌握事物的本質，所以可信度高。

戀愛多半始於一見鍾情。但太過牽強會使你的價值減低，所以三思而後行也很重要。

當天誕生的名人
威雪特・布昂・克荷（1853・畫家）
島倉千代子（1938・歌手）
艾利克・庫拉布頓（1945・音樂家）

Memorial

3/31

Birthday Star

α · Schedar

（仙后座 α 星）

特性：直覺力、理性、抽象性

正直、樸實的熱情

★星星與傳說

這個星座代表希臘神話中上場的衣索匹亞王妃，亦即卡西歐比亞。以雙手攤開坐在椅子上的姿態，不停地在天空中倒懸，是為了贖罪。

卡西歐比亞是位非常美麗的王妃。她自誇：「連海中仙女都比不上我美麗。」這句話傳到海神的耳裡，當然不是滋味，於是派海怪興風作浪。卡西歐比亞的罪過，至今仍不被原諒，於是以可憐之姿在夜空倒轉。

這顆 α 星（王良四），位於卡西歐比亞的胸處。散發黃色光芒的星辰，不知在訴說著什麼？

★守護星占卜

你的守護星王良四，代表卡西歐比亞的熱情。一旦喜歡某人，就依照自己心意投入其中。正直又樸實的你，相信不論誰都會喜歡，但如果任性而為，則評價就會有一百八十度的大轉變。不要只對自己的事情努力，也要對周圍寄予關心。

此外，你的直覺力很優越，獨創性思考是你最大的本錢，請往此方向前進。

當天誕生的名人
大島渚（1932・電影導演）
館ひろし（1950・演員）
戶川純（1961・音樂家）
筒井道隆（1971・演員）

Memorial

Birthday Star
β · Cetus
（鯨魚座 β 星）

特性：野心、對於權力的志向

秘藏理想的野心

★星星與傳說

　　希臘神話中最偉大的羅曼史，要算是衣索匹亞王族中的安特洛美達公主的故事了。與培修斯展開戀情，始於被當成海怪的祭品時獲救。海怪在準備一口吞下安特洛美達之際，被培修斯擊倒。成為海神使者，忠於工作的海怪提阿馬杜、被擊倒的海怪提阿馬杜。眾神覺得牠可憐，便讓牠升上天空。

　　鯨魚座就是描繪海怪提阿馬杜之姿的星座。這顆星位於南側的尾部，是鯨魚座最亮的星辰。

★守護星占卜

　　被鯨魚座守護的你，是具有偉大理想的野心家。具有向著理想前進，壓倒周圍人之氣勢。但由於凡事如果依自己的計畫、以自己為中心進行，就無法平靜，所以往往被重視協調性的人敬而遠之。你是不是無視於這一點，缺乏自省的心，將是今後重要的課題。

　　任性的行動對戀愛也會產生負面的影響。一開始雖然勉強，但過程中最重要的還是一顆體貼之心。

當天誕生的名人

三船敏郎（1920・演員）
林真理子（1954・作家）
相原勇（1967・演員）
鷲尾いさ子（1967・女演員）
桑田真澄（1968・職業棒球選手）

Memorial

4/2

Birthday Star

ζ · Andromeda

（仙女座ζ星）

特性：理想、精神性、宗教、神秘

神秘的戲劇性

★星星與傳說

衣索匹亞國的王妃卡西歐比亞，是位絕代美女，她本身對於美貌相當自豪。但驕傲過度，觸怒了海神波塞頓。為了平息海神的怒氣，不得不以女兒安特洛美達公主當海怪的祭品。這時候，乘飛馬出現的正是勇士培修斯。培修斯用寶劍刺向海怪，海怪瞬間變成石頭，一動也不動。而培修斯和公主則有情人終成眷屬。

成為星座的公主，是雙手被鎖鍊鍊住，等待成為海怪祭品之姿。ζ星位於公主的左手肘處，只發射用肉眼很難判別的小光芒。

★守護星占卜

以仙女座ζ星為守護星的你，具有相信神秘力量的戲劇性。深信有緣份的戀情，期待如夢般的相會，因此往往對於現實的戀情敬而遠之。培育美麗的戀情，非得實實在在地走在現實道上不可。

日常生活中的你，是精神力強的領導者。尊重人心的姿態，贏得許多人的信任。

當天誕生的名人
安迪遜（1805·作家）
岡本綾子（1951·職業高爾夫球選手）
忌野清志郎（1951·音樂家）

Memorial

η · **Cassiopeia**

（仙后座 η 星）

特性：慾求、崇高的理想、慾求不滿

像夢一般的野心

★星星與傳說

在希臘神話中上場的衣索匹亞國王妃卡西歐比亞，是絕代美女。她有個非常漂亮的女兒，安特洛美達公主。有一次，她自誇：「我的美貌，連海中仙女也比不上。」海中仙女怎麼吞得下這口氣？於是向海神稟告，請求海神討回公道。於是安特洛美達被當成祭品。而卡西歐比亞至今仍以坐在椅子之姿，不停於天空倒轉，應該是海神之怒尚未平息之故吧！

η 星是具有橘色光與紫色光的美麗連星。

★守護星占卜

以卡西歐比亞的連星為守護星的你，是具有夢想的野心家。你腦海中想實現的夢想太多了，樣樣都準備齊全了嗎？光是做夢沒辦法達到目的，非得有具體的思考方法、確實的實行之道不可。在煩惱理想現實的衝突之前，不妨先想想如何磨練自己。如果你想與美好的人談戀愛，自己就得先當個美好的人。首先，從接近理想中的自己開始努力吧！

當天誕生的名人
金田一春彥（1913・國語學者）
馬龍・白蘭度（1924・演員）
大谷直子（1950・女演員）
艾迪・墨菲（1961・演員）
大榎克己（1965・足球選手）

Memorial

Birthday Star

υ'・Cassiopeia

（仙后座υ'星）

特性：民族性、排他性、協調

專心一致的熱情

★星星與傳說

　　仙后座的 W 形很容易看見，因此 W 很像山形，又像船錨，所以稱為「山形星」或「錨星」。依照希臘神話，這是「坐在椅子上的卡西歐比亞王妃」。

　　卡西歐比亞王妃是絕代美女，而且對自己的美貌感到驕傲。但驕傲太過度了，甚至表示海中仙女也比不上自己美，因此觸怒了海神。為了懲罰她這種冒犯海神的行為，便罰她坐在星空的椅子上，倒懸在環繞北極的星空，終年環繞北極，不得休息。

★守護星占卜

　　你一旦喜歡一個人，就會將自己關在二人的世界中。以仙后座υ'星為守護星的你，具有熱情的性格，但程度卻因人而異。也許一開始反映出新鮮的情熱，但隨著時間的改變，不知不覺當中就變調了。另外，你對於信任的朋友能夠盡心盡力，但對於以外的人，則抱持必要以上的敵意，寬廣的視野與胸襟最重要。

當天誕生的名人
山本五十六（1884・軍人）
馬格利特・狄拉斯（1914・作家）
塔爾克夫斯基（1932・電影導演）

Memorial

Birthday Star

γ · Cassiopeia

（仙后座 γ 星）

特性：交際、統率、組織構成

積極性的領導人才

★星星與傳說

依照希臘神話，以 W 形為特徵的仙后座，代表坐在椅子上的卡西歐比亞王妃之姿。

卡西歐比亞是衣索比亞國王凱比斯的皇后、享有美女之譽的安特洛美達的母親。卡西歐比亞因為驕傲自己的美貌，因而觸怒了海中仙女。海神波塞頓派遣海怪提阿馬杜至衣索匹亞國興風作浪，弄得民不聊生。最後只好以安特洛美達公主當祭品，平息海神之怒。

至今，海神之怒尚未解除，所以卡西歐比亞仍以坐在椅上之姿，持續繞行夜空。 γ 星位於腰部，是顆變光星。不規則變化的星光，也許正代表卡西歐比亞內心難以抹滅的苦惱呢！

★守護星占卜

你重視與人的交往，對任何人都不懼怕，有積極的溶入性。擁有領導資質的你，被許多值得信賴的好朋友所包圍。雖然立於人之上，仍不會好出風頭、刻意表現自己的態度，搏得他人的好感。

只不過，當「好人」當得太過度了，便很難讓人當成戀愛對象來考慮，就是這一類型。對任何人均採相同的對待方式，無法讓意中人注意到你。專注於自己的優點，才是邁向幸福之道。

當天誕生的名人
黑貝爾特・馮・卡拉夏（1908・指揮家）
吉田拓郎（1946・音樂家）
鳥山明（1955・漫畫家）

Memorial

107

4/6

Birthday Star

ε · Pisces

（雙魚座ε星）

特性：自由奔放、爽朗

獲得眾望的自由奔放

★星星與傳說

雙魚座位於太陽通道黃道十二宮的最後，第十二位，宮名「雙魚宮」。如其名所示，這個星座是用繩子繫住的二條魚，形狀很奇妙。

希臘神話當中，這二條魚分別是愛的女神維納斯，以及兒子艾羅斯。當眾神們在奈斯河邊舉行宴會時，突然響起如雷般巨大的聲音，隨之出現龐大的怪物。眾神們紛紛變為鳥、蟲、獸姿態逃離現場。維納斯和艾羅斯化為魚身，互相用繩繫住身體跳入奈斯河中。

ε星表示繫住二人的繩。

★守護星占卜

自由奔放、開朗的性格。雖然討厭被束縛，但能站在對等的立場待人，爽朗的態度獲得人望。很自然地，你四周聚集越來越多的人。守護星是雙魚座的ε星。因為被愛神守護，所以讓人感覺到你被很多人愛。只是在變愛關係方面，一旦對等的立場崩裂，產生上下關係，則中途便喪失興趣了。維持像友人般的延長關係最佳。

當天誕生的名人
別役實（1937・劇作家）
波布・馬利（1945・歌手）
伊藤ゆかり（1947・歌手）
宮澤里惠（1973・女演員）

Memorial

Birthday Star

β · Phoenix

（鳳凰座β星）

特性：正義、認真、踏實

匯集信賴的眞摯

★星星與傳說

在秋天的南空中，展翅描繪出來的就是鳳凰座。鳳凰是中國流傳下來，想像中美麗的鳥。而星座中描繪的，是埃及傳說中的靈鳥。這種鳥稱為 Phoenix （不死鳥），與鶴同為吉祥鳥

擁有美麗色彩的羽毛，每五百年從阿拉伯飛回來，跳入火中後重生，因此稱為浴火鳳凰。「長生不死」是人類永遠的願望。正因為這是難以達成的願望，才更令人感覺其神聖。

β星位於鳳凰的胸部，靜靜散發光芒的這顆星，彷彿潛藏什麼秘密。

★守護星占卜

被不死鳥鳳凰星座守護的你，具有強烈的正義感，不論對任何事情，均採取認真的態度，因此贏得許多信賴。避免五五分的成功率冒險，你總是選擇確實的方法。也許可說缺乏順應性與應用性。

你的認真，在戀愛場合也往往招致失敗。太過認真反映出來的是暗淡。戀愛本來就是愉快的，稍微放開一點，別太過拘謹。

當天誕生的名人
比利・荷里地（1915・歌手）
法蘭西斯・克波拉（1939・電影導演）
傑克・陳（1954・演員）

Memorial

109

4/8

Birthday Star
Mizar
（仙女座β星）

特性：漠然的慾求、迷失

執著心與戀愛的熱情

★星星與傳說

這顆β星（奎宿九）的阿拉伯語稱為「Mizar」，代表腰或腰布之意。正如星名所示，這顆星在仙女安特洛美達的腰部，其所散發出來的紅色光芒，讓人感覺格外嬌媚。

描繪的是夜空中，雙手被鎖在岩石上的公主可憐姿態。這是為了彌補衣索匹亞王妃卡西歐比亞，亦即母親的高傲之罪，被當成海怪祭品的安特洛美達公主之姿。在岩石上承受波濤打擊時，被乘著飛馬的培修斯所救，從此二人過著幸福快樂的生活。

★守護星占卜

你的守護星奎宿九（Mizar），屬於能成就幸福之戀的仙女座。你的戀情能夠熊熊燃燒，但現在還有一部分燃燒不完全，這是由於你競爭過度的原因。對於對方太過於執著，結果發現自己只在空盪中打轉。不妨放鬆心情，快樂對待，試試看！

任何場合都一樣，一旦想做什麼，就認為很簡單地立即行動。不服輸、不矯飾、正直是通往目標理想的捷徑。

當天誕生的名人
釋迦牟尼（BC564）
藤山一郎（1911・歌手）
桃井薰（1952・女演員）

Memorial

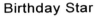

Birthday Star

θ · Cassiopeia

（仙后座θ星）

4/9

特性：虛張聲勢、試鍊、固執

獨立、固執、意氣用事

★星星與傳說

這個星座所描繪的，是衣索匹亞王妃坐在椅上之姿。雙手向上伸，以倒懸的狀態終年繞行北極，是為了對自己所犯的錯誤贖罪。卡西歐比亞所犯的罪，就是「傲慢之罪」。

卡西歐比亞很漂亮，而且對自己的美貌很驕傲。有一次，她甚至說：「海中仙女再漂亮，也比不上我啊！」因此觸怒了海神。海神的怒氣至今未消。

θ星位於卡西歐比亞在的左手的肘處。

★守護星占卜

以仙后座為守護星的妳，一言以蔽之是「好強的人」。不願意讓別人看見自己軟弱的一面，不論遭遇任何困難，也絕不向他人求助。你希望靠自己的力量解決一切問題，但是，一個人的力量是有限的。

你是個見義勇為的人，能夠打動人心。是否注意到，有個人默默地在身旁守護著妳呢？要不要接受這分純真的愛情，就端賴妳自己了。

當天誕生的名人
波特雷爾（1821·詩人）
佐藤春夫（1892·詩人）
約翰·波爾·貝爾莫特（1933·演員）
永島昭浩（1964·足球選手）

Memorial

4/10

Birthday Star

ν · **Phoenix**

（鳳凰座ν星）

特性：人情、親情、服務

他人第一重視人情者

★星星與傳說

鳳凰是流傳於中國的一種想像中的鳥，據說是聖人出生時會出現的靈鳥。成為星座的是古埃及神話中的不死鳥，與中國的鳳凰沒什麼差別，二者均為吉祥鳥，非常受歡迎。

不死鳥和擁有紅色、金黃色翅膀的鷲類似，每 500 年飛入火焰中一次，喪生後從灰燼中再復甦。其為長生不死的象徵，為人類永遠的夢想。

★守護星占卜

以不死鳥為守護星的你，總是將他人的事擺在第一位，優先於自己的事，是位大好人。不管自己損失多重都沒關係，只要別人幸福，自己就心滿意足了。真是當今罕見的人情派。只不過，由於無法掌握狀況配合，所以陷入苦學之中。

戀愛一旦陷入三角關係時，你屬於自己主動退讓型。如果一味的退縮，憂鬱會積存心底，久而久之，慾求不滿會膨脹。還是積極些吧！

當天誕生的名人
淀川長治（1909·電影評論家）
さだまさし（1952·音樂家）
松永幹夫（1967·騎士）
堂本剛（1979·歌手）

Memorial

112

Birthday Star

υ · **Pisces**

（雙魚座υ星）

特性：堅強、正義、權力、鬥爭

熱情燃燒的鬥爭心

★星星與傳說

　　雙魚座所描繪的，是以繩連結的二條魚之姿態。這二條魚分別稱為「南魚」、「北魚」。關於此奇妙星座，希臘神話中有這麼一則故事。

　　有一次，眾神們在奈斯河邊舉行宴會，正當眾神酒喝得盡興時，突然隨著一聲巨響，出現一隻恐怖怪物。驚慌之餘，眾神們紛紛化為各種動物之姿逃走。愛的女神維納斯與兒子艾羅斯化為魚身，用繩子繫緊彼此的身體後，跳入奈斯河中逃難。後來遂以此姿成為星座。

　　υ星位於「北魚」胸部。

★守護星占卜

　　以雙魚座為守護星的你，是具有鬥爭心的熱情人物。只要有自己想得到的東西，便盡一切力量奪取。雖然外界給你的評價是任性、強悍，但依照自己本心正直地生存，絕非什麼壞事。如果遇到真正喜歡的人，以強勢做法傳達自己的心意，是理所當然的事。但如果因此而傷害其他人，就不被允許了。光明正大是挑戰的最低條件。

當天誕生的名人

小林秀雄（1902·評論家）
加山雄三（1937·演員）
武田鐵矢（1949·音樂家）
森高千里（1969·音樂家）

Memorial

Birthday Star

θ · Cetus

（鯨魚座θ星）

特性：調和、成功、統率力、率先

巧妙運籌帷幄的指導性

★星星與傳說

　　鯨魚座代表在希臘神話中上場的海怪提阿馬杜。身體像小島一般，有尖銳爪牙的怪物，好像是海狗與恐龍合體之姿。

　　提阿馬杜是海神波塞頓的使者，忠實執行海神的命令。不論興風作浪也好，吞噬美麗的公主也好，牠都不會違背命令。但因為忠誠的緣故，被前來拯救公主的勇士培修斯所襲退。也許天神們覺得牠很可憐，於是讓牠成為天上星座。

　　θ星位於鯨魚腹部。

★守護星占卜

　　以鯨魚座為守護星的妳，具備優秀的領導統率能力。能夠充分解讀他人的心意，並且徹底傳達自己的心情，所以不容易發生摩擦，凡事得以順利進行。不知道是不是因為受他人求助的時候太多了，以致於妳也不想要求戀愛對象呵護妳。只不過，即使妳要求對方疼妳，恐怕也無法如願以償。

當天誕生的名人
坪內ミキ子（1940・演員）
哈比・韓克（1940・音樂家）
田中康夫（1956・作家）
草木克洋（1962・足球選手）
森川由加里（1963・歌手）

Memorial

Birthday Star
δ · Cassiopeia
（仙后座δ星）

特性：共同、多數的幸福

衝勁十足的短跑選手

★星星與傳說

依照希臘神話，以 W 形為特徵的仙后座，描繪的是坐在椅子上的卡西歐比亞王妃之姿。卡西歐比亞是衣索匹亞國王凱比斯的后妃、美少女安特洛美達公主的母親。卡西歐比亞對自己的美貌很自豪，甚至誇稱：「即使海中仙女也比不上我美。」於是觸怒了海中的仙女們。海神為了懲罰其「傲慢之罪」，於是讓卡西歐比亞坐在夜空椅子上，終日倒懸繞行北極，不得休息。

δ星位於卡西歐比亞的膝部，放射白色光芒。為構成代表仙后座的 W 形之一顆星。

★守護星占卜

以白色δ星為守護星的你，伴侶的存在對你而言非常重要。雖然你本身的才能也會發光，但伴侶卻能使你的光芒倍增。

不論從什麼角度來看，你都是屬於一想到立即行動的類型，所以需要一位思慮深的跟隨者在身旁。動作慢得令你有些焦急的人還不錯。

當天誕生的名人
桑米艾爾・貝凱特（1906・劇作家）
吉行淳之介（1924・作家）
西城秀樹（1955・歌手）
萬田久子（1958・女演員）
つみきみほ（1971・女演員）

Memorial

115

Birthday Star

η · Pisces

（雙魚座 η 星）

特性：感性、藝術、自我表現、人氣

充滿魅力的藝術才能

★星星與傳說

位於太陽通道黃道 12 宮最後的是雙魚座。宮名為「雙魚宮」。是如火花般的星辰相連，占據廣大範圍的星座。雙魚座表現以繩相連的二條魚之姿。依照希臘神話，為愛的女神維納斯與兒子艾羅斯（邱比特）的化身。

有一次，眾神們在奈斯河邊舉行宴會，突然隨著巨響出現龐大怪物。天神宙斯化身小鳥逃往雲端，其他眾神也各自化為鳥、獸、蟲紛紛逃逸。維納斯與艾羅斯雙雙化為魚姿，以繩相連後跳入奈斯河中。

η 星為代表相連繩的 4 等星。

★守護星占卜

你的感性豐富，才能相當優越。在藝術、音樂等領域上都很活躍吧！另外，你也有吸引他人目光的不可思議魅力。你在不知不覺中學會將自己魅力發揮至極限的方法，因此可說受矚目的條件齊全。是不是能不忘謙虛、繼續努力，是你成功的關鍵。

當天誕生的名人
櫻田淳子（1958·歌手）
今井美樹（1964·歌手）
工藤靜香（1970·歌手）

Memorial

Birthday Star

χ · **Cassiopeia**

（仙后座 χ 星）

特性：藝術、實業、夢的實現

優秀的實業感覺

★星星與傳說

以 W 形為特徵的仙后座，在日本看起來像山形，所以稱為「山形星」；又看起來像船錨，所以又稱「錨星」。依照希臘神話，仙后座描繪的是卡西歐比亞坐在椅子上的姿態。

卡西歐比亞是非常美麗的王妃，但卻自誇：「海中仙女再怎麼美，也比不上我。」這句話傳到海神耳裡，海神非常憤怒。海神至今仍不原諒卡西歐比亞，所以讓她以可憐之姿漂盪於夜空。

這顆 χ 星不是代表卡西歐比亞本身，而是正好圍在周圍發光的星辰。也許代表卡西歐比亞悲嘆的淚水吧！

★守護星占卜

雖說「上天不會賜予二樣好東西」，但只有你例外。你具備藝術的優越感受性，也兼備實業家的手腕，可說是罕見的大人物。你的前途一片光明。

雖說夢想的實現靠自己，但關於戀愛，就無法依你所想般地順利進行了。不要想操縱人心，將自己的人委託對方的保守態度，才是美麗戀情的關鍵。

當天誕生的名人
李歐納・達・威奇（1452・藝術家）
釜本邦茂（1944・足球選手）
范文雀（1948・女演員）
酒井和歌子（1949・女演員）
柴玲（1966・民運人士）
澎恰恰（演員・節目主持人）

Memorial

117

Birthday Star

α · Eridanus

（波江座 α 星）

特性：散漫、多興趣

易熱易冷型

★星星與傳說

這個星座代表出現於希臘神話中的伊裏達奈斯河。太陽神阿波羅之子費頓，乘著父親的太陽馬車升天。由於費頓沒有操控經驗，所以無法駕馭四頭馬。馬變得煩躁不安，離開正當軌道，發瘋似地亂跑，使天地起火，引起重大災害。天神宙斯見狀，只好請雷神將費頓擊斃，費頓和馬車一起落入伊裏達奈斯河內。

α 星代表「河的盡頭」，是這個星座唯一的一等星。位於鹿兒島附近才能看見的位置。在南半球可以體驗這顆閃耀藍白光芒星辰原來的美麗

★守護星占卜

以波江座 α 星為守護星的你，好奇心旺盛，視野寬廣。不論任何範疇，都能一頭栽進去，非常投入其中，但不一會兒就膩了。戀愛方面，也屬於「易冷易熱型」，交往無法持久。這是由於你孩子氣的緣故。對於有興趣的事物，怠於努力去了解其本質，於是就在不知優點的狀況下冷卻了。保持集中力，對一件事擁有目的意識，才是通往成功之道。

當天誕生的名人
查爾斯・查普林（1889・演員）
土方與志（1898・演出家）
水谷良重（1939・女演員）
利多巴爾斯基（1960・足球選手）
季芹（1976・演員）

Memorial

υ・Pisces

（雙魚座υ星）

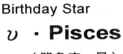

特性：想像力、演出成功

想像力豐富的浪漫派

★星星與傳說

雙魚座位於太陽通道的第十二個星座，是春分點的重要星座，因此廣為人知。二條魚用繩子相連的奇妙形狀，有希臘神話的傳說。

有一天，當眾神們在奈斯河岸舉行宴會時，突然出現有一百個頭的恐怖怪物。

驚慌之餘，眾神紛紛逃避。愛神維納斯與兒子艾羅斯變成魚，以繩連繫身體後跳入奈斯河裡。

代表繫住二條魚的繩子的星星，就是υ星。

★守護星占卜

以雙魚座的υ星為守護星的你，是想像力豐富的浪漫主義派。一開始戀愛就想像自己幸福貌、一開始工作就想像自己成功貌，總是能將自己的情緒推至高點。這是一種才能，但只要一步走錯了，恐怕就會封閉在自己的世界裡，停滯不前。

如果有個伴侶能與你一起享受幻想，並在實際生活上助你一臂之力，你應該很快成長。

當天誕生的名人

板垣退助（1850・政治家）
尼基達・S・赫魯雪夫（1894・政治家）
畑正憲（1935・作家）

Memorial

4/18

Birthday Star

τ · **Cetus**

（鯨魚座 τ 星）

特性：虛張聲勢、苦惱、虛榮

堅強與懦弱共存

★星星與傳說

　　希臘神話當中最偉大的浪漫故事，大概非衣索匹亞王國安特洛美達公主的故事莫屬了。為了彌補母親卡西歐比亞的罪過，心甘情願當海怪的祭品，最後被培修斯所救。故事中的海怪，就是鯨魚座的提阿馬杜。提阿馬杜是海神波塞頓的使者，奉海神之命令，吞噬安特洛美達。越過最可憐之期，如今提阿馬杜堂堂於夜空閃耀光輝。

　　這顆位於提阿馬杜腹部的四等星 τ ，已知是與太陽相似的星。在這顆星辰附近，或許有類似地球的行星存在也不一定。

★守護星占卜

　　被與太陽相似的 τ 、鯨魚座守護的你，是很會自誇的人。在任何人面前，都絕不表現出脆弱的一面，但背脊挺得筆直的你，在呈現堅強面的同時，也可感受出脆弱的一面。為了演出必要以上的自己，必須花費相當的能源，徒增精神上的疲勞罷了。依照原來的自己呈現出來，多麼愉快啊！如果能遇見讓你喘口氣、深愛原來的你的另一半，離幸福之門就不遠了。

當天誕生的名人
島尾敏雄（1917・作家）
岸田智史（1953・音樂家）
宅麻伸（1956・演員）
小宮悅子（1958・播音員）

Memorial

120

ζ・Cetus

（鯨魚座ζ星）

特性：思考、行動、平衡、統率

集合眾人的控制力

★星星與傳說

龐大地躺在赤道南邊的，就是鯨魚座。這隻鯨魚是海神波塞頓捉來的提阿馬杜，與其說是鯨，不如說是海狗與恐龍的合體。

提阿馬杜是海神的使者，忠實地執行海神的命令。即使要牠興風作浪、襲擊人類，牠也不能違抗。但卻因為忠誠的緣故，最後被勇士培修斯擊退了。也許天神可憐牠，便讓牠升上天空。

這顆ζ星位於鯨魚座腹部，為4等星。

★守護星占卜

你對於周圍人的意見，一定側耳傾聽，能夠尊重每個人、引用其意見。就像能夠集合眾人的指揮者一般，擁有大器量。一旦有什麼事起摩擦，大家首先就想到與你商量。你也能漂亮地為其解決事情。

只不過一旦遇到與自己有關的事情時，就冷靜不下來了。而這種不均衡也是你的魅力之一。普通時候鎮靜的你，在遇見慌張狀況時，身旁應該會立即出現讓你支撐的伴侶。

當天誕生的名人

源氏雞太（1912・作家）
庄司薰（1937・作家）
村野武憲（1945・演員）
礒貝洋光（1969・足球選手）
周俊偉（歌手）

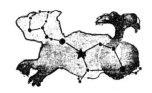

Memorial

4/20

Birthday Star
Sheratan

（白羊座β星）

特性：講道理、常識、自我規畫、晚年成就

在意別人的眼光、常識豐富

★星星與傳說

依照希臘神話，這個白羊座指的是披著黃金毛皮的羊。德拜國國王阿達馬斯，與名叫涅菲雷的雪仙子生下二個小孩。之後，國王驅逐涅菲雷，迎娶新后伊諾。二個小孩普利克蘇斯及海勒，被新母后伊諾欺侮，甚至連命都快沒了。從雲端見此狀況的涅菲雷，便讓二個小孩搭乘在空中飛舞的金毛羊，逃出德拜國。由於金羊飛得太高了，途中妹妹海勒不慎掉落海中，哥哥普利克蘇斯則成功逃離。據說哥哥一生將保護自己的羊隻毛皮視為寶物。

這顆β星（婁宿一）位於羊角處。

★守護星占卜

以白羊座的婁宿一為守護星的你，由於太過於在乎他人的目光，以致於無法百分之百發揮自己的優點。事實上，你潛藏能力超過你的想像。不要侷限於道理、常識當中，更自由地解放自己的心。即使談戀愛，也會因為太意識表現出適合對方的自己，導致內心畏縮。擁有自信的你，才是對方最喜歡的。

當天誕生的名人
哈里路特·洛特（1894·演員）
米羅（1893·畫家）
潔西卡·蘭克（1949·女演員）
彭佳慧（歌手）

Memorial

Birthday Star

α · Hydrus

（水蛇座α星）

特性：單純、直樸、寬大

單純、容易被背叛

★星星與傳說

　　這是十六世紀以後，德國的約翰・保威新設的星座。在希臘神話當中，有名的巨人海勒克里斯，被分派進行十二項修行，其中之一就是擊退九頭怪蛇希多拉的修行。連海勒克里斯也感棘手的這條蛇，就成為星座「水蛇座」，而水蛇座指的就是母蛇希多拉。論姿態實在不怎麼討人喜歡，但卻充滿生命力、攻擊性。

　　α星位於蛇頭處。

★守護星占卜

　　被水蛇座守護的你，容易相信人，是很容易被騙上當的性格。因為單純、穩定，所以便有人趁虛而入。以溫柔親切的眼光看人，是你寶貴的財產，但同時也要培養善惡分明的眼光。

　　你是不是即使被對方拋棄，也不憎恨對方，只是一味地自責呢？經歷幾次之後，你的內心將受嚴重創傷。必須培養仔細觀察對方的性格。

當天誕生的名人
岡田嘉子（1902・女演員）
伊莉莎白二世（1926・英國女王）
輪島功一（1943・職業拳擊手）

Memorial

4/22

Birthday Star

ν · Cetus

（鯨魚座 ν 星）

特性：意志、行動力、精神性、超能力

好奇心旺盛的行動力

★星星與傳說

依照希臘神話，鯨魚座代表海神波塞頓的使者海怪提阿馬杜。身體像小島一般，有銳利爪牙的怪物，是海狗與恐龍合體之姿。

海怪提阿馬杜至衣索匹亞國興風作浪，並奉命吞噬安特洛美達公主，結果被培修斯變成石頭。可憐的提阿馬杜，牠只不過是奉海神之命襲擊安特洛美達而已。超脫最悲慘的時期，提阿馬杜現在威風凜凜地在夜空中，展現其耀人之姿。

ν 星位於提阿馬杜腹部，悄悄地散發光芒。

★守護星占卜

被鯨魚座守護的你，具有行動力，而且對於未知的世界極有興趣，因此能渡過波瀾萬丈的人生。精神力也很強，一旦下定決心，便不顧一切貫徹到底。討厭老是停留在同一場所，不斷追求變化、開拓行動範圍，使得朋友、敵人均不斷增加。但由於直覺優異，所以不會遭遇什麼大危險。

戀愛對你來說是二次元。但當遇見生存觀、價值觀相同的人，你就變了。

當天誕生的名人
新藤兼人（1912‧電影導演）
富田勳（1932‧作曲家）
三宅一生（1938‧服裝設計師）

Memorial

124

γ¹ · Andromeda

（仙女座 γ'星）

特性：安定、沈著、自然

自然、調和、安定

★星星與傳說

這顆星位於安特洛美達公主的腳脖子處發光，與 γ² 共同組成實視連星。主星 γ¹ 星是橘色，伴星 γ² 星則為藍色光芒，其組合很美麗。

衣索匹亞國王妃卡西歐比亞，對於自己的美貌很自豪。但驕傲得太過份了，甚至觸怒海神波塞頓之妻阿姆比多莉。為了平息海神怒氣，必須以女兒安特洛美達公主當海怪的祭品。這個星座之所以描繪雙手被鎖住的公主之姿，就是這個緣故。

★守護星占卜

擁有藍、橘光芒的 γ 星，是你的守護星。對於由衷喜歡自然、希望心情穩定平安生活的你來說，藍色象徵天空及海，橘色則象徵太陽。你對於成長於自然之中，心懷感謝，對於人生沒有挑戰心。即使遇到困難也不焦急，靜待時間解決一切。

戀愛也追求安定，築起互助合作的關係比相愛關係更好

當天誕生的名人
野村芳太郎（1919・電影導演）
雪莉・坦普爾（1928・女演員）
園山俊二（1935・漫畫家）

Memorial

4/24

Birthday Star

Hamal

（白羊座α星）

特性：交際、安定、財富

友人的財產與金錢的財產

★星星與傳說

這個星座代表天神宙斯送給海爾梅斯，海爾梅斯又送給雪仙子涅菲雷，擁有金毛毛皮的羊。

原來是德拜國國王阿達馬斯的王后涅菲雷，在生下二個孩子普利克蘇斯及海勒後，便被追逐出境。由於後母伊諾欺凌這二個小孩，涅菲雷便送二人可以在空中飛的金毛羊，要他們騎在羊背上逃出。妹妹海勒不慎墜海，哥哥普利克蘇斯則平安逃至黑海。星座圖中，羊頭向後轉，就是在尋找海勒。

這顆α星（婁宿三），是位於母羊額頭處發光的二等星。

★守護星占卜

以婁宿三為守護星的你，是金錢運很好的人。與人交往順利，得人厚望，只要你要大家存錢，一定會得到許多回應。累積實際成績後，越來越得人信任。其實與其說金錢運，倒不如說是人緣運來得更貼切。工作、財富安定，對戀情也有正面影響。你會遇見毫無打算下相會的單純戀情。

當天誕生的名人
雪莉・馬克連（1934・演員）
つかこうへい（1948・劇作家）
加藤久（1956・足球選手）
山咲千里（1962・女演員）
Memorial

Birthday Star

β · **Triangulum**

（三角座 β 星）

特性：先進性、傳統、束縛

人情義理不安定

★星星與傳說

寫天文詩『美麗的星辰』的阿德勒斯，歌頌這個三角座為「位於仙女座下方，三個星描繪出的三角形。二邊等長、一邊短。比四周其他星辰還鮮艷，很容易分辨」。

這個星座的歷史悠久，從托勒密（公元二世紀古希臘天文學家）時代即為人所知。古希臘時代，因為它像 δ 的大寫「Δ」，所以也稱為「δ」。

這個星座的西瑞，與雙魚座之間，包含了梅西爾編號三十三號（M33）的星系，與人類居住的這個星系形狀很相似。在距離二百萬光年的遙遠地方，這個銀河系讓人感到充滿浪漫的故事。

★守護星占卜

被三角座守護的你，是不是感覺被過去的戀情絆得太緊，使得內心無法安定？乍看之下很爽快的你，事實上人情義理比誰都拋不開。即使找到新戀情，也無法割捨昔日戀人。你所表現出來的態度是溫柔，但優柔寡斷反而使你的傷口更大。回首過去不會對你造成正面的影響。

過去的美好，只有在切斷與過去的關連之後，才能深刻體會。不論戀愛、工作都一樣。總而言之，抱緊眼前的戀情最重要。

當天誕生的名人

三浦綾子（1922·作家）
阿爾·帕契諾（1940·演員）
五世坂東玉三郎（1950·歌舞伎）

Memorial

Birthday Star

φ · Eridanus

（波江座 φ 星）

特性：同伴意識、獨特風格、協調

感受幸福的清淨心

★星星與傳說

　　費頓是太陽神阿波羅與侍女克魯梅涅的孩子，他很想駕馭父親的太陽馬車。經過百般乞求，太陽神終於答應讓費頓駕馭馬車。但當這些拉太陽的馬，知道駕車的人是阿波羅後，開始狂野和煩躁不安，在天地引起大火，導致大災害。天神宙斯知道這件事情後，便請雷神將費頓與馬車擊落，掉到伊裏達奈斯河中。

　　這顆 φ 星位於奈斯河南側。

★守護星占卜

　　波江座的 φ 星是你的守護星，伊裏達奈斯河的美麗水流代表你清淨的心。相信他人、自然與人交往的你，覺得與人分享快樂最值得高興。

　　只不過，討厭與人發生摩擦，凡事總選擇快樂方向的你，恐怕流於謙虛化。衝突與意見不一，不見得就一定不好，也許從中能產生新的關係。不妨想想在切磋琢磨中成長的生活方式吧！

當天誕生的名人
德勒克羅亞（1798・畫家）
法蘭西斯・雷（1932・作曲家）
風間杜夫（1949・演員）
陳沖（知名演員）

Memorial

Mira

（鯨魚座 o 星）

特性：安定、習慣、安心感

具有安定感的穩定

★星星與傳說

　　鯨魚座代表希臘神話中，海神波塞頓的使者海怪提阿馬杜。身體如小島，擁有銳利爪牙的怪物，是海狗與恐龍合體之姿。

　　位於提阿馬杜頸部的星，就是這顆「Mira」（芻藁增二）。這顆星是有名的變光星，在一閃一滅之間，讓人感受它的「不可思議」，因此名為「Mira」。依一定週期改變明亮度的樣子，就像在打拍子一般。紅色光芒代表了深不可測的生命力。

★守護星占卜

　　你的守護星芻藁增二代表安定。你是內心穩定的人，與任何人均能築起良好關係。在平穩的狀態中生活當然無憂無慮，但安定有時也是一個陷阱。沒有危險也代表了沒有進步。

　　如果不面向新事物、面向未知的事物，那你很快就被時代潮流所拋棄。重視古老的好東西是優點，但太過拘泥就不好了。戀愛也不要只被安定束縛住，有時也讓感情隨意奔放一番。

當天誕生的名人

莫爾斯（1791・發明家）
小林完吾（1932・播音員）
天野祐吉（1933・編輯）
麥克真木（1944・音樂家）
加藤雅也（1963・演員）

Memorial

Birthday Star

δ · Hydrus

（水蛇座δ星）

特性：膽小、準備周到、被動

對於戀愛膽小的謹慎性

★星星與傳說

看起來像銀河一閃一閃般的奇妙星系，就是麥哲倫雲。接近麥哲倫雲的就是水蛇座。十一月左右，在南半球天空高高升起的星座，日本只有沖繩才看得見。這是十六世紀以後，德國約翰‧保威新設的星座，與春天的星座「長蛇座」相對應。

希臘神話當中，有名的巨人海勒克里斯，必須修習十二項課程，其中之一便是擊退九頭怪蛇的修行。這隻怪蛇希多拉是母蛇，稱為「Hydra」為「長蛇座」。而這裡的水蛇座是「Hydrus」，指的是公蛇。

★守護星占卜

被水蛇座守護的你，性格非常謹慎，討厭大變化。尤其對於戀愛非常膽怯，即使是愉快的約會，你也會杞人憂天地擔心他不知道會不會來。當然，先預測最壞的結果，就算壞事發生時，自己受到的打擊會小一點，這是一種自我防衛。然而，在這種本末倒置的狀況下，戀愛還有什麼意義呢？

你內心被動的部分，造成你的膽怯。何妨嘗試積極的行動！

當天誕生的名人
川合玉堂（1871‧畫家）
東鄉青兒（1897‧畫家）
千秋實（1917‧演員）
喬‧戴利（1966‧職業高爾夫球手）

Memorial

Birthday Star

κ · **Erdanus**

（波江座 κ 星）

特性：勤勞、安定、順應逆境

專心於鍛鍊自己

★星星與傳說

　　天文詩『美麗的星辰』中有這麼一節。「伊裏達奈斯河燒焦的水，注入奧利安的左腳下，成為悲傷淚水之流」。波江座是是位於獵人座（奧利安）腳下的大河。

　　太陽神阿波羅之子費頓，很想駕馭父親的太陽馬車，好不容易得到父親的允許。但沒有駕車經驗的費頓，不會操縱馬車，馬變得暴躁不安，甚至脫離軌道之外。天神宙斯見狀，只好請雷神將其打落。費頓墜落伊裏達奈斯河裡，年輕生命就此殞落。

　　這顆星代表伊裏達奈斯河南方之流。

★守護星占卜

　　外表看起來，你非常穩定，但實際上卻是攻擊的性格。面對一件事情，專心努力的姿勢，事實上內心潛藏強人一倍的競爭心。緊張的弓箭呈拉緊狀態時，能發揮大力量，但一旦斷落，就會變得非常脆弱、消沈。

　　戀愛方面，絕對不允許三角關係或對方花心，但當自己對他人心動時，意志就動搖了。

當天誕生的名人
中原中也（1907・詩人）
寶田明（1934・演員）
田中裕子（1955・女演員）
安特烈・阿卡西（1970・網球手）
一色紗英（1977・演員）
李立群（1952・演員）

Memorial

Birthday Star

Polaris

（小熊座α星）

特性：了解弱者、愛情、熱情

對人盡心盡力的誠意與同情

★星星與傳說

　　小熊座代表大熊座凱莉絲托的兒子阿卡斯。有一天，凱莉絲托在難拒天神宙斯的寵愛之下，生下宙斯的孩子。女神海拉知道這件事後非常生氣，便將凱莉絲托變成一隻醜陋的熊。十幾年後，凱莉絲托在森林中見到成長後的兒子阿卡斯，高興得忘記自己已經變成一隻大熊，便跑向阿卡斯。驚慌的阿卡斯急忙拿起弓箭準備射殺大熊。怎麼可以讓阿卡斯殺死自己的母親呢？天神宙斯見狀，便將阿卡斯變成小熊，並將二人放到天上。

　　這顆α星（句陳一），就是天上的指針北極星。實際光度為太陽的二千五百倍，是顆巨星。

★守護星占卜

　　以北極星句陳一為守護星的你，人情深厚，喜歡為別人盡心力。只要看見貧弱者，無論如何也想盡一己之力幫助對方。這是你了解弱者的心情所致。就好像古時候「打擊強者，協助弱者」的英雄姿態一樣。只不過你有時會將同情與愛情混淆了。從同情中發展出來的愛情，很難維持長久。必須區分同情與愛情。

當天誕生的名人
高思（1777・數學家）
河野多惠子（1925・作家）
休蘭達（1946・游泳選手）
常盤貴子（1972・演員）

Memorial

Birthday Star

ν · Cetus

（鯨魚座ν星）

特性：人情、協調性、了解他人

感同身受的同情心

★星星與傳說

鯨魚座代表希臘神話中海神波塞頓的使者提阿馬杜。呈現出來的是海狗與恐龍合體之姿，因此與其稱為鯨魚，倒不如說是海怪來得貼切。

提阿馬杜奉海神之命興風作浪、吞噬被當成祭品的安特洛美達公主，造了不少業障。雖然這一切都是對於安特洛美達公主的母親卡西歐比亞王妃的懲罰，但提阿馬杜到最後卻被勇士培修斯擊斃。越過最可憐的時期，提阿馬杜現在在夜空成為美麗的星座。這顆ν星代表提阿馬杜的眼睛。閃耀白光的這顆星，彷彿在訴說什麼。

★守護星占卜

以鯨魚座為守護星的妳，非常重視與他人協調。對於他人的苦痛能夠感同身受，沒有辦法見死不救。願意盡一切力量幫助他人。

但是在戀愛方面，絕對不可以輕易妥協。同情只會造成另一場悲劇而已。不要欺騙自己，以最自然的姿態為自己創造幸福。

當天誕生的名人
圓山應舉（1733・畫家）
北杜夫（1927・作家）
阿木燿子（1945・作詞家）
雉子牟田明子（1968・網球手）
森山泰行（1969・足球選手）

Memorial

Birthday Star
δ · Cetus
（鯨魚座δ星）

特性：個人主義、自私、自我防衛

表現無關心的自我

★星星與傳說

希臘神話中最偉大的浪漫故事，大概要算是衣索匹亞家族的安特洛美達之戀了。為了彌補母親卡西歐比亞所犯的罪，她被當成海怪的祭品，而在千鈞一髮之際，為培修斯所救。但海怪只不過是奉海神之命襲擊安特洛美達而已。跨越最可憐的時期，海怪提阿馬杜現在威風地在夜空誇耀其姿。

這顆δ星位於海怪的下顎處。

★守護星占卜

你太過於重視自己的世界，以致於對他人漠不關心。只不過不是屬於攻擊性的，不會侮辱、傷害他人，只是表現出不關心的樣子而已。

如果能找到支持自己的心，你的心就能得到紓解。你周圍的人都是你的支撐。

當天誕生的名人
比庫·克羅斯比（1904·歌手）
夏木馬里（1952·女演員）
秋元康（1956·作詞家）
武藏丸（1971·力士）

Memorial

Birthday Star

ι · Eridanus

（波江座し星）

特性：對影響力的希求、物慾

具有影響力的存在感

★星星與傳說

　　波江座是位於獵戶座南方的大河。在沒有月亮的夜晚，小心地越過一個一個星辰，就能享受伊裏達奈斯河（波江座）的雄大海流。

　　太陽神阿波羅的兒子費頓，向父親借太陽馬車升天。但費頓沒有駕馭太陽馬車的經驗，所以不會操控四頭馬。四頭馬知道駕駛並非阿波羅後，變得狂野、煩躁不安，甚至跑到軌道之外。最後終於被雷神擊落。費頓和馬車一起掉到伊裏達奈斯河裡，年輕生命就此喪失。在伊裏達奈斯河向左彎曲處發光的，就是這顆ι星。

★守護星占卜

　　被波江座守護的你，天生具有存在感，備受矚目。你對周圍有很大的影響力，但你本身卻討厭服從他人。只要不依照自己的意思去做，心情就平靜不下來。應該思考與人協調。

　　另外，還有想要別人東西的壞毛病。雖然並不喜歡，但總被別人的戀人所吸引。對於可能使你喪失信用的行動，必須三思而後行。自然的你魅力十足。

當天誕生的名人

馬利・克汪特（1934・服裝設計師）
詹姆斯・布朗（1934・歌手）
三宅裕司（1951・演員）
上田早苗（1963・播音員）
野村宏伸（1965・演員）

Memorial

135

5/4

Birthday Star
ζ .Hydrus

（水蛇座ζ星）

特性：目的意識、名譽、野心

堅強的精神力與真摯

★星星與傳說

　　南半球春至夏，亦即日本十月至十一月，在南天高高升起的星座，是十六世紀以後，德國的約翰・保威所新設的星座。水蛇座是相對於銀河中看起來一滅一閃的小星系，為麥哲倫雲附近的春天星座「長蛇座」而設。

　　長蛇座用的是女性名詞「Hydra」，這個水蛇座用的是男性名詞「Hydrus」。不像具有九個頭的長蛇那樣，令人感覺不舒服。水蛇是一般的蛇，令人感受其生命力與攻擊性。

★守護星占卜

　　你是面向大目標前進，認真努力不懈的人。為了掌握地位及名譽，一心一意向前邁進。對於任何事均不畏懼的精神力，任誰看了都不禁瞪大眼睛。雖然不懂得鑽營要領，但這反而為你贏得眾人的厚望。

　　一旦決定戀愛對象，不會採取放任的態度，而是從正面認真進攻型。也許會被旁人認為沒大腦，但這正是你的優點。

當天誕生的名人
森繁久彌（1913・演員）
田中角榮（1918・政治家）
奧戴莉・赫本（1929・女演員）
菊池桃子（1968・女演員）

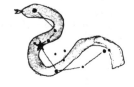

Memorial

Birthday Star

β · Fornax

（天爐座 β 星）

特性：安定、平衡、膽怯、猜忌

勤勤懇懇工作的踏實性

★星星與傳說

這是十八世紀，法國天文學者拉卡優新設的小星座。由位於鯨魚座與波江座境界線南方的星辰所構成，靜靜散發光芒。

所謂「爐」，並非家庭中使用的暖爐，而是科學實驗用的科學爐。由於是南半球所發現的星座，所以在北半球看起來正好相反。從星座圖得知，爐上戴著二個玻璃製的科學實驗道具。

★守護星占卜

以天爐座為守護星的你，是位踏實的人，非常勤懇地努力著。即使面對難題，也絕不畏縮馬虎，腳踏實地一步一步努力的解決。這是你堅強的一面，反之也有膽怯的一面。與其因為一分勝負的賭注而失去一切，寧願選擇效率稍微有些差，但安全的方法。

戀愛方面，也幾乎不會由自己告白。等待對方告白，或找信任的人當中間人。提起勇氣吧！對愛情有勇氣的你，才是最耀眼的。

當天誕生的名人

小林一茶（1763・俳句詩人）
金田一京助（1882・語言學者）
中島敦（1909・作家）
地井武男（1942・演員）

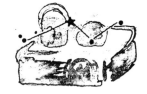

Memorial

Birthday Star

τ・Perseus

（英仙座 τ 星）

特性：責任感、認真、勇氣

絕不絕望的責任感

★星星與傳說

古希臘阿古斯國國王阿古利西歐斯，受到神的告誡：「你會被女兒所生的兒子所殺。」於是，阿古利西歐斯便將女兒黛尼雅軟禁在青銅塔裡。但天神宙斯化為小雨滴偷偷潛入，使黛尼雅懷孕，並生下二人的孩子培修斯。阿古利西歐斯非常生氣，便將母子二人裝入木箱中，投入海裡。九死一生的培修斯，除了拯救安特洛美達公主以外，還立下許多功績，但最後仍逃不出祖父阿古利西歐斯死亡的詛咒。這顆 τ 星，位於培修斯的耳際，是不是命運的告誡已經傳到他人耳中了呢？

★守護星占卜

被勇者培修斯的星座守護的你，責任感很強，只要插手的事，就一定堅持到最後。這種認真的態度，使你備受依賴。

即使遇到難以克服的障礙，也能不絕望地提起勇氣、下工夫努力，最後終必從困境中脫出。對於喜歡的人，就算對方已另有心儀對象，你也直截了當傳達自己的心意。勇氣與誠實引領你邁向幸福之途。

當天誕生的名人
泰戈爾（1861・詩人）
井上靖（1907・作家）
奧遜・威爾斯（1915・演員）
林海峯（1942・圍棋名家）
中野良子（1950・女演員）
Memorial

Birthday Star

θ'・Eridanus

（波江座θ'星）

特性：理想、進取、慾望

充滿向上心的鬥爭心

★星星與傳說

這個星座代表希臘神話中出現的伊裏達奈斯河。太陽神與侍女克魯梅涅生下的兒子費頓，一直很想駕駛父親的太陽車。有一天，終於得到父親的首肯。但費頓沒有駕車經驗，不會操控拉車的四匹馬。馬變得狂野、煩躁不安，最後跑到軌道之外，被雷神擊落。費頓掉入伊裏達奈斯河裡喪失生命。

這顆星被喻為「南天的寶石」，是很美麗的雙星。閃耀白光的樣子，令人印象深刻。

★守護星占卜

被波江座θ'星守護的你，經常將目標放在更上一層。對於新事物、未知事物，在嘗試錯誤當中學會，成為自己的東西。但你追求的目標越來越升級，往往超越自己的範疇。目標與慾望別搞混了。

對異性的理想也高，往往重視交往的過程更甚於交往的內容。自己仔細思考戀愛的意義，才是幸福之道。

當天誕生的名人

本居宣長（1730・國學者）
柴可夫斯基（1840・作曲家）
勃拉姆斯（1833・作曲家）

Memorial

Birthday Star
Mekab
（鯨魚座α星）

特性：勤勉、行動力、自己的道路

理性的正直

★星星與傳說

鯨魚座代表海神波塞頓捕捉來的海怪提阿馬杜。與其說是鯨魚，不如說是海狗與恐龍的合體。

在希臘神話中有名的安特洛美達的愛情故事裡，這隻海怪提阿馬杜也扮演重要角色。安特洛美達為了替母親贖罪，被當成海神祭品，雙手被綁在岩石上。準備吞噬安特洛美達公主的，就是這隻海怪。海怪最後被勇士培修斯擊退，二人的愛情故事由此開始。

這顆α星（天困一）位於海怪的鼻部，散發紅色的光芒。

★守護星占卜

紅色星天困一是你的守護星。你的生活方式很正直，不卑躬屈膝，也不高傲待人，非常的自然。雖不刻意討好人，這種認真的態度卻搏得眾人的好感。

感情不隨波逐流，而是依理性進行判斷，因此不會有感情方面的困擾發生。你的方式能築起良好戀愛關係，應該發揮這項長處。

當天誕生的名人
澀澤龍彥（1928・評論家）
かたせ梨乃（1957・女演員）
櫻桃子（1965・漫畫家）
曙太郎（1969・力士）

Memorial

Birthday Star

γ · **Perseus**

（英仙座 γ 星）

特性：常識、安定、無困難路線

意識表面看起來的平衡度

★星星與傳說

在銀河中，可以看見右手持劍、左手提著女怪米杜莎頭顱的勇士之姿。這位勇士名叫培修斯。也應該說是衣索匹亞王族浪漫故事中的主角。擊敗擁有毒蛇頭髮的怪物米杜莎，騎著從米杜莎傷口中產生的飛馬，拯救衣索匹亞公主安特洛美達的故事很有名。

γ 星是描繪培修斯臉部輪廓的星辰。這顆星也代表了精明的培修斯正義凜然之貌。

★守護星占卜

你是極端以常理思考事情的人。但並非你的信念如此確實，而是過於在意別人的眼光，注意到表面看起來的樣子。你一心一意不希望被別人視為非常理性的人，所以自己就被束縛在裡面。如果你只選擇無困難的坦途，則一旦遇見危機，就無力應付了。

希望你有經歷大戀愛後品嚐大失戀的氣魄，面對戀愛與工作。

當天誕生的名人
森光子（1923・女演員）
比利・喬艾爾（1949・音樂家）
掛布雅之（1955・職業棒球手）

Memorial

5/10

Birthday Star

β · **Perseus**

（英仙座 β 星）

特性：單純、正直、人情

直接反映出來的單純性

★星星與傳說

　　銀河中，可以見到構成方形的明亮星辰。這個星座代表的是勇士培修斯。他是衣索匹亞王族中，浪漫故事的主角。斬下高貢三姊妹中擁有毒蛇頭的女怪米杜莎的首級，乘著從女怪傷口中產生的飛馬，拯救安特洛美達公主。培修斯的英勇故事不少。

　　β星 Algol（大陵五）代表女怪米杜莎的頭，意思是「惡魔的頭」（Ghoul）。以 69 小時為週期，改變其光度，是一顆變光星。也因此之故，更增添一份神秘性。

★守護星占卜

　　以大陵五為守護星的你，是位正直、單純的人。甚至因為太單純了，容易受騙上當。相信他人的態度很重要，但總得謹慎行動，不要讓自己的根基都垮了。培養冷靜觀察他人的眼光，是你最重要的課題。

　　乍看之下你很生硬、倔強，但這是因為你率直呈現的內在之故。你是性情中人，眼淚也有脆弱的一面。而這部份正是帶來幸福戀情的關鍵。

當天誕生的名人
橋田壽賀子（1925・劇作家）
扇千景（1933・女演員）
山口洋子（1937・作家）
武田修宏（1967・足球選手）

Memorial

Birthday Star

α · **Fornax**

（天爐座α星）

特性：現實、經驗主義、過度自信

順利的運勢與過度自信

★星星與傳說

　　天爐座當中，最明亮的就是這顆α星。雖然只是四等星，卻靜靜地裝飾南方天空。

　　「爐」指的不是家庭中使用之暖爐，而是科學實驗中使用的科學爐。爐上放著二個玻璃製科學實驗道具，爐中的火焰由細小星群所構成。這個星座是十八世紀法國天文學家拉卡優所創設，所以沒有神話傳說。但在今日科學技術興盛的時代，可說是能喚起我們感動之心的星辰。

★守護星占卜

　　到目前為止，你的人生應該一帆風順，沒遇過什麼重大挫折。這是由於你的強勢，以及充滿自信之故。反之，你也有致命的弱點，那就是凡事都依自己的標準衡量。這很危險。應多聽他人的忠告。

　　戀愛方面，培育小愛苗，完成溫柔的戀情。

當天誕生的名人
薩爾博特・達利（1904・畫家）
泉谷しげる（1948・音樂家）
久保田早紀（1958・音樂家）
浜田雅功（1963・演員）

Memorial

Birthday Star

ζ · Eridanus

（波江座ζ星）

特性：尊重知識、好奇心、交際

依賴中發展社交性

★星星與傳說

　　波江座是獵戶座腳下方的大河。在沒有月光的夜晚，小心地踏過一個接一個的星辰，即可享受這條伊裏達奈斯河的雄壯之美。太陽神阿波羅的兒子費頓，一直很想駕馭父親的太陽馬車。這個願望最後雖然實現了，但卻因為不會操控拉車的馬，使得馬脫離軌道。最後只得以被雷神打落伊裏達奈斯河收場。費頓跌落伊裏達奈斯河喪生，他的姊妹們非常悲傷，每天都到河邊哭泣。結果姊妹們都變成了白楊木。

　　這顆星就代表了姊妹們的淚水。

★守護星占卜

　　你很重視與人交往。因為你知道，一個人的能力有限，所以你追求得到眾人的支持。只不過，你太過於將重點擺在依賴他人方面，忘記自己也該付出心力。不論你得到多少知識、資訊，別忘了，最後下決定的不是別人，而是你自己啊！

　　戀愛方面，意外地很冷靜。但一旦點燃愛火，戀愛的火焰絕不熄滅。

當天誕生的名人
武者小路實篤（1885・作家）
萩尾望都（1949・漫畫家）
EPO（1960・音樂家）
奧田民生（1965・音樂家）

Memorial

144

Birthday Star
τ^4 · Eridanus
（波江座 τ^4星）

特性：過度自信、野心、博學

博學與資質的自信

★星星與傳說

　　天文詩『美麗的星辰』中有這麼一節。「伊裏達奈斯河燒焦之水，注入奧利安的左腳下，成為悲傷的淚水之流」。波江座（伊裏達奈斯河）是位於獵戶座（奧利安）腳下的南方大河。

　　太陽神阿波羅與侍女克魯梅涅所生的孩子費頓，好不容易得到父親首肯，駕馭太陽馬車。但費頓沒有駕車經驗，當馬匹知道駕馭者不是阿波羅之後，變得狂野、煩躁不安，甚至脫離軌道，使天地到處起火。天神宙斯只好命令雷神將其擊落，費頓掉入伊裏達奈斯河裡。

　　這顆星正好位於伊裏達奈斯河的正中央。

★守護星占卜

　　被波江座守護的你，具有立於人之上的資質。你的知識豐富，不論什麼分野都得心應手。但由於自我意識過剩，想將自己的博學展現在他人面前的部分，會導致他人反感。「沈默是金」，不妨思考看看，以謙虛、謹慎的態度行事。

　　對戀人如果也採取原本的態度，不但不會受尊敬，反而被疏遠。用你真正的魅力分勝負吧！

當天誕生的名人
笠智眾（1904·演員）
中村メイコ（1934·女演員）
史蒂芬·華達（1950·音樂家）
顏志琳（動力火車·歌手）

Memorial

5/14

Birthday Star
Mirfak
（英仙座 α 星）

特性：朋友意識、排他性、集團

協調性反面的冷漠

★星星與傳說

　　銀河中，可以看見比較明亮的星呈弓形。這是培修斯的弓，弓箭中央靠北，在勇士培修斯腋下處發光的星，就是這顆 α 星（天船三）。

　　培修斯身上流著天神宙斯的血，是阿古斯國王阿古利西歐斯的外孫。但他一出生就被丟入海中，並歷經取下女怪米杜莎首級的嚴格修行，堪稱命運多舛。救出衣索匹亞公主安特洛美達之後，譜出的愛情故事也很有名。他正是希臘神話中很有名的大男人海勒克里斯的曾祖父。

★守護星占卜

　　以英仙座天船三為守護星的你，有很多值得信賴的朋友，築起互相幫忙的理想關係。只要你以心相許的朋友，即使犧牲自己，你也會為對方盡心力。反之，一旦敵對，則非常冷淡。

　　你對現在的情人誠心誠意，但對於分手的情人，則永遠懷著恨意。敵對的心不能讓你擁有什麼。學習寬容的心最重要。

當天誕生的名人
齋藤茂吉（1882・歌人）
喬治・洛克（1944・電影導演）
古尾谷雅人（1957・演員）
下川健一（1970・足球選手）

Memorial

Birthday Star
ξ・Tau
（金牛座ξ星）

特性：依賴心、組織、博愛

容易寂寞、依賴的魅力

★星星與傳說

　　這個星座，代表天神宙斯化身之姿。腓尼基國有位公主歐羅巴非常美麗，名聲甚至傳到天界。有一天，歐羅巴在海岸遊玩，天神宙斯看見了，便化身為一隻金牛接近公主。不知情的公主看見金牛如此溫馴，情不自禁地騎到牛背上。突然，金牛猛烈奔跑，越過地中海後登上一塊陸地。宙斯在那裡表明愛慕之情以及自己的身分，贏得美人芳心。

　　這顆ξ星位於公牛軀體正中央位置。

★守護星占卜

　　被金牛座守護的你，是很容易寂寞的人，只要身旁沒有人陪伴，就什麼事也做不了。但這種依賴心，反而成了你的魅力。

　　你愛周圍所有的人，而且被人所愛。你不覺得自己身邊都沒有敵人嗎？了解現實的嚴格之後，讓你的心更溫柔了。事實上，這正左右你的戀情哩！

當天誕生的名人
瀬戶內寂聽（1922・作家）
伊丹十三（1933・電影導演）
美輪明宏（1935・歌手）
美川憲一（1946・歌手）

Memorial

Birthday Star

ε · **Eridanus**

（波江座 ε 星）

特性：對他人照顧、寬大、交往

討厭孤獨重視友情的個性

★星星與傳說

　　太陽神阿波羅之子費頓，三番二次請求父親讓他駕馭太陽馬車，最後終於得到父親的首肯。但由於費頓沒有駕馭經驗，不會操控拉車的馬，使得馬狂野、煩躁，結果跑出軌道之外。天神宙斯見狀，只好命令雷神將其擊落，費頓掉到伊裏達奈斯河喪命。

　　這顆 ε 星，眾所周知與太陽很相似。它每年移動一點點，好像被看不見的行星所牽引。也許這附近，有與地球很相似的行星存在也說不定。

★守護星占卜

　　被波江座守護的你，四周自然有人聚集過來。你很會照顧他人，只要以心相許的朋友，你就會為對方盡心盡力。你很受不了身旁沒人陪伴，非常討厭孤獨。因此也可能會讓戀人感到太煩人。

　　試著擴展視野，你就能發現新的自己。希望你有用自己的腳走、用自己的眼看、用自己的耳聽的意慾。

當天誕生的名人
溝口健二（1898・電影導演）
亨利・福達（1905・演員）
加弗利艾拉・薩巴奇尼（1970・網球手）

Memorial

Birthday Star

ψ · Perseus

（英仙座ψ星）

特性：寡言、樸素、單純、溫柔

貫徹道理的單純、笑臉

★星星與傳說

阿古斯國國王阿古利西歐斯受神告誡：「你將被女兒所生的兒子所殺。」害怕之餘，阿古利西歐斯便將女兒黛尼雅軟禁在青銅塔中。但天神宙斯化身黃金雨，從小窗戶潛入，使黛尼雅懷孕，生下培修斯。阿古利西歐斯非常生氣，便將母子二人裝在木箱中，投入海裡。九死一生的培修斯，後來拯救安特洛美達公主，立下不少功績。但最後仍逃不出外祖父阿古利西歐斯的死亡詛咒。在一場競技會上，培修斯投出的飛盤，偶然間正中客席上的阿古利西歐斯。

ψ星是位於培修斯腹部的星。

★守護星占卜

被英仙座守護的你，是沈默寡言、實事求是的人。絕對不會過度裝飾自己，什麼事均依道理思考。這種穩健、溫柔笑臉、樸實的單純，使許多人著迷。但不懂得懷疑人的你，在不知不覺中，會被他人利用。最好學會分辨善惡的眼光。關於戀愛，也要有積極的行動，向自己的極限挑戰。

當天誕生的名人
艾利克‧沙帝（1866‧作曲家）
約翰‧蓋普（1904‧演員）
島田陽子（1953‧女演員）
王力宏（歌手）
Memorial

Birthday Star

δ · Perseus

（英仙座 δ 星）

特性：單純、穩健、挫折

視野廣闊的好奇心

★星星與傳說

　　銀河中，可以看見比較明亮的弓箭形狀星辰。這個星座代表的是勇士培修斯。在希臘神話中，他是衣索匹亞王族浪漫故事的主角之一。當他斬下高貢三姊妹中有毒蛇頭的女怪米杜莎後，騎著從傷口中生出的飛馬，救出安特洛美達公主。之後歷經重重艱難試鍊，培修斯與安特洛美達回到雪里波斯島，與母親共度美好的日子。

　　這顆星位於組成弓箭群星的正中央，放射藍白色光，代表培修斯神秘的力量。

★守護星占卜

　　你是好奇心旺盛，視野寬廣的人。不論什麼領域，一旦插手，就一心一意地投入，但相反地，你也很容易煩膩。戀愛方面也有屬於「易熱易冷」型，交往無法長久持續。這是由於你太過於單純的緣故。一件事情的完成，有妥協的必要，有些事也得睜隻眼閉隻眼。

　　保持集中力，對一件事擁有目的意識。

當天誕生的名人
杉浦忠（1935・職業棒球選手）
尾崎直道（1956・職業高爾夫球手）
中井貴一（1961・演員）
望月聰（1964・足球選手）

Memorial

β · **Reticulum**

（網罟座 β 星）

特性：透視真偽的眼力、再構築

看清本質的冷靜眼光

★星星與傳說

網罟是「網」的意思。這並非捕魚的網，而是區分望遠鏡視野所使用的網眼。網罟座是十八世紀法國拉卡優新設的星座。他製作此星座，當自己望遠鏡的網眼代名詞。或許也代表拉卡優自己的存在吧！

網罟呈菱形，這顆 β 星位於菱形的南端。在熱帶地方或南半球，很容易找到。

★守護星占卜

被網罟座守護的你，不會被流行所左右，能冷靜看清事物的本質，發現真正的價值。即使遇見喜歡的人，也不會感情用事，能冷靜觀察。

但過於拘泥於過去的慣例及舊習慣，往往使得視野變狹窄。除了舊事物產生的自然感覺外，磨練全新的感受也有必要。

認真戀愛的你，會顯出旁人無法比擬的熱情。

當天誕生的名人
西田幾太郎（1870・哲學家）
胡志明（1890・政治家）
吳清源（1914・棋師）
桑德洛（1973・足球選手）

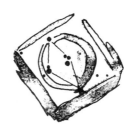

Memorial

Birthday Star

η · **Taurus**

（金牛座 η 星）

特性：後繼、温故知新、愛情

主意豐富具有鑑賞眼光

★星星與傳說

希臘神話中的天神宙斯，有一天從奧林匹斯山向下眺望，看見一位美少女。這位少女是腓尼基國的公主歐羅巴。

宙斯化為一頭牛，接近歐羅巴。不知情的歐羅巴看見這頭牛如此溫馴，情不自禁地騎到牛背上。結果被宙斯就這麼帶走了。

這顆 η 星，日本人稱為「昴」，西洋名為 Pleione，中國則稱為「昴宿星團」，是閃耀藍色的巨星，代表希臘美麗的七姊妹。

★守護星占卜

以昴宿星團為守護星的你，是了解傳統、文化真正價值的人。反之，常在新事物方面下工夫，藉著臨機應變的處理法，產生面對下一次元的意慾。不論結果是好是壞，都重視到達目的中間的過程。你最討厭只會按既定規則前進的人。

你能藉由年長的伴侶得到成長，所以戀愛對象以年紀大一點、能包容你的人最合適。

當天誕生的名人
巴爾扎克（1799・作家）
永井龍男（1904・作家）
王貞治（1940・職業棒球手）

Memorial

Birthday Star
ζ · Perseus
（英仙座ζ星）

特性：好奇心、觀察力、安全

安定志向的敏銳觀察力

★星星與傳說

培修斯（英仙座）身上流著天神宙斯的血，也是阿古斯國國王阿古利西歐斯的外孫。但他並非在他人期待下出生，一出生就被放入木箱、丟入海中。好不容易到達雪里波斯島，歷經斬下女怪米杜莎首級等試鍊，可說命運坎坷。但他的勇氣與善良，使其後半生命運為之一變。他與衣索匹亞公主安特洛美達的愛情故事非常有名，在危險中救出公主後，有情人終成眷屬。他也是希臘神話中有名的大人物海勒克里斯的曾祖父。

ζ星是位於培修斯左腳脖子的三等星。實際光度為太陽的一萬六千倍，是藍色巨星。

★守護星占卜

你的好奇心旺盛、觀察力敏銳，但性格非常謹慎，討厭大變化。尤其對於愛情顯得膽怯，是不是內心總害怕會和心上人分開呢？也許先預想，當事情真正發生時，受到的衝擊就不會那麼大，算是一種自我防禦。但這樣的戀愛又有什麼意義呢？對自己有信心、積極行動，你一定會發現，自己的姿態如此的美好。

當天誕生的名人
安德烈・薩哈洛夫（1921・物理學者）
北林谷榮（1911・女演員）
原田貴和子（1965・女演員）

Memorial

153

Birthday Star

ε · **Perseus**

（英仙座 ε 星）

特性：直覺、感覺、明朗

不為常識束縛的奔放

★星星與傳說

　　銀河中可以看見呈弓箭形狀，比較明亮的星星，這就是培修斯的弓箭。而位於弓箭南側的藍色三等星，正是這顆 ε 星。

　　培修斯是阿古斯國公主黛尼雅與天神宙斯所生的孩子。但因為未出世前即被預言將帶來不幸，因此外祖父在他一出生後，便將他拋向大海中隨波逐流。九死一生的培修斯，之後擊退女怪米杜莎，救出衣索匹亞公主安特洛美達等等，在希臘神話中留下許多功績。

★守護星占卜

　　你的天生感覺，不會被常識、倫理所束縛，顯得自由而奔放。不論對人對事，你認為只要依自己本心對待，就能得到幸福，想法非常簡單。看起來是很快樂的生活方式，也的確是堅強的生活方式。

　　你的開朗性格，也能帶給周圍人快樂，這可說是你的才能之一。戀愛方面，與你感性波長相同者有良好的發展，但或許爭吵也多。

當天誕生的名人
坪內逍遙（1859・文學家）
李夏爾特・華格納（1813・作曲家）
羅倫斯・奧利比葉（1907・演員）

Memorial

Birthday Star
Zaurak

（波江座γ星）

性格：直覺、踏實、夢的實現

直覺與謹慎平衡

★星星與傳說

太陽神阿波羅的兒子費頓，非常想駕馭父親的四頭太陽馬車。三番兩次請求後，終於得到父親的首肯，有機會操控馬車。但當馬兒知道操控者不是阿波羅後，變得狂野、不安，開始亂跑起來。最後竟使天地起火。天神宙斯見狀，只好派雷神將其擊落，費頓與馬車一起墜落伊裏達奈斯河中。據說，伊裏達奈斯河相當於現在北義大利的波河。

這顆γ星（天苑一），位於此河南下的第一個彎曲處。意思是「船之光輝星辰」。

吞噬費頓的這條河，至今仍有美麗的船隻往來。

★守護星占卜

被波江座的天苑一守護的你，是很會區分表面與裡面的人。支持你直覺行動的部分，是你另一部分的誠懇踏實與謹慎。巧妙地擁有這兩面，可說是生活在複雜現代中的必要武器。

謹慎只要不勉強地表現在行動上，就能掌握偉大的夢想。但一旦雙方不平衡，就會陷於討厭自己的泥沼中。戀愛場面，這種平衡正是你的魅力所在。

當天誕生的名人
寺島宗則（1832・外交官）
沙都・哈奇洛（1903・詩人）
高橋治（1929・作家）

Memorial

5/24

Birthday Star

υ · **Taurus**

（金牛座υ星）

特性：理論、合理主義

直得信賴的直覺

★星星與傳說

希臘神話中的天神宙斯，有一次在腓尼基國的海岸，看見美麗的公主歐羅巴。如果以神之姿接近公主，一定會讓公主嚇一跳，於是宙斯化身為一頭美麗的公牛。不知情的公主見到這頭既美麗又溫馴的牛，不自覺地騎到牛背上。沒想到，牛竟然急速衝向海裡，並越過地中海登上陸地。在那兒，宙斯表明自己的身份，並傳達愛慕之情，二人共結連理。

後來，他們登上的陸地，便以歐羅巴為名，稱為「歐羅巴大陸」，即現在的歐洲。

這顆υ星，代表跑向地中海的公牛，強而有力的左前腳。

★守護星占卜

你是能憑著敏銳的直覺力，越過重重危機的人。由於這是經驗與實績所累積的直覺，所以可信度高，對今後的人生有很大的助益。你的頭腦好，口才也好，很可能因為說理而使對方戰輸，所以也可能發展成激烈的爭鬥。戀愛方面，太過於在意對方的小缺點，很可能因此失去心愛的人。寬容是戀愛的關鍵。

當天誕生的名人
鈴木清順（1923·電影導演）
波布·狄龍（1941·音樂家）
袁川翔（1961·演員）

Memorial

Birthday Star

λ · Perseus

（英仙座 λ 星）

特性：好奇心、印象、衝動

好奇心旺盛的行動性

★星星與傳說

銀河中，可以見到右手持劍、左手提著女怪米杜莎頭顱的勇士之姿。這位勇士名叫培修斯。他可說是衣索匹亞王族浪漫故事中的主角之一。他擊敗擁有毒蛇頭髮的女怪米杜莎，騎著從傷口中產生的飛馬，拯救衣索匹亞國公主安特洛美達，這段故事很有名。

這個星座也稱為「培修斯的弓箭」。明亮的星辰相連組成弓箭。 λ 星位於弓箭的一端，正好在培修斯的右膝處發光。

★守護星占卜

被英仙座守護的你，是好奇心旺盛的行動派。不滿足於一對一的戀情，只要認為好的人，你就會積極接近他。往往依賴印象、感覺行事。你的直覺大致而言很正確，所以能產生正面的作用。如果能遇見真正了解你的人，你一定比現在更幸福。

毫無節制的自由環境，可以使你的藝術才能開花結果。

當天誕生的名人
麥路斯・大衛（1926・爵士音樂家）
荒木經惟（1940・攝影家）
石田ひかり（1972・女演員）

Memorial

5/26

Birthday Star

o'・Eridanus

（波江座 o'星）

特性：勤勉、學術、靈巧

博學的自信

★星星與傳說

　　天文詩『美麗的星辰』中有這麼一段。「伊裏達奈斯河燒焦的水，注入奧利安的左腳下，成為悲傷淚水之流」。波江座（伊裏達達奈斯河），是從獵戶座（奧利安）的足部南下的大河。

　　太陽神阿波羅之子費頓，很想駕馭父親的太陽馬車，最後終於得到父親的首肯。但當馬匹知道操縱者不是阿波羅後，變得狂野、煩躁不安，甚至脫離軌道而行，弄得天地起火。天神宙斯見狀，便命雷神將其擊落，費頓墜落伊裏達奈斯河裡。他的姊妹悲傷異常，每天都在河邊哭泣，不久都變成了白楊木，這顆星並不亮，但卻是在源頭附近發光的重要星辰。

★守護星占卜

　　被波江座的 o'星守護的你，有強烈的知識慾，不論什麼領域都表現良好。但由於自我意識過剩，往往招致他人反感。就算你沈默，你的價值也會被周圍的人認同，沒有必要刻意表現。在戀人面前尤其要注意這一點，用你真正的魅力贏得勝利。

當天誕生的名人
約翰・韋恩（1907・演員）
貝琪・韋（1922・歌手）
蒙基・龐奇（1937・漫畫家）

Memorial

158

Birthday Star

γ · **Dorado**

（劍魚座 γ 星）

特性：知性、理想、革命

殘留小孩部分的理想

★星星與傳說

　　劍魚座是南半球夏季、日本冬季於奄美諸島以南，於地平線上可以看見的星座。「劍魚」有像劍一般長的上顎，身體長二公尺左右。星座學名為 Dorado，西班牙代表「黃金」的意思。南美亞馬遜河內陸，有金黃色的魚棲息，當地人稱之為 Dorado，所以這個星座與其稱為「劍魚座」，不如稱為「金魚座」來得貼切。生長在神秘境界中的黃金般珍貴魚兒，令人感到有股莫名的力量。

　　你的心是不是被這顆 γ 星的神秘光芒所撥弄了呢？

★守護星占卜

　　被劍魚座守護的你，理想崇高、洋溢向上心，但卻還殘留孩子味，令人感覺稚氣未脫。這也許是你的魅力之一，但社會性多少就有點問題了。避免一個人行動，努力從周圍的人那兒加以學習。

　　凡事可稍停下來，回頭看看自己之後，再慢慢地往前行，這種心靈餘裕可為你帶來幸福。

當天誕生的名人
魯奧（1871・畫家）
澤田正二郎（1892・演員）
塔爾・哈麥特（1894・作家）
中曾根康弘（1918・政治家）

Memorial

Birthday Star

φ · Taurus

（金牛座φ星）

特性：好奇心、進取、**實驗**

充滿意慾的創造慾

★星星與傳說

希臘神話中的天神宙斯，有一天從奧林匹斯山頂向下眺望，看見一位美麗的少女。這位少女是腓尼基國的公主歐羅巴。為了瞞過妻子海拉耳目，宙斯化身一頭金牛降臨地面。看見突然出現的美麗金牛，歐羅巴溫柔地撫摸牠，並騎上牛背。這時候，金牛突然急速奔跑，穿過地中海後登上陸地。在那兒，宙斯表明身份，傳達愛意，獲得了美人芳心。

φ星位於金牛的背部。

★守護星占卜

被金牛座的φ星守護的你，好奇心旺盛，不論任何事均積極進取。尤其對於發明及發現很有興趣，經常在新事物上下工夫，成為進入下一次元的推動力。但這往往使你和只依既定公式行動的人起衝突。勿忘人際關係的平衡是成功的關鍵。

你對愛情非常淡泊，能否使熱情的心跳躍起來，是你能否成為寵兒的關鍵。

當天誕生的名人
黑井千次（1932·作家）
立花隆（1940·評論家）
中澤新一（1950·宗教學者）

Memorial

Birthday Star

δ^2 · Taurus

（金牛座 δ^2 星）

特性：自然、宇宙、高傲、山岳

思考自然、宇宙的冷靜

★星星與傳說

構成公牛臉部的，是以 V 字形為中心的星團，稱為「畢宿星團」，這顆 δ^2 星就是星團中的一份子。金牛座還有另外一個「昴宿星團」，它代表希臘神話中上場，擔任侍女的仙女。

金牛座本身，是天神宙斯的化身。有一天，宙斯在腓尼基國海岸見到一位美少女，名為歐羅巴公主。因為公主身旁有護衛，宙斯難以接近，於是化為一頭公牛接近公主。看見如此溫馴的公牛，歐羅巴情不自禁地撫摸牠，並騎上牛背。就這樣被宙斯帶走。

★守護星占卜

以金牛座 δ^2 為守護星的你，在與大自然、宇宙有關的分野上才華洋溢。不僅僅是對於不可思議現象的憧憬而已，而是能以理論思考的人。甚至你還能冷靜地分析人的心靈與精神，當然，這也與你對人本來就有興趣有關。

然而，你好像不能事事如願，因為自我意識過剩，所以可能被人排斥。克服這一點才能掌握幸福的愛情。

當天誕生的名人
甘迺迪（1917・政治家）
美空雲雀（1937・歌手）
堤義明（1934・西武集團）

Memorial

5/30

Birthday Star

θ² · Taurus

（金牛座 θ² 星）

特性：理想、公平、正義、革命

對他人傷害感同身受的正義

★星星與傳說

金牛座是表現大角往前刺的猛牛之姿，位於太陽通道黃道十二宮的第二星座。依照希臘神話，這頭猛牛是天神宙斯的變身。

花心的宙斯，有一天看見在腓尼基國海岸遊玩的歐羅巴，便化身為公牛接近她。不知情的歐羅巴情不自禁地騎到牛背上，公牛突然急速奔跑，就這樣將歐羅巴帶走。這是為了追求美麗女性，不辭任何勞苦的希臘神話故事。這顆星位於公牛的臉部。θ星是雙星，這顆 θ² 星是帶有藍色的白色，與另一顆 θ¹ 星的黃色光相映，形成非常美麗的畫面 θ²

★守護星占卜

以金牛座 θ² 星為守護星的你，是具有勸善懲惡氣質的正義之士。看見弱者總放不下心，即使自我犧牲，也非得助他一臂之力不可。因為了解自己的弱點，所以對於他人的使命感太強，使得同情發展為愛情的機會大增。這是另一種戀愛形式，但一頭栽進去可就危險了。

當天誕生的名人
但丁（1265·詩人）
培尼·古德曼（1909·爵士音樂家）
相澤早苗（1958·演員）

Memorial

Birthday Star

α · Dorado

（劍魚座α星）

特性：集中力、強制、正義、理想

追求真實與信念

★星星與傳說

「劍魚」擁有劍狀的長上顎，體長約二公尺。劍魚學名為 Dorado，日本將此譯為「旗魚」，而西班牙語是「黃金」的意思。此外，南美亞馬遜內陸，有金黃色魚棲息，當地人稱之為 Dorado。

從奄美諸島以南地平線上可以看見，裝飾夜空的這個形狀，與其說是旗魚，不如說是棲息在神秘境內的黃金魚比較貼切。

這顆α星於魚尾處發光。

★守護星占卜

以劍魚座為守護星的你，討厭妥協，具有追求真實的精神。對於自己的生活方式，有一貫的信念，當非面臨選擇不可的人生場面時，你會經過長時間思考，在充分了解之前，不會輕易提出答案。關於戀愛及結婚，也是秉持這種精神。如果不是與自己擁有相同的價值觀，你是不會輕易動心的。

對異性而言，你是值得追求的人物。

當天誕生的名人

惠特曼（1819・詩人）
格林特・伊斯坦伍特（1930・演員）
布魯克・西魯斯（1965・女演員）

Memorial

Birthday Star

α · **Taurus**

（金牛座α星）

特性：自由、改革、漂泊

熱情的浪漫故事

★星星與傳說

　　有一天，希臘神話中的天神宙斯，從奧林匹斯山頂眺望地面，看見一位美少女。這位少女是腓尼基國的公主歐羅巴。

　　宙斯化身為一頭牛靠近歐羅巴。不知情的歐羅巴情不自禁地坐在這頭溫馴牛的背上。就這樣，歐羅巴被宙斯帶走。

　　這顆α星（畢宿五）閃耀紅色光芒，正好位於公牛的右眼。大概比喻凝視歐羅巴的宙斯的熱情吧！

★守護星占卜

　　以畢宿五為守護星的你，是位熱情浪漫的人。揭示崇高的理想，努力不懈向前邁進的姿態，讓人感受到你的力量。相信自己、毫不猶豫行動的勇氣，贏得不少人的稱讚吧！不過這也容易流於自以為是的危險。

　　戀愛方面，你往往是單行道。多和人溝通、讓彼此心情輕鬆點，是你在戀愛時必須掌握的重點。

當天誕生的名人
瑪麗蓮夢露（1926・演員）
山下泰裕（1957・柔道選手）
劉若英（1970・女演員）
夏川結衣（1970・女演員）

Memorial

Birthday Star

α · **Caelum**

（雕具座 α 星）

特性：好奇心、進取、發明、埋頭

獨特、嶄新的感覺

★星星與傳說

雕具座位於波江座與天鴿座之間，南北掛於天空中，為十八世紀中，法國天文學家拉卡優新設之星座。這裡所謂的「雕具」，指的是雕刻用金屬鑿，在夜空可以看見二根鑿。

正像這個新誕生的星座一樣，無限寬廣的天空，充滿了無限的可能。如果今後有新設星座的話，也許就是這個雕具座的鑿所雕刻出來的形狀。這真是讓我們看見偉大夢想的星座。

α 星是穩重散發光芒的星辰。

★守護星占卜

以雕具座為守護星的你，很不會與他人走在同一條路上。你總是依獨特的方式，向新事物挑戰，展現生存的意義。乍看之下突然出現的構想，是你總是存在的嶄新感覺。就算失敗也不膽怯，你是個從失敗中絕對能獲得什麼的人。

戀愛初期階段，也許感到有些迷惘。但從中掌握些什麼後，你將享有比別人更精彩的戀愛成就。

當天誕生的名人
飯干晃一（1927・作家）
查理・華滋（1941・音樂家）

Memorial

6/3

Birthday Star

μ · **Eridanus**

（波江座 μ 星）

特性：家、糾葛、獨立心

有才能的自立心

★星星與傳說

太陽神阿波羅與侍女克魯梅涅的兒子費頓，好不容易得到父親許可，有機會駕馭太陽馬車。但馬匹知道操控者並非阿波羅之後，變得狂野、煩躁不安，飛散火焰，使天地四處起火燃燒。天神宙斯見狀，只好命雷神將馬車打落，費頓墜落伊裏達奈斯河裡。

費頓的姊妹非常傷心，每天到河邊哭泣，不久，他們都變成白楊木。伊裏達奈斯河附近，有許多琥珀色的玉，據說就是白楊木流下的眼淚。

這顆 μ 星位於源流附近。

★守護星占卜

以波江座 μ 星為守護星的你，是自立心強的人。相信自己的可能性，潛藏往前進的實力。不必靠周圍人的協助，用自己的力量即可開發一切。即使失敗也不後悔，當成踏到下一步的力量。

你的才能優秀，不必依靠誰，而且你也不喜歡依靠他人。你不會在戀愛中迷失自己，但令人意外的，你會有浪漫戀情。

當天誕生的名人
阿勒·金茲巴庫（1926·詩人）
和田勉（1930·演出家）
唐澤壽明（1965·演員）

Memorial

166

Birthday Star

$\pi^3 \cdot$ **Orion**

（獵戶座 π^3 星）

特性：明晰、早熟、才能、期待

獨創性與直覺力

★星星與傳說

奧利安是位巨人，傳說為海神波塞頓與女人國阿瑪從的女王烏莉蕾所生。力量巨大無比，更是擅長打獵的高手。月之女神艾樂蒂愛上奧利安，但他的哥哥太陽神阿波羅卻不喜歡。於是阿波羅將奧利安騙到河裡再以弓箭射他。月之女神很傷心，請求哥哥：「至少將奧利安當成星座，放在我的通道上。」女神如願以償，奧利安成為獵戶座，位於月亮通道附近，於冬夜裝飾夜空。

這顆星代表奧利安左手所拿的獅子皮。

★守護星占卜

被獵戶座守護的你，是直覺很敏銳的人，具備獨特的才能與思考。但如果沒得到周圍期待中的回應，你往往無法操控一切構想。並非自己一個人拚命努力，而是需要周圍的人的援助。

戀愛單方通行是無法成立的。不要光是為對方盡心力，有時也應該交給對方一些事情。

當天誕生的名人
森本薰（1912・劇作家）
大山倍達（1923・空手道專家）
張學良（1900・政治家）
胡瓜（節目主持人）

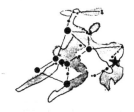

Memorial

167

6/5

Birthday Star

α · Camelopardalis

（鹿豹座 α 星）

特性：會話、仲介、意識傳達

具協調性的戀愛高手

★星星與傳說

這個星座是十七世紀德國的亞克布‧貝爾基烏斯新設的。雖不顯著，但卻是位於北極附近，範圍相當廣的星座。這個星座原本是源於舊約聖經『創世紀』中的駱駝，但經過時空的變遷，描繪成星座圖時，便命名為鹿豹座。伸長脖子往北極的姿態，彷彿美麗的長頸鹿。

這顆 α 星位於鹿豹的下腹部。不是多麼明亮的星，但卻是實際光度為太陽二萬倍的超巨星。

★守護星占卜

以鹿豹座為守護星的你，重視人與人的關係。因為你本身能從與人交往中，得到許多東西而達到成功，所以這些向他人學習到的事物，就成為你的財產。在重視他人的關係之餘，也具備自我開創的勇氣。

此外，你的感覺敏銳，具備掌握人心的才能。很會談戀愛，也可能有很多戀人。

當天誕生的名人
安‧路易斯（1956‧歌手）
中嶋朋子（1971‧女演員）

Memorial

Birthday Star

ι ・**Auriga**

（御夫座 *ι* 星）

特性：知性、討論、理論、科學

重視同伴的理論性

★星星與傳說

所謂御夫，就是指車夫。成為星座的是，冶鍊之神黑帕斯德斯與智慧之神阿提納的兒子艾利克特尼斯。他的雙腳行動不便，但卻具備發明的才能，製造出像車椅一般的雙輪車，在戰場成為有利的工具。後來成為都市國家雅典的第三代國王。

這顆 *ι* 星位於艾利克特尼斯的左腳，是閃耀橘色光芒的美麗星座。

★守護星占卜

被御夫座守護的你，具有崇高的理想，很重視贊成自己理想的同伴。在與同伴有強烈連帶感的關係當中，你的感性更能顯現。只不過，過度拘泥理論，對現實的認識較不切實際，往往在不知不覺中掉落陷阱。

戀愛如果光是在桌上空談理論，將導致失敗。從過去經驗學習，是掌握幸福的關鍵。

當天誕生的名人
新田次郎（1912・作家）
山田太一（1934・作家）
比約・波爾克（1956・網球選手）

Memorial

6/7

Birthday Star

ε ・ **Auriga**

（御夫座 ε 星）

特性：雄辯、革命、活動、人性解放

有時過分激烈的行動

★星星與傳說

　　拉馬車的車夫。御夫座指的是雅典第三代國王艾利克特尼斯之姿。艾利克特尼斯天生雙腳行動不便，但卻是品德高尚又武勇的人。另外也具備發明的才能，乘著自己發明的雙輪車上戰場，立下不少功績。

　　星座中，艾利克特尼斯左手抱著小山羊。希臘神話當中，山羊是幸運的象徵，也許這正代表艾利克特尼斯的高尚品德。 ε 星可說是代表山羊的星。

★守護星占卜

　　以御夫座 ε 星為守護星的你，喜歡站在眾人之前，只要自己不受注目，就感覺平靜不下來。你非常好辯，是不會隱藏自己想法的人，屬領導型。但也容易流於過於激烈的行動。凡事太勉強，則可能會發生意料之外的事態，必須特別注意。

　　一旦遇見心儀的對象，不要任性地依自己的意思進行。服務的精神才是使戀情持續的秘訣。

當天誕生的名人
坡爾・高蓋（1848・畫家）
普林斯（1958・音樂家）

Memorial

170

Birthday Star

η · Auriga

（御夫座 η 星）

特性：好奇心、行動、冒險、海外

凝視未知的冒險心

★星星與傳說

　　御夫座代表胸前抱小山羊的一位戰士之姿。他名叫艾利克特尼斯。為冶鍊之神黑帕斯與智慧之神阿提納之子，與生俱來雙腳行動不便。但他很有發明的才能，利用自己發明的雙輪車，奔馳在戰場上，立下不少功績，成為雅典第三代國王。

　　艾利克特尼斯抱的山羊，在希臘神話中是幸運的象徵。這顆 η 星位於山羊的腳部，放出藍色光芒，看起來好像在訴說艾利克特尼斯的勇氣與功績。

★守護星占卜

　　被御夫座守護的你，是好奇心旺盛的行動派，對於未知世界有很強烈的憧憬。在戀愛方面也有貪慾，追求與複數人交往，不斷享受新戀情。雖然看起來很花心，但這是使你器量壯大的糧食。如果能遇見了解你的伴侶，那就太好了。

　　沒有任何限制，只要有讓你投入的工作、戀愛環境，你的潛能應該能發揮出來

當天誕生的名人
舒曼（1810・作曲家）
森尾由美（1966・女演員）
特利比遜（1966・足球選手）

Memorial

171

6/9

Birthday Star
Kursa
（波江座 β 星）

特性：傳統、變革、再生

重視格式的新鮮感覺

★星星與傳說

　　天文詩『美麗的星辰』中有這麼一段：「伊裏達奈斯河燒焦的水，注入奧利安的左腳下，成為悲傷淚水之流」。波江座就是從獵戶座腳處南下的大河。在沒有月亮的晚上，小心地越過一個個星辰，即可享受伊裏達奈斯河之壯大。河的出發點，就是這顆 β 星（玉井三）。

　　希臘神話中的太陽神阿波羅，禁不起兒子的再三要求，答應讓他駕馭自己的太陽馬車。由於兒子費頓沒有駕馭經驗，無法操縱馬匹，使得馬匹狂野地脫離軌道而行，在天地四處引發火災。為了平息災亂，天神宙斯命令雷神將馬車打落。費頓掉落伊裏達奈斯河喪命。

★守護星占卜

　　以波江座的 β 星（玉井三）為守護星的你，很重視傳統及格式，但能不被其束縛，將眼光放在新世界中。此外，你也具有新鮮的感覺，但在戀愛感覺方面卻是保守的，拘泥於古時候的「男尊女卑」。太在乎體制、常識，有時會成為戀愛的障礙。

當天誕生的名人
山田耕作（1886・作曲家）
馬克魯・J・福克斯（1961・演員）
藥師丸（1964・女演員）

Memorial

Birthday Star
Rigel
（獵戶座 β 星）

特性：知識、情報、虛張聲勢

博學的浪漫主義派

★星星與傳說

奧利安是海神波塞頓與阿馬從女王烏莉蕾的兒子。他是位身材高大、威風凜凜的美男子，而且是狩獵高手。因身上流著海神的血，所以能自由步行於水面上。月的女神艾樂蒂愛上奧利安，但哥哥阿波羅討厭粗獷的奧利安，便用計想使奧利安離開妹妹。後來，奧利安中了阿波羅的計而喪命，但艾樂蒂卻使他升天，成為天空亮麗的星座獵戶座。獵戶座之所以豪華地足以稱為全天星座之王者，就是因此之故。這顆 β 星（參宿七），是位於奧利安左腳的一等星。它是獵戶座中最光輝的星，藍中帶白的光芒，就像空中王者的王冠。

★守護星占卜

以獵戶座最光輝的星參宿七為守護星的你，知識慾非常旺盛，無法忍受自己有不了解的事情。但在知識先行的狀況下，也有自以為是的傾向。另外，你也是創造力豐富的浪漫主義者。一旦陷入情網，便想像描繪自己的幸福貌，隨時保持高昂的情緒。在戀愛中身體力行的勇氣，是啟開幸福之門的關鍵。

當天誕生的名人

早川雪洲（1886・演員）
茱蒂・卡蘭特（1922・女演員）
納特・亨特夫（1925・作家）

Memorial

173

6/11

Birthday Star

α · **Auriga**

（御夫座 α 星）

特性：尊重資訊、偏見、激進

集中力強的自信

★星星與傳說

　　裝飾夜空的星辰中，最快速上升的是御夫座。其中最明亮的星就是 α 星（五車二）。是五車二北半球中第三顆明亮的星，閃耀金黃色的光輝。

　　所謂御夫，是指車夫。成為星座的是，冶鍊之神黑帕斯特斯與智慧之神阿提納的兒子艾利克特尼斯。他天生雙腳不良於行，但卻具備發明的才能。據說他製造出像車椅子的雙輪車，以此在戰場上立下不少功績。後來成為雅典第三代國王。

★守護星占卜

　　以閃耀金黃色光輝的五車二為守護星的你，對於任何插手事情，都以集中全力的姿勢應付。但因為對自己過分自信，以致於不會在中途修正錯誤。頭腦中只存在知識，會造成意想不到的失敗。

　　戀愛也一樣。太過於投入，便無法冷靜判斷。傾聽周圍意見很重要。

當天誕生的名人
川端康成（1899・作家）
約翰・阿雷蘇（1964・F1選手）
澤口靖子（1965・女演員）

Memorial

174

Birthday Star

γ ・ Orion

（獵戶座 γ 星）

特性：自然、自我解放、赤裸

依照自己步調前進的自由

★星星與傳說

奧利安身上流著海神波塞頓與女人國阿馬從女王烏莉蕾的血。長大之後，他擁有強健的體魄，而且是狩獵高手。他能赤手空拳打倒獅子，但後來因為與基沃國公主美樂蒂私奔，而被國王弄瞎眼睛，嘗到痛苦的滋味。後來月之女神艾樂蒂愛上他，二人渡過一段甜蜜時光。但此事被女神的哥哥阿波羅知悉後，便用計害死了奧利安。獵戶座是天空非常華麗的星座，這也是女神艾樂蒂對奧利安愛情的證明。

這顆 γ 星（參宿五）位於奧利安的左肩，是顆二等星。好像證明自己流著母親烏莉蕾的血一般，這顆星代表「女鬥士」之意。

★守護星占卜

以參宿五為守護星的你，不受任何束縛，是能夠自由地依照自己本心生活的人。你覺得真實的自己能做的事都很了不起。但由於太重視自己的世界，是否無視周圍的聲音呢？

對於社會、常識不要頑固地拒絕，柔性的融通是有必要的。戀愛方面，柔軟也是你的重點。

當天誕生的名人
喬治・普休（1924・政治家）
安娜・夫南克（1929・『安娜的日記』作者）
沖雅也（1952・演員）

Memorial

175

6/13

Birthday Star

Nath

（金牛座 β 星）

特性：極端、不安定、偏執

強烈自我內在的好意

★星星與傳說

希臘神話中，這個星座代表天神宙斯的變身。腓尼基國的公主歐羅巴非常漂亮，名聲甚至傳至天上。宙斯為了想接近歐羅巴，於是化身為一頭金牛。不知情的歐羅巴，情不自禁地坐在溫馴的牛背上。沒想到，牛突然急速奔跑，越過地中海之後，登上陸地。後來這塊陸地便以歐羅巴之名，稱為「歐洲」。

這顆 β 星五車五，是位於牛的左側角發光的星。好像在表示突然往前衝的公牛力量之強似的，閃耀燦爛的光輝。

★守護星占卜

被金牛座強而有力的星辰五車五守護的你，能夠隱藏內心深處頑固的自我，對任何人均以不變的笑臉以及穩定的態度相待。因為你很討厭對立、衝突，所以再多的不滿，都能在心中消化成好意，這可說是你的優點、長處。但有時可能讓人覺得「優柔寡斷」。

當內心真正感覺表現出來的態度差太多時，你會陷於極端討厭自己的情感中。坦率地敞開心扉，是戀愛的關鍵。

當天誕生的名人
葉芝（1865・詩人）
山田邦子（1960・演員）
森口博子（1968・演員）

Memorial

Birthday Star
Mintake
（獵戶座δ星）

特性：理論、討論、理論先行

自恃甚高的人類行為學

★星星與傳說

獵戶座是冬季在夜空中閃耀華麗光輝的星座。獵戶座的三顆亮星很有名，周圍環繞的星辰也很豪華。這顆δ星（參宿三），是組成獵人腰帶的其中一顆星。

獵戶座指的是奧利安，他是月之女神艾樂蒂深愛的巨人。但月之女神艾樂蒂的哥哥太陽神阿波羅，認為清純無瑕的妹妹，怎麼能和這麼粗野的男人在一起呢？於是從中阻擾。有一天，奧利安被騙到河上，並被太陽神用箭射中。悲傷欲絕的月之神艾樂蒂，便將奧利安送上天，放在月亮的通道成為星座。

★守護星占卜

以閃耀藍白色神秘光芒的參宿三為守護星的你，是自恃甚高的人，你很冷靜分析人的內心及精神，用理論使對方無言以對。如果能再沈穩一些會更好。藉由觀察人，的確可以解決不少事情，因此朋友很喜歡找你商量，你也受到許多人的依賴。只不過，自己的戀情好像就不是這麼隨心所欲了，有必要依賴對方。

當天誕生的名人
格瓦拉（1928・革命家）
椎名誠（1944・作家）
休田菲・古拉夫（1969・網球選手）

Memorial

6/15

Birthday Star

ε ・ **Orion**

（獵戶座 ε 星）

特性：雙重人格、直覺、善變

過度裝飾自己

★星星與傳說

　　巨人美男子奧利安，是海神波塞頓與女人國阿馬從的公主烏莉蕾所生，力大無比，擅長狩獵。月之女神艾樂蒂愛上他，但哥哥阿波羅卻不喜歡這個人，於是瞞著艾樂蒂，趁奧利安渡河時，用箭射死他。悲傷之餘，艾樂蒂請求天神：「至少讓奧利安成為星座，放在我的通道附近吧！」就這樣，奧利安成為星座獵戶座，並位於月亮通道附近。裝飾冬季夜空。

　　這顆 ε 星是有名的獵戶座三顆星之一，位於正中央，中文名為參宿二。這三顆星代表奧利安的腰帶。意味著「真珠之帶」的這顆星，散發美麗的藍光。

★守護星占卜

　　以像真珠般美麗的星辰參宿二為守護星的你，過於在意別人的眼光，無法表現出真正的自己。在不知不覺中掩飾自己，以致於失去了真正的自己。回首看看，你將發現自己並沒敞開心扉面對他人。

　　真正的你魅力十足。不要緊張、放輕鬆，呈現自己本來的面貌。

當天誕生的名人
藤山寬美（1929・演員）
平山郁夫（1930・畫家）
細川たカし（1950・歌手）

Memorial

178

ζ · **Orion**

（獵戶座ζ星）

特性：神秘、超自然、自由

完美主義與神秘主義

★星星與傳說

海神波塞頓與阿馬從女王烏莉蕾所生的兒子奧利安，是位身材高大的美男子，更是狩獵名人。因為身上流著海神的血，所以能自由步行於水面，同時也是位粗魯的人。月之神艾樂蒂愛上豪氣的奧利安，但哥哥阿波羅卻討厭奧利安的粗暴，便用計使二人分開。奧利安中了阿波羅的計而喪命，但天神宙斯讓他升天成為燦爛的星座。獵戶座之所以成為天上最豪華的星座，就是這個緣故。

有名的獵戶三顆星，代表組成腰帶的部分。參宿一是位於三顆星內側的藍色超巨星。

★守護星占卜

以獵戶座的藍星參宿一為守護星的你，是討厭束縛的自由人，對神秘的領域非常有興趣。此外，你不喜歡半途而廢，是貫徹始終的完美主義者，所以人際關係有點損傷。

誇示自己的生活方式值得嘉許，但不要忘記尊重他人的個性。否則將錯過羅曼蒂克的戀情。

當天誕生的名人
山本普也（1939·電影導演）
高見山大五郎（1944·力士）

Memorial

Birthday Star

γ・**Lepus**

（天兔座γ星）

特性：放浪、旅行、不滿足

對不確定的事充滿夢想與憧憬

★星星與傳說

　　獵戶座的南邊，有個描繪出四邊形的星座。這代表在奧利安的腳邊跳躍的天兔。大家都知道，獵戶座奧利安是狩獵高手，據說他最喜歡的狩獵對象是兔子。這隻兔子大概就是其中的一隻。

　　這個星座的歷史悠久，古代阿拉伯人稱為「巨人的椅子」或「巨人的腳墊」。

　　γ星代表天兔的後腳，是放射白色光芒的星。

★守護星占卜

　　以天兔座為守護星的你，很討厭被既定的規矩所束縛，有憧憬未知的傾向。夢想不限一個，總是想試鍊自己的可能性，映在旁人眼簾的是非常不安定的印象。專心一樣事情，成為你今後的重要課題。

　　面對這樣的你，戀人也疲累地感到難以應付。創造二人共同做夢的時間，可築起良好的親密關係。

當天誕生的名人
史特拉文斯基（1882・作曲家）
原節子（1920・女演員）
中原理惠（1958・女演員）

Memorial

κ・Orion

（獵戶座κ星）

特性：迷惘、爆發、再出發

充滿向上心的理想

★星星與傳說

　　奧利安是海神波塞頓與女人國阿馬從的女王烏莉蕾所生。他的體格壯碩有力，是狩獵名人。能赤手空拳打倒獅子，卻因與心愛女性私奔，而被射傷雙眼。後來，奧利安和月之女神艾樂蒂相愛，渡過一段幸福的時光。但奧利安的粗暴觸怒了月之女神的哥哥阿波羅，最後被設計害死。獵戶座是在冬季夜空中閃耀的華麗星座。這是月之女神對他表達愛意的證明。κ星是位於奧利安右膝的二等星。含有「劍」之意味的這顆藍色銳利光芒κ星，可說是奧利安力的象徵。

★守護星占卜

　　被獵戶座的κ星守護的你，內心堅強、有向上心。不論遭遇什麼煩惱、挫折，都不會嬌寵自己，總是以一貫姿態朝理想前進。如果也能將不滿、憤怒化為推動力，不服輸地成長，即可獲得大成功。

當天誕生的名人
雷蒙・拉狄格（1903・作家）
橫山光輝（1934・漫畫家）
波爾・馬卡多尼（1942・音樂家）
藤真利子（1956・女演員）

Memorial

6/19

Birthday Star

β · **Columba**

（天鴿座 β 星）

特性：時代感覺、才藝、快活

吸引人的不可思議魅力

★星星與傳說

　　舊約聖經『創世紀』中有「諾亞方舟」的流傳。為了一掃開始墮落的人類，於是發生一場大水災，只有認真工作的諾亞一家倖免於難。搭乘方舟逃避洪水的諾亞一家與動物，在水面漂流四十天。後來派出鴿子察看洪水的狀況，七天後，鴿子唧著橄欖枝回來報平安。確認洪水已退的諾亞，開始全力創造新國家。

　　而通知水退的鴿子，就成為天鴿座。β 星代表天鴿的身體。

★守護星占卜

　　以天鴿座 β 星為守護星的你，非常的醒目，好像能為周圍的人帶來幸福的感覺。大概你具有吸引人的不可思議魅力吧！不知不覺中學會如何將自己的魅力發揮至最大限度，可以說受人注目的條件很齊全。可別忘了謙虛喲！因為一旦習慣這種受注目的快感後，往往會產生驕傲之心。此外，你對流行很敏感，有將戀愛人工化的傾向。找回原來的你最重要。

當天誕生的名人
帕斯卡（1623・哲學家）
爾・歌利克（1903・職業棒球選手）
太宰治（1909・作家）

Memorial

182

Birthday Star
α · **Orion**
（獵戶座 α 星）

特性：追求注目、流行、外觀

閃閃發光的感受

★星星與傳說

奧利安是月之女神艾樂蒂心愛的男人。清純無瑕的艾樂蒂，對象竟是粗暴的奧利安，艾樂蒂的哥哥阿波羅非常生氣，想辦法將二人拆散。有一天，趁奧利安渡河時，發射金黃色的強光，並對妹妹說：「射下那隻正在渡河的鹿。」就這樣，奧利安喪生於箭下。月之女神艾樂蒂悲傷欲絕。可憐她的天神宙斯，於是將奧利安變成美麗的星座，置於月亮的通道上。

這顆 α 星，是位於奧利安右腋的一等星，為光度強的變星。而且它也是具有引起超新星爆發，變化為白色行星可能性的神秘之星。

★守護星占卜

以獵戶座 α 星為守護星的你，不論感覺、視覺方面，均具有與眾不同的光芒。在向最高的自己方面多下工夫，你一定能成為眾所矚目的焦點。

只不過，只重視見到的部分，往往疏忽了本質，而且容易掉進過度自信的陷阱中。你需要的是多一點謙虛，即可將你帶往愛的道路。

當天誕生的名人
鈴木忠志（1939・演出家）
石坂浩二（1941・演員）
萊赫那爾・利奇（1949・音樂家）

Memorial

6/21

Birthday Star
Menkalinan

（御夫座β星）

特性：立場、傳統、全體主義

信賴與友情平衡

★星星與傳說

所謂御夫，就是車夫，成為星座的是，雅典第三代國王艾利克特尼斯之姿。艾利克特尼斯天生雙腳不良於行，但具有崇高品德而且武勇。他具備發明的才能，創造像車椅子的雙輪車，在戰場立下不少功績。

這顆β星（五車三），具有「持韁繩者的肩」之意，散發華麗的光芒。

★守護星占卜

以御夫座的艷麗星辰五車三為守護星的你，同伴意識很強烈，體貼朋友。你也能交到值得信賴的好朋友，在朋友圈中求到安定。但成為社會上的一份子，如果沒有自覺，則很容易同流合污。彼此之間有屬於自己的主張才是最重要的。

此外，你對朋友比戀人優先。不要因為被愛就被寵壞了，勿忘體貼對方。

當天誕生的名人
約翰・波爾・薩特（1905・思想家）
夫南索瓦・蘇沙甘（1935・作家）
松本伊代（1965・演員）

Memorial

χ^2 · Orion

（獵戶座 χ^2 星）

特性：好奇心、所有慾、嫉妒

貪慾強求的好奇心

★星星與傳說

　　奧利安是海神波塞頓與女人國阿馬從女王烏莉蕾愛的結晶。他是狩獵名人，能夠赤手空拳打倒獅子。後來因為與愛人私奔被發現，而被用箭射瞎雙眼。但奧利安的粗暴惹火了月之女神艾樂蒂的哥哥阿波羅，「清純無瑕的女神，怎麼可以和這種人在一起？」最後，奧利安被設計害死。獵戶座是在冬季夜空閃耀的華麗星座，可以說是艾樂蒂愛的證明。

　　這顆星代表奧利安往上揮舞的棍棒，像顯示他力大無比似地散發光芒。

★守護星占卜

　　以獵戶座為守護星的你，好奇心強、貪慾。只要自己想要的東西，便盡全力去奪取。即使被他人說成任性、強求，但只要依照自己的心正直生存，絕非什麼不好的事。如果遇見自己喜歡的人，即使多少有些強求，也要傳達自己的真心，這也是感情的當然表現。

　　但過強的嫉妒心會招致反效果。站在對方立場思考自己的行動。正大光明是愛情的最低條件。

當天誕生的名人

山本周五郎（1903・作家）

比利・王爾達（1906・電影導演）

Memorial

185

6/23

Birthday Star

δ · Pictor

（畫架座 δ 星）

特性：母性、連帶感、家庭

洋溢溫柔、重視與人接觸

★星星與傳說

Pictor 是「畫家」的意思，拉丁語稱為「Equuleus Pictor」，指的是畫家的馬，亦即「畫架」。這個星座是十八世紀，法國拉卡優新設的星座之一。

掛在夜空畫架上的畫布，不知描繪了什麼樣的畫？而在畫架前握著畫筆做畫的，又是什麼樣的人物呢？因為是新星座，所以沒有神話流傳，但這卻比其他星座更能讓我們做夢。

★守護星占卜

以畫架座 δ 星為守護星的你，具備母性的溫柔本能。重視與人內心交流的你，對於與人分享幸福、照顧他人感到無比的喜悅。

只不過，你討厭與人發生摩擦，為了選擇快樂的方向，恐怕你會過於謙恭。衝突與意見不一絕非只有負面影響，也可能從中產生新的關係。看見卻假裝看不見，這對彼此而言都不好。戀愛方面亦同。

當天誕生的名人
妹尾河童（1930 · 舞台美術家）
筑紫哲也（1935 · 記者）
南野陽子（1967 · 女演員）
任賢齊（歌手 · 演員）

Memorial

6/24

Birthday Star

η · Gemini

（雙子座η星）

特性：諂媚、內向、寂寞

在意他人眼光的寂寞者

★星星與傳說

這個星座代表 Castor（北河二）與 Pollux（北河三）。依照希臘神話，卡斯特和波力克斯為雙胞胎兄弟，是天神宙斯之子。二人英勇而且急功好義。哥哥卡斯特為馬術名人，弟弟波力克斯不知是否多流了父親宙斯的血，擁有一副不死之身，也是拳擊與劍術的名人。二人活躍於許多戰役當中。但在一次梅歇納之戰中，卡斯特不幸被流箭奪走了性命。

這顆η星（鉞）是在卡斯特左腳前端發光的紅色變光星。好像傳達現在仍奔馳戰場之氣勢。

★守護星占卜

以雙子座η星為守護星的你，非常容易寂寞。你非常在意別人是不是討厭你，因此無法完全表現出真正的自己。不知不覺中過於掩飾自己、諂媚他人。對自己更有信心，敞開心扉對人吧！

相信他人、相信自己，才能夠真心交往。寂寞的時候，向他人撒撒嬌吧！

當天誕生的名人

加藤清正（1562・武將）
俾亞斯（1842・作家）
哲夫・赫克（1944・吉他手）

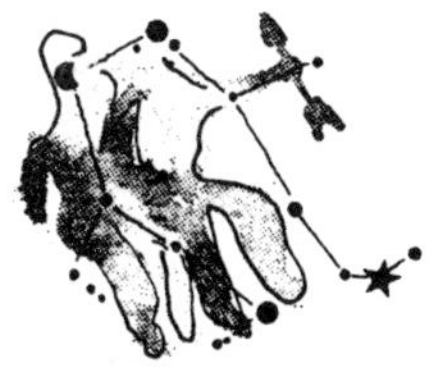

Memorial

Birthday Star

κ · **Columba**

（天鴿座 κ 星）

特性：自我防衛、被害意識、攻擊

討厭孤獨的老好人

★星星與傳說

舊約聖經『創世記』當中，有「諾亞方舟」傳說。神為了一掃開始墮落的人們，遂製造大洪水，只有認真工作的諾亞一家倖免於難。搭乘方舟逃避洪水的諾亞一家，與動物們歷經四十天的水面漂流，最後將希望寄託在鴿子身上。鴿子飛離方舟後七天，啣著橄欖枝回來報平安。得知水退的諾亞，好不容易到達有橄欖樹的山頂，開始創造新時代。

這顆星代表鴿子所啣的樹枝。雖然是小星星，卻充滿希望。

★守護星占卜

以天鴿座為守護星的你，是氣定神閒的老好人。每當有人拜託你什麼事，你總沒辦法拒絕，很容易附和他人。這是被害意識強、害怕與人發生摩擦的證據。你非常討厭孤獨，只要身旁沒人就受不了。有必要努力充實獨處的時間。

反之，對自己支配下的人，具有攻擊性。要修正這種不平衡，就得不卑不屈、堂堂向前。戀愛也一樣。

當天誕生的名人
安東尼奧・高底（1852・建築家）
喬治・麥可（1963・音樂家）

Memorial

Birthday Star
Mirzam

（大犬座 β 星）

特性：操心、服務、要領

全心對待他人的使命感

★星星與傳說

德拜國的卡多麥亞地方，有一隻凶殘的狐狸居住，困擾當地居民。據說是狐仙的化身，不論看到什麼都要追捕。為了對付這隻狐狸，最後決定由大狗萊拉普斯與之對決。萊拉普斯與生俱來有對主人效命的宿命。德拜國人人討論，不知這個連神也難解的問題，最後該如何收場？結果，天神宙斯將牠們全變成了石頭。

拯救德拜國的萊拉普斯，就變成大犬座高掛夜空。這顆 β 星（軍市一）位於大犬前腳，非常明亮。

★守護星占卜

以大犬座 β 星為守護星的你，看見他人受苦，總無法袖手旁觀，即使犧牲自己也要幫助對方，真是體貼的人。你有站在他人立場為他人著想的優點。

戀情也多半從同情發展而來。自己非得幫他不可的使命感，錯當成戀愛感情了。最好尊重對方的人格。強迫式的好意，反而令人困擾。

當天誕生的名人
巴爾・巴克（1892・作家）
史坦力・邱伯利克（1928・電影導演）

Memorial

189

6/27

Birthday Star

α · Carina

（船底座 α 星）

特性：神秘、感受性、愛情、靈感

優雅與強烈的感受性

★星星與傳說

　　「船底」是指船的背骨建材。以前稱為「南船座」，但因為太大了，所以分為船底座、船帆座、船艫座及羅盤座四部分。依照希臘神話，阿古號是勇士伊亞森奪回金色羊皮所使用的船名。為了奪回被伯父侵占的王位，歷經許多冒險，但在眾多勇士的協助之下，伊亞森順利地取回金色羊皮。

　　α 星（老人星）是僅次於大犬座 α 星（天狼星）的全天第二顆一等星。綻放純白色的光芒，但因高度低，所以看起來是橘色光。

★守護星占卜

　　被船底座一等星老人星守護的你，感受性強烈，能夠自然、優雅地與人接觸。即使內心有些亂，也因為了解愛情與真心的重要性，所以不會焦躁。你的表情總是那麼的沈穩。

　　在戀愛中很尊重對方的心情，不會帶給對方什麼困擾。只不過，如果對方因為你的溫柔，而越來越任性，雙方便會失去平衡。懷著自己挨打的心情與對方交往。

當天誕生的名人
小泉八雲（1850·文學家）
海倫·凱勒（1880·社會福利活動家）

Memorial

190

Birthday Star

ν · **Gemini**

（雙子座 ν 星）

特性：勤勉、自我鍛鍊、服務、平靜

公平的正義感

★星星與傳說

雙子座在冬季銀河東岸，為太陽通道黃道十二星座的第三位。代表天神宙斯的雙胞胎兒子，卡斯特等與波力克斯二兄弟。肩並肩感情良好的姿勢，令人印象深刻。

哥哥卡斯特是馬術名人。弟弟不知是否多繼承些父親的血，擁有不死之身，是拳擊、劍術名人。二人攜手合作，在戰場上立之不少功績。但在與伊達斯兄弟戰鬥時，卡斯特不幸戰亡。

這顆 ν 星在壯志未酬身先死的卡斯特右腳處發光。

★守護星占卜

以雙子座 ν 星為守護星的你，是穩重、有正義感的人。重視人心、能站在公平立場看事物的你，獲得眾人的信任。對你而言的理想是，帶給周圍的人幸福，就是自己最大的幸福。你也是不斷努力的勤奮者。

關於戀愛，屬於為對方付出型。絕對不允許對方背叛。為了不使自己在一次失戀之後即不信任他人，別忘了冷靜思考事情。

當天誕生的名人
J·盧梭（1712·思想家）
三波伸介（1930·演員）

Memorial

Birthday Star

ξ · Canis · Major

（大犬座ξ星）

特性：生命、神秘、慈愛

優雅沈穩的單純

★星星與傳說

狐仙是背負著不論什麼東西都要捕捉宿命的狐狸，在德拜國的卡多麥亞地方做盡壞事，令居民們非常困擾。放射弓箭、做陷阱都沒用，最後只好求助大狗萊拉普斯。因為神賦予萊拉普斯任何東西都要捕捉的神秘力量。德拜國居民們對結局如何感到不解，但更困擾的是天神宙斯。這個難解之題的答案是，二隻動物都變成石頭。

雖然形狀有些不同，但拯救德拜國的萊拉普斯，成為大犬座升上天空。

★守護星占卜

以大犬座為守護星的你，是單純穩定的人。不會拒絕別人的請求，不知不覺中，好像什麼事都要插一手。你的這種順從，是不是被人利用了呢？以溫柔的眼光看待人，是你珍貴的財產，但培養善惡分明的眼光更重要。

即使戀人背叛你，你也不會恨對方，而是責怪自己。幾次經驗之後，你的內心會受重創，應該認真仔細的觀察對方。

當天誕生的名人
桑尼德克休貝利（1900·作家）
野村克也（1935·職棒教練）
倍賞千惠子（1941·女演員）

Memorial

Birthday Star
γ・Gemini
（雙子座 γ 星）

特性：直覺、靈感、輪迴、禁忌

靈感、直覺、無慾

★星星與傳說

　　這個星座代表卡斯特與波力克斯二位雙胞胎兄弟。
二人是斯巴達王妃萊達與天神宙斯的孩子。哥哥卡斯特
擅長馬術，弟弟除了有不死之身外，還是拳擊、劍術名
人。二人一起在戰場上，立下不少功績。但在梅歇納戰
役中，哥哥不幸喪命。波力克斯自責未能以自己的不死
之身保護哥哥，要求宙斯將二人一起放在天上。

　　γ星是在波力克斯左腳發光的美麗星辰。

★守護星占卜

　　以雙子座的 γ 星為守護星的你，是直覺、靈感敏銳
的人，你一定感覺到好幾次用道理無法解釋的事情發生
，好像有一股大力量在支持你。這不單單是你好運而已
，更重要的是相信自己的直覺，以及一顆無慾的心。依
照本心前進的你，會在不知不覺中遇見另一半。

　　但過於憑恃支持自己的大力量，運反而下降。絕對
不要驕傲，才能擁有幸福之戀。

當天誕生的名人
沙特（1843・外交官）
南伸坊（1947・插圖畫家）
邁克・泰森（1966・職業拳擊手）

Memorial

7/1

Birthday Star
Mebsuta

（雙子座 ε 星）

特性：反強權、濟弱貧、情愛

充滿情義的正義

★星星與傳說

　　雙子座在冬季銀河的東岸，為太陽通道黃道十二星座的第三位。代表卡斯特及波力克斯二雙胞胎兄弟，看似二人肩並肩交談的模樣。

　　哥哥卡斯特是馬術名人，弟弟不知是否多流了一些父親宙斯的血，擁有一副不死之身，並且擅長拳擊與劍術。雙胞胎兄弟在戰場上立下不少功績。在與伊達斯兄弟之戰中，卡斯特不幸戰死。

　　這顆 ε 星（井宿五）是在卡斯特左膝上發光的黃色巨星。

★守護星占卜

　　以黃色井宿五為守護星的你，情義深厚，是強烈反強權的人。看見受困的人，一定會放下手邊的事協助他，誠心誠意幫助對方。這大概是了解弱者處境所致。彷彿令人看見古代「劫富濟貧」的英雄本色。

　　在戀愛場合，如果你認為自己正確，往往會無視對方的意向。強迫的態度到什麼地步才會扭轉過來呢？這是戀情發展的重點。

當天誕生的名人
星野一義（1947・賽車手）
卡爾・路易斯（1961・陸上選手）

Memorial

Birthday Star
Sirius

（大犬座 α 星）

特性：母性、服務、照顧

完成精神的實在主義者

★星星與傳說

Sirius（天狼星）是全天最亮的星。顏色是藍帶白，散發七色光芒，看起來就像艷麗的鑽石一般。真可說是星中之王。

大犬座有一說是，獵戶座（奧利安）所帶在身邊的狗。也有一說是，拯救德拜國的忠狗萊拉普斯之姿。有一隻狐仙在德拜國為非做歹，使居民們非常困擾。因為狐狸跑太快了，所以沒有人奈何得了牠。後來因忠狗萊拉普斯的應付，居民們才重回平安生活。立下大功績的萊拉普斯，現在則誇耀地裝飾夜空。

★守護星占卜

全天最明亮的星，天狼星，正是你的守護星。你是具有服務精神的人。雖然內心燃燒崇高的理想，但也掌握現實的嚴苛，所以絕不會出現不盡情理的言行。你可說是精神上完全的大人，能夠清楚區分什麼應該妥協、什麼應該貫徹。

只不過對於戀人而言，你這麼懂事的長處，就令人感到有些死板了。有時不妨任性些。

當天誕生的名人
海爾曼・海賽（1877・作家）
南沙織（1954・歌手）

Memorial

Birthday Star

τ・**Puppis**

（船艫座 τ 星）

特性：偏見、慈愛、頑固、意志

與強者戰鬥的強烈意志

★星星與傳說

　　「艫」指的是船體的後尾。以前以「南船座」表示，但因為過於巨大，於是分割為四個星座，船艫座即其中之一。依照希臘神話，阿古號是伊亞森奪回金色羊皮時搭乘的船。為了奪回被伯父搶走的王位，伊亞森必須面對許多難題，但經過許多勇士的幫助之後，伊亞森順利取回金色羊皮，解決一道難題。阿古遠征隊的傳說，如今仍以高掛夜空之姿呈現。

　　這顆星的橘色光芒非常神秘。

★守護星占卜

　　被閃耀橘色光芒的船艫座 τ 星守護的你，意志堅強，是能耐任何迫害的人。對於弱者表示非常理解，但對於強者卻有偏見、表示攻擊。這是由於你堅強的外表下潛藏著被害意識。

　　戀愛的對象，也有避開眾人喜歡的傾向。捨棄對強者的偏見，培養認清本質的眼光吧！

當天誕生的名人
卡夫卡（1883・作家）
深作欣二（1930・電影導演）
達姆・克爾蘇（1963・演員）

Memorial

o^1 · Canis · Major

（大犬座 o^1 星）

特性：神秘、靈感、精神性

追求浪漫的非科學性

★星星與傳說

　　成為大犬座的，是希臘神話中上場的忠狗萊拉普斯。萊拉普斯是奔跑速度很快的狗，一旦成為獵物目標，就絕對逃不出牠的手掌心。另外，有一隻狐仙化身為狐狸，有能夠追捕任何東西的駿足，牠對居民造成很大的危害。為了擊退這隻狐狸，居民們派出萊拉普斯。天下駿足相對決，真是難分勝負，但不論結果如何，萊拉普斯如今高掛夜空為星座。

　　這顆星正好位於萊拉普斯的心臟位置，代表勇敢應戰的萊拉普斯之強而有力。

★守護星占卜

　　被大犬座守護的你，憧憬非科學的世界。過分埋首於自己的世界當中，是不是感覺被周圍的人遺棄了呢？你的才能很有價值，但得在周圍之人的認同下，才能開花結果。追求浪漫的姿態很神聖，但腳踏實地也很重要。關於戀愛，你也過於追求浪漫，只要不符合理想即三振出局。應該二人好好思考戀愛真正的含意。

當天誕生的名人
路易・阿姆史特龍（1900・爵士音樂家）
尼爾・薩門（1927・戲曲家）

Memorial

197

7 / 5

Birthday Star

ε · Canis · Major

（大犬座 ε 星）

特性：空想、憧憬、易戀

容易陷入情網的浪漫主義者

★星星與傳說

德拜國的卡多麥亞地方，出現一隻危害百姓的狐狸。這隻狐狸力量強大，不論什麼目標物，都無法逃過牠的追捕。為了除掉這隻狐狸，決定派從不失手的大狗萊拉普斯出馬應戰。這個連天神都難解的題目，該如何收場呢？德拜國居民都很好奇。最後，天神宙斯決定將牠們都變成石頭。為了紀念勇敢面對敵人的萊拉普斯，於是讓牠升天為大犬座。

大犬座 ε 星位於大犬的下腹部。

★守護星占卜

以大犬座 ε 星為守護星的你，是空想的浪漫主義者，當追求一個夢想時，即忘記時間與狀況，甚至造成周圍的迷惑。但當你牢記體貼與愛情時，即存在成就大事業的潛力。別忘記傾聽周圍的聲音。

一旦談戀愛，屬於一頭栽入型。甚至沒想到會不會造成對方的困擾。這種專心一意是一種魅力，但有時也應冷靜判斷。

當天誕生的名人

約翰·科克托（1889·詩人）
圓谷英二（1901·電影導演）

Memorial

o^2 · Canis · Major

（大犬座 o^2 星）

7/6

特性：傳統、對莊嚴傾倒、地位

保持客觀眼光的現實主義

★星星與傳說

這顆星位於大犬的背部。實際光度相當於太陽的 5 萬倍，所以光芒之強難測。

大犬座的傳說，是希臘神話中眾所皆知的飛毛犬萊拉普斯的故事。一旦成為目標物，什麼也逃不出牠的手掌心。於是流傳牠與在德拜國卡多麥亞地方胡作非為的狐仙一決勝負的故事。為了紀念牠的功績，便讓牠升天成為星座裝飾夜空。

★守護星占卜

以大犬座為守護星的你，是重視傳統價值的人。能夠不被表面現象迷惑，正確掌握本質。你具備客觀分析事物，冷靜下判斷的能力，所以你冷靜的眼光所挑選出來的朋友及戀人，一定永遠支持你。

此外，你有崇高的目標，面向理想挑戰，令人感到你無懼意志之堅強。對於工作的熱情，更是沒有人比得上的。

當天誕生的名人
桐島洋子（1937・評論家）
席爾貝斯達・史達龍（1946・演員）
林志炫（歌手）
林佳儀（歌手）

Memorial

Birthday Star

δ · Canis · Major

（大犬座 δ 星）

特性：創造、空想、熱情、藝術

信念與感性的藝術

★星星與傳說

這是實際光度為太陽十萬倍的超巨星。正好位於大犬的腰際，可說是大犬座的中心星辰。

關於大犬座的傳說不只一個，但每個傳說都讓人感受其力量之強大。其中最有力的傳說是萊拉普斯犬。以無比的勇氣與駿足，追逐危害德拜國居民的狐狸，活躍程度匹敵英雄。為了誇示其功績，萊拉普斯至今仍於夜空發出美麗的光芒。

★守護星占卜

以大犬座 δ 星為守護星的你，天生討厭與人相同的生活方式。可說是具有獨特感性與價值的藝術家。擁有堅固的信念，決定自己想做的事、非做不可的事，即使前面有許多阻礙也不畏縮。

但如果光是封閉在自己的世界裡，根本沒有人會注意到。還是敞開心胸，多與周圍的人交往吧！

當天誕生的名人
馬爾克·夏加爾（1887·畫家）
倫高·斯達（1940·音樂家）
青江三奈（1945·歌手）

Memorial

δ · **Monoceros**

（麒麟座 δ 星）

特性：生活感、安定、家庭

有餘裕的愛情

★星星與傳說

頭上長著單角的怪獸（unicorn），是想像中的動物，據說是東方國家的珍獸。身體像馬、額頭正中央長著一支角。大家相信，如果能得到這隻獨角獸，即可掌握幸運，所以自古即備受重視。此外，據說獨角獸的角可以醫治所有的病。奔馳於夜空中的麒麟，感覺非常快活，真不愧為帶來幸運的星座。

★守護星占卜

被麒麟座守護的你，由衷地愛家人及戀人，覺得內心平穩的生活，是至高的喜悅。對於自己能生存於世上，你感謝周圍的人。你不和生命競爭，不管遇到什麼困難都不焦慮，靜待時間解決一切。

戀愛方面也追求安定，重視互助合作關係更甚於相愛。這一點也是你尋覓戀人的重點。

當天誕生的名人
約翰・D・洛克菲勒（1839・實業家）
東山魁夷（1908・畫家）
凱賓・海康（1958・演員）

Memorial

7/9

Birthday Star

δ ・ **Volans**

（飛魚座 δ 星）

特性：信用、常識、保守、清貧

不妥協的信念

★星星與傳說

　　這個星座是十七世紀初期，德國的巴爾所加上去的。飛魚好像在海上滑行般飛翔。這是天神賜予的特別力量，具有不可思議的魅力。強壯而長的魚鰭，張開大翅膀前進的模樣，很容易讓人錯看成鳥，因此別名為「燕魚」或「翼魚」。讓人感受海與大自然的神秘性。

　　δ 星代表飛魚的胸膛。

★守護星占卜

　　以飛魚座為守護星的你，任何事均靠自己的力量堅持到最後，絕不妥協，是能在正確信念下行動的人。就算走得比較慢，你插手的事也必定開花結果。不勉強、自然生活的方式，你是屬於大器晚成型。但要避免落入單一型式的陷阱中，有時也請變化一下自己的心情、頭腦轉個彎吧！

　　好好把握能讓你放鬆的場所、人。

當天誕生的名人
細野晴臣（1947・音樂家）
松下由樹（1968・女演員）
草彅剛（1974・演員）

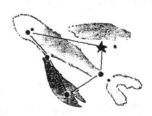

Memorial

Birthday Star

π · Puppis

（船艫座 π 星）

特性：理想、熱情、服務

捨棄自身的服務精神

★星星與傳說

依照希臘神話，阿古遠征隊參加的勇士包括了海勒克里斯、德塞斯、奧爾菲宇斯等人，非常有名。隊長是伊亞森。他為了奪回被伯父佔領的王位，歷經重重冒險，當時所搭乘的船就是「阿古號」。以前留下來的星座名是「南船座」，但因為太巨大了，所以分割成四部分，其中船體的後尾部分，就稱為「船艫座」。

代表船底部分的這顆 π 星。閃耀橘色光芒的星辰，與鄰接二顆藍星形成三角形，是三重星。

★守護星占卜

以船艫座的橘色 π 星為守護星的你，總是無法拋下陷於困境中或遭逢不幸的人，即使犧牲自己，也要助對方一臂之力，你是很體貼的人。參加服務活動，發揮才能貢獻社會。請向崇高的理想邁進。

一旦遇見自己喜歡的人，你屬於熱情前進型。自己的投入與積極，是決定戀情的關鍵。

當天誕生的名人

馬歇爾・普魯斯特（1871・作家）
基里克（1888・畫家）
張學友（1961・歌手）

Memorial

203

Birthday Star

η · **Canis** · **Major**

（大犬座 η 星）

特性：藝術、感性、審美觀

理想崇高的藝術感覺

★星星與傳說

德拜國卡多麥亞地方，有一隻狐仙化身的狐狸，不斷做壞事騷擾當地居民。因為牠具有能捕捉任何獵物的力量，所以居民們做的陷阱一點用處也沒有。最後為了擊退這隻狐狸，只得仰賴忠狗萊拉普斯，因為牠也具有神賜予之捕捉任何獵物的力量。居民對這樣的對決感到困惑，但更感棘手的是天神宙斯。這個難題終於在雙方均化為石頭下化解。而為了紀念萊拉普斯的英勇，讓牠成為星座放在天上。這顆 η 星位於萊拉普斯的尾部，是表現成為星座之喜悅的星。

★守護星占卜

以大犬座的 η 星為守護星的你，是藝術感敏銳的人。不論多麼平凡的對象，你都能發現其中的價值，並加以稱讚。你的理想崇高，而且一步一步接近理想的姿勢非常的認真。

在喜歡的人面前，大談必要以上的精神論，也是你的特徵，如果光是在理論、精神當中打轉，可能讓對方感覺無聊。有必要妥協。

當天誕生的名人
尤爾‧普林納（1920‧演員）
喬治歐‧阿馬尼（1934‧服裝設計師）
藤井郁彌（1962‧歌手）

Memorial

Birthday Star

Gomeisa

（小犬座 β 星）

特性：精神安定、誠實、落寞

以內心安定爲目標的不安

★星星與傳說

　　冬夜裏，與大犬座對立於銀河另一端的，是小犬座。依照希臘神話，這隻狗名叫「麥拉」。有一小國國王名叫伊卡洛斯，從酒神狄歐尼桑斯處習得製造葡萄酒的方法。這種葡萄酒非常美味，能使人很舒服地沈醉。但不知飲酒方法的牧羊人們，不但喝得爛醉如泥，甚至將主人伊卡洛斯丟入井裡。伊卡洛斯的愛犬麥拉，從此一直等待主人歸來，一口飯也不吃地直到斷氣。被這隻忠義之犬感動的天神，便讓牠成為星座。

　　β星（南河二）位於小犬的頭部發光，正如表現等待主人的麥拉悲傷一般，悄悄散發光芒。

★守護星占卜

　　被小犬座的南河二守護的你，「內心安定」是最大理想。你總是希望沈穩、平和的生活，即使只是一點點不安，你的煩惱也超過必要以上。這正是你內心微弱的完整表現。

　　只要一下子不見情人，內心便忐忑不安，毫無意義地疑神疑鬼，往往使得不安越來越膨脹。你需要調整的是對於刺激的寬容，以及開放的心胸。

當天誕生的名人
莫地里尼（1884・畫家）
芥川也寸志（1925・作曲家）
渡邊美里（1966・音樂家）

Memorial

Birthday Star

σ · Puppis

（船艫座 σ 星）

特性：同伴意識、批判、熱情

向著夢想前進的優雅

★星星與傳說

希臘神話中流傳有關阿古遠征隊的故事，是描述充滿冒險犯難精神的年輕人伊亞森，以及當時搭乘的船阿古號。為了取回被伯父奪取的王位，奪回象徵王者的「金色羊皮」，遠征至遙遠的科爾基斯國。途中雖然災難重重，但最後還是在神及眾多勇士的支持下，順利達成目的。阿古號由伊亞森獻給海神波塞頓，之後即成為裝飾夜空的巨大「南船座」。

船艫的「艫」是指船的後尾。為巨大星座「南船座」的一部分。σ 星後部接近船底位置的星。

★守護星占卜

以船艫座 σ 星為守護星的你，是面向偉大的夢想，毫不迷惘一直線前進的人。不斷地向前，從沒想過回頭。你是很重視朋友的人，但只要有人阻擋你的去路，你會毫不容赦地與之戰鬥。你的這種強悍，有時反映在他人眼中，變成了「冷酷」。

是不是注意到在一旁守候你的溫柔眼神呢？你認為的敵人，事實上正是最了解你的人。

當天誕生的名人
堺屋太一（1935・作家）
哈利梭・霍特（1942・演員）
中森明菜（1965・歌手）

Memorial

Birthay Star
α · Gemini
（雙子座α星）

特性：性慾望、裝扮、優雅

憧憬不必追求的戀情

★星星與傳說

　　雙子座代表的是，斯巴達國王妃萊達與天神宙斯所生的孩子。這顆α星代表哥哥卡斯特。實際上，是由三顆連星組成。

　　卡斯特是馬術高手，在許多戰役中立下不少功績。他不畏懼任何危險的戰場，每每打得敵人落花流水。但卻在尹達斯兄弟交戰時，不幸被箭奪走性命。天神宙斯為了紀念二人的功績，便讓他們成為天上的星座。

★守護星占卜

　　以雙子座的α星為守護星的你，對戀愛有一分憧憬，是愛做夢的人。你只知道愛情快樂的部分，沒有痛苦的戀愛經驗吧！那是因為不但戀人守候你，連許多朋友也在旁照顧你的緣故。你就是有不必追求愛的幸運。

　　不論戀人或朋友，只要有支持你的人，你就能閃閃發光。對周圍的人心懷感激很重要。

當天誕生的名人
英格麥爾・比爾伊曼（1918・電影導演）
久米宏（1944・播音員）
米休爾（1963・足球選手）

Memorial

7/15

Birthday Star
Procyon

（小犬座α星）

特性：感性、直覺、神秘、生命

被未知吸引的熱衷

★星星與傳說

　　小犬座當中，最美的就是這顆α星（南河三）。純白閃亮的這顆星，可以捕捉任何人的心。希臘神話將這顆純白色星代表忠犬麥拉。

　　麥拉的主人是雅地加地區的國王，名叫伊卡洛斯。他得到酒神狄歐尼桑斯的傳授，成為製造葡萄酒的名人。但任何時代都有不懂得喝酒的人，牧羊人喝他製造的葡萄酒爛醉如泥，後來將他推入井中。因為擔心未歸主人的安危，麥拉一口飯也吃不下，一直等待主人歸來。最後更追隨主人魂歸西天。

★守護星占卜

　　小犬座中最明亮的星南河三，是你的守護星。你對非日常性的未知分野很有興趣，只要熱衷於一樣事物時，便關在自己的世界裡，好像變了一個人似的。但只要你對自己有信心、貫徹信念，則一定會有大成長。秉持一貫的勇氣與堅強吧！

　　支持你的人，是了解你的優缺點、靜靜守候你的人，不要只想到自己的事，回首看看也很重要。

當天誕生的名人
倫勃朗（1606・畫家）
國木田獨步（1871・作家）
寺田理惠子（1961・演員）

Memorial

208

Birthday Star

ζ・Volans

（飛魚座ζ星）

特性：浪費、安定、自己的時間

周密的計畫性

★星星與傳說

飛魚座是 1603 年德國巴爾新設的星座。只在南半球看得見，但卻是小而充滿動感之姿。

飛魚的鰭比任何魚都強勁，好像一拍一拍展翅飛翔的樣子。這也是被稱為神秘寶庫的海中，令人稱奇的光景。有翅膀的魚是故做神秘嗎？不，這是天神賜給他的禮物。

★守護星占卜

以飛魚座為守護星的你，很會安排利用時間，是有周密計畫過日子的人。你很不喜歡想到什麼就做什麼。如果不事先訂定周詳的計畫，依照計畫行動，心裡便覺得不安。你就是這麼一板一眼的性格。如果事情進展不像自己預料，你會陷於懊惱的深淵，拚命地想扭轉局勢，沒想到卻越陷越深。

心情輕鬆些，有時候順其自然也不錯。尤其在戀愛方面。

當天誕生的名人
洛亞特・阿姆傑（1872・探險家）
桂三枝（1943・演員）

Memorial

Birthday Star
Pollux

（雙子座 β 星）

特性：理想主義、正義、自我批判

嚴以律己、寬以待人

★星星與傳說

這個星座代表卡斯特與波力克斯二兄弟。這對雙胞胎是天神宙斯的兒子、優雅勇敢的年輕人。這顆星代表弟弟一個人，是雙子座中最明亮的星，散發出橘色耀眼的光芒。

波力克斯多流了一些宙斯的血，擁有不死之身。因此，不論多麼危險的戰役他都上陣，並且立下不少功績。但當哥哥卡斯特不幸戰亡時，他詛咒自己為什麼沒和哥哥一起死。最後請求宙斯將二人一起放在天上。

★守護星占卜

以雙子座的 β 星（河北三）為守護星的你，是正義感很強的人。總是寬以待人、嚴以律己，所以能得到許多值得信賴的朋友。但被自己的理想束縛住了，變得動彈不得。徹底的完美主義，反而使你變弱。

在戀愛方面，你不也用心地想扮演一個理想的情人嗎？在這種狀況下，不但你自己，連對方也疲憊不堪，只有陷於愛情泥沼中的份。

當天誕生的名人
丹波哲郎（1922・演員）
青島幸男（1932・政治家）
田中律子（1971・女演員）

Memorial

Birthday Star

ξ · Puppis

（船艫座ξ星）

特性：寬容、交際、罪的救贖

寬大、自然、平靜

★星星與傳說

　　伊奧古斯國的王子伊亞森，是充滿冒險心的年輕人。為了取回被伯父奪取的王位，明知伯父用計陷害，還是遠赴科爾基斯國冒險，取回金色羊皮。搭乘女神海拉贈予的船，在眾多勇士的支持下，最後成功而返。船艫座代表船體後尾的部分。

　　這顆ξ星靠近船尾的位置，不知是不是因為接近北方之故，很容易看見。

★守護星占卜〕

　　以船艫座ξ星為守護星的你，具有寬大、自然、溫柔的心。即使與人起爭執，也能傾聽對方的辯解，不急於反省自己。這也正是你的表情始終是那麼穩當的原因。請重視這項優點。

　　談戀愛也先尊重對方，絕對不會論對方的長短。這樣做也有被認為只會甜言蜜語的危險。因對象不同，有時也要出現一些感情的衝擊。

當天誕生的名人
薩克雷（1811·作家）
李查·布朗遜（1950·實業家）
廣末涼子（1980·演員）

Memorial

Birthday Star

χ · **Carina**

（船底座 χ 星）

特性：情愛、合理性、妥協

奔走四方的領袖

★星星與傳說

　　希臘神話當中，有阿古遠征隊的傳說。參加者包括了海勒克里斯、德塞斯、奧爾菲宇斯等勇士，以伊亞森為領隊，遠赴科爾基斯國取回金色羊皮的冒險故事。當時搭乘的船是「阿古號」，以前稱為「南船座」。但因為太龐大了，所以將南船座分為四部分，其中相當船的背骨部分就是「船底座」。

★守護星占卜

　　以船底座為守護星的你，總是喜歡站在眾人之前，如果自己不受注目，心情便不好。雖說如此，但你從來不會想去踢人一腳，總是為人服務、受人喜愛，你也從中得到喜悅。但不要太勉強，緊張堆積在心裡，可能發生意想不到的事。謹慎自己的行為。

　　與戀人的關係，算計是無法維持長久的。依照自己本心交往，才能得到幸福。

當天誕生的名人
德加（1834・畫家）
近藤真彥（1964・歌手）
杉本彩（1968・歌手）

Memorial

27 · Monoceros

（麒麟座 27 星）

特性：義賊、惡中的正義

互信的公正

★星星與傳說

　　神話世界當中，被視為能帶來幸運的動物獨角獸（unicorn）經常上場。像馬一般的身體、額頭有角、能飛在空中。這可說是充滿創造力、魅力的珍獸。世人也相信，牠額頭上的角，具有能醫百病的珍貴價值。雙腳有力奔馳在夜空的姿態，讓人感受到牠彷彿帶來許多偉大的夢想。

　　這個星座當中，還有一個稱為「玫瑰星雲」的美麗星雲，看起來就像一朵綻放的大玫瑰一般。真是幻想世界中產生的星座。

★守護星占卜

　　以麒麟座為守護星的你，正義感強烈，是深情的人。重視他人的內心，能站在公平的立場看事物，因此搏得眾人的信賴。但為了正義，有時不得不採取激烈的手段。投入也要適可而止。

　　對於戀人屬於盡心盡力型。但如果不信任對方，恐怕會出現暴力相向的局面。冷靜很重要。

當天誕生的名人
松坂慶子（1952．女演員）
鈴木聖美（1952．歌手）

Memorial

Birthday Star

ζ · Puppis

（船艫座ζ星）

特性：自我表現、正義

體貼他人的正義

★星星與傳說

　　「船艫」是指船體的後尾，以前稱為「南船座」，但因為太過於龐大，所以分割為四部分，船艫座是其中之一。依照希臘神話中阿古號的傳說，這是勇士伊亞森為了奪回金色羊皮所搭乘的船。伊亞森的王位被伯父侵占，他必須前往科爾基斯國取回金色羊皮，才能奪回王位。得到神與勇士們的協助，伊亞森終於平安歸來。阿古隊遠征的傳說，則隨夜空之姿流傳至今。

　　這顆ζ星位於甲板處。原本是藍色，但因高度的關係，看起來有點像紅色的星。

★守護星占卜

　　以船艫座的藍白ζ星為守護星的你，正義感很強烈，是具攻擊性格的人。但凡事均以他人為優先考量，所以平常不會引起事端。只不過，當他人無視於自己的存在時，你就無法忍受，這時恐怕會莫名其妙地引發一些事端。如果不能冷靜觀察自己的行動，便無法掌控自己的情緒。從旁觀察自己很重要。在戀愛方面也一樣，有時熱情、有時冷靜。

當天誕生的名人
海明威（1899・作家）
川谷拓三（1941・演員）
羽賀研二（1962）

Memorial

7/22

ρ・**Puppis**

（船艫座 ρ 星）

特性：影響力、姿勢、體裁

對影響力的慾望

★星星與傳說

　　希臘神話中，有阿古遠征隊的勇士傳說。參加者有海勒克里斯、德塞斯、奧爾菲宇斯等勇士，隊長是伊亞森，目的地是科爾基斯國，為了奪回金色羊皮。這是為了奪回被伯父搶去的王位之冒險故事，當時搭乘的船叫「阿古號」，以前稱為「南船座」，以巨大之姿裝點夜空。但因為太龐大了，所以分割成四部分，其中船體的後尾部分稱為「船艫座」。

　　這顆 ρ 星是最尾部的星。

★守護星占卜

　　以船艫座的 ρ 星為守護星的你，在朋友之間非常顯著吧！你對於自己的言行對他人產生重大影響，有一種快感。但只要有一次失誤，你就變得沒力氣，演出令人難以置信的失態。這是因為你過度以自己的理想為目標，太緊張的緣故。自然的你才是最美麗的。好好思考如何磨練自己具備的優點。

　　缺乏真誠交往，一點意義也沒有。戀愛也一樣。

當天誕生的名人
岡林信康（1946・音樂家）
原辰德（1958・職棒選手）
渡邊典子（1965・女演員）

Memorial

215

Birthday Star

$\gamma^2 \cdot$ **Vela**

（船帆座 γ^2 星）

特性：好奇心、緊張、形式主義

凝視未知發光的瞳孔

★星星與傳說

本來屬於南船座這個大星座的船帆座，1763 年法國天文學家拉卡優為了方便區分，便分割成四部分，這是其中之一。相當於南船的帆部分。幾乎與地平線一致。

伊奧古斯國王子伊亞森，為了取回被伯父奪走的王位，與希臘神話中的勇士們，共同進行一趟冒險之旅。當時女神海拉贈予的船，就是這艘阿古號巨船。這艘船經歷重重困難與危機，終於使伊亞森們成功地完成使命。

這顆 γ^2 星，是位於帆根處的雙星，具有「美麗的誓言」之意。這也代表伊亞森與其他希臘勇士們，堅定地完成冒險任務。

★守護星占卜

以船帆座 γ^2 星為守護星的你，好奇心旺盛，尤其對於性世界充滿興趣。談到未知的夢，你的眼中便閃耀光輝，非常有魅力。但你往往恐懼面對現實，你所欠缺的，便是客觀觀察現實的冷靜。不要太緊張。

看異性時，往往注重外表。你必須自我鍛鍊，不要被甜言蜜語或美麗外表欺騙了。

當天誕生的名人
幸田露伴（1867・作家）
松方弘樹（1942・演員）
三上博史（1962・演員）

Memorial

Birthday Star

β · Cancer

（巨蟹座 β 星）

特性：演戲性、過度表現

專心認真的人生主角

★星星與傳說

這個星座代表位在列路尼亞谷的大魔蟹。勇士海勒克里斯被上天處罰完成十二項修行，其中之一是與長蛇（希多拉）交戰。當武仙（海勒克里斯）與長蛇纏鬥時，突然出現一隻魔蟹，這隻魔蟹趁亂咬住武仙的腳，武仙一氣之下，用另一隻腳把牠踩死。為了嘉許牠勇敢對付武仙，便將牠送上天成為星座。

這顆星代表魔蟹西南側的腳。它並非明亮之星，但黃色光芒讓人感到一股神秘的力量。

★守護星占卜

以散發黃色神秘光的 β 星為守護星的你，從小就有自己的夢想，你是人生中的主角。這對你而言並不困難，只要專心一意，在不久的將來，夢想就能開花結果。你是個幸運兒。

只不過在到達夢想的過程中，可能會發生一些事。好好把握支持你夢想的人。

當天誕生的名人
谷崎潤一郎（1886 · 作家）
河合奈保子（1963 · 女演員）

Memorial

Birthday Star

α · **Chamaeleon**

（蝘蜓座 α 星）

特性：理想主義、對影響力的冀求

持久力、堅實

★星星與傳說

這個星座自從被德國的巴爾刊載於星圖伍拉諾梅多利亞以來，即廣為人知，但在此之前，它在航海者之間也頗為有名。以身體會變色及長舌為特徵的變色龍，可說是熱帶的象徵，很受歡迎。這個星座在澳洲是人人熟悉的星座之一。

這顆星位於變色龍的尾部。

★守護星占卜

以蝘蜓座 α 星為守護星的你，內在充滿生命力。理想崇高，總是站在他人前頭行動。但你絕不傲慢，踏實的姿勢不會瓦解。在眾人仰慕的支撐下，你的光芒才能發揮得淋漓盡致。

但你對於戀愛較遲鈍，當喜歡的對象出現在你面前時，你的內心會顯得消極。積極地正面衝上去吧！你一定能掌握幸福的。

當天誕生的名人
小磯良平（1903・畫家）
中村紘子（1944・鋼琴家）

Memorial

Birthday Star
ε ・ Carina
（船底座 ε 星）

特性：計算、意識、膽怯

外強內弱

★星星與傳說

這是相當於船的骨架部分。以前稱為「南船座」，但因為太龐大，所以分割成四部分，這個星座是其中之一。依照希臘神話，這是阿古遠征隊的勇士們，為了奪回金色羊皮所搭乘的船。為了取回被伯父竊佔的王位，必須到科爾斯基國取回金色羊皮。在許多勇士的協助下，伊亞森終於順利完成任務。

ε 星位於這個星座的中央。

★守護星占卜

以船底座 ε 星為守護星的你，喜歡站在眾人之前，只要自己不受注目，心情就不舒服。但這並不代表你剛強、大膽，相反地，這是因為你內心潛藏缺乏自信的證據。雖然屬於被推派為領導人型，但你會越來越覺得力不從心。有必要回到原來不受注目的自己。

戀愛的時候，成為羈絆的是你太在意周圍的評判。應該對自己的選擇眼光更具信心。

當天誕生的名人
蕭伯納（1856・劇作家）
恩格（1875・心理學者）

Memorial

Birthday Star

β · Volans

（飛魚座 β 星）

特性：象徵、名聲、演戲性

見義勇爲、獨立志向

★星星與傳說

這個星座是十七世紀初期，德國的巴爾新加上去的。飛魚的鰭比任何魚都強勁，好像在海上滑行一般飛翔。這是神所賜予的特別力量。別名「燕魚」。牠的鰭看起來好像翅膀一樣，讓人感受到海與自然神秘性的偉大光景。這個星座只在南半球才看得見，雖然小了一點，但卻充滿躍動之姿。

這顆 β 星位於飛魚的頭部。

★守護星占卜

以飛魚座為守護星的你，很討厭讓人看見自己的弱點。不論遇到任何困難，都絕不求助他人，你想憑自己的力量解決一切問題，但一個人的力量畢竟有限。逞強也應有個限度。

你好強的姿態讓人感到你見義勇為，深得人心。越好強就越想插手任何事情。其實你只要能掌握住另一雙溫暖的小手就夠了。

當天誕生的名人
山本有三（1887·作家）
高島忠夫（1930·演員）
麻倉未稀（1960·歌手）

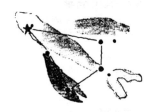

Memorial

220

Birthday Star

o · **Ursa Major**

（大熊座 *o* 星）

特性：理想論、會話、自我主張

頭腦清晰的辯論客

★星星與傳說

著名的北斗七星就是大熊座。這隻大熊是美女凱莉絲托的化身。凱莉絲托經不起天神宙斯的誘惑，懷了宙斯的孩子。但是善妒的女神海拉怎麼能忍受呢？於是將凱莉絲托變成一隻醜陋的熊。孩子阿卡斯一出生，凱莉絲托就與他分別，獨自躲在森林內。

這顆 *o* 星位於大熊鼻子前端。凱莉絲托希望以後與兒子阿卡斯再相見，這顆星就好像表示其悲傷的淚水一般，靜靜地在一旁眨眼。

★守護星占卜

大熊座的 *o* 星是你的守護星。你的腦筋轉得快、喜歡說話，是天生的辯論人才。但是你的自我主張強烈，過於依照道理思考事物，所以往往給人冷淡的印象。知識慾旺盛，不允許自己有不了解的範疇，當然，這需要某種程度的經驗。光是高談理想論，無法掌握人心。

你的聰明才能，如果再加上一些柔和，則魅力一定更增加。溫柔是掌握幸福的關鍵。

當天誕生的名人

富岡多惠子（1935・作家）
渡瀨恒彥（1944・演員）
桂銀淑（1962・歌手）
庾澄慶（歌手）

Memorial

Birthday Star

δ · **Hydra**

（長蛇座 δ 星）

特性：集中力、想像、統率力

相信他人的統率力

★星星與傳說

　　長蛇座是全天88個星座當中最長的星座。位於巨蟹座下方的，是長蛇揚起鐮刀形的脖子，繞天球面約四分之一，尾部延伸至天秤座下方。

　　依照希臘神話，這條蛇棲息於列路尼亞谷，是擁有九個頭的怪蛇希多拉。勇士海勒克里斯的十二項苦修行之一，就是擊敗這隻希多拉。布多拉的頭切下後會再長出來，已經練成不朽了，最後海勒克里斯用火將缺口封住，才擊敗這隻蛇怪。

　　這顆 δ 星代表長蛇的頭部。

★守護星占卜

　　以長蛇座為守護星的你，很喜歡與人交往，重視心心相連。不論對誰，都以信任為基礎，所以善於發現他人的優點。統率力也很好，是真正的領導人。

　　你在戀愛方面就比較遲鈍，被漠然憧憬支配的時期很長。但是因為你看人的眼光錯不了，所以能得到理想的愛情。

當天誕生的名人
約翰・洛克（1632・思想家）
橋本龍太郎（1937・政治家）

Memorial

Birthday Star

σ · **Hydra**

（長蛇座 σ 星）

特性：反彈、大膽、指導性

受人信賴的大膽

★星星與傳說

　　這個星座代表的，是希臘神話中上場，住在列路尼亞谷，有九個頭的怪蛇希多拉。牠最後雖然被勇士海勒克里斯消滅，但切下後又會再生的頭，也著實讓海勒克里斯傷透腦筋。被切斷的長蛇，從傷口處流出的血，具有相當強的毒性，而浸在這個血中製成的毒箭，後來成為海勒克里斯強而有力的武器。但是海勒克里斯最後也死在這種武器之下。

　　代表長蛇銳利牙齒的，就是這顆 σ 星。

★守護星占卜

　　以長蛇座的 σ 星為守護星的你，具有優秀的統率力，有領導人的素質。雖然討厭被束縛，但因為能將自己的情緒完全傳達給他人，所以不會造成摩擦，各項事情都進行得很順利。大膽的行動，是使他人對你產生信賴的一大要素。不管在什麼組織裡，這種姿勢都不會崩壞，所以可說是理想的領導人。

　　戀愛對象往往也是領導型人物。想限制對方，會造成對方反彈。最好以平等心相待。

當天誕生的名人
艾密利・勃朗特（1818・作家）
新美南吉（1913・作家）
阿洛爾特・休瓦內蓋（1947・演員）

Memorial

Birthday Star

δ・Vela

（船帆座 δ 星）

特性：文化、傳統、權威主義、野心

冷靜判斷的野心

★星星與傳說

伊歐克斯國的王子伊亞森，為了奪回被伯父搶走的王位，冒險到黑海尋找傳說中的金毛羊皮。這趟冒險之旅，正是搭乘女神海拉所贈送的巨船阿古號。為了紀念這艘船完成冒險的任務，便將它升天成為南船座。後來分為四部分，表示船帆的部分就是這個星座。

表顆 δ 星位於帆的南側邊緣。由主星及二顆伴星組成的連星。

★守護星占卜

以船帆座的 δ 星為守護星的你，是憧憬偉大力量的野心家。你也有大器量，不論遇到什麼難題，都能冷靜地判斷。但往往被既定的思考所束縛，具有欠缺新構想的一面。不論在戀愛方面或工作方面，都希望你能更自由地應對。

因為你對傳統、文化有興趣，所以能以豐富的心及優雅的態度待人。也暗示會與意料之外的對象談戀愛。

當天誕生的名人
克拉克（1826・教育者）
本田美奈子（1967・歌手）
張克帆（歌手）

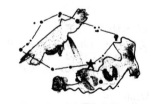

Memorial

Birthday Star

ε ・ Hydra

（長蛇座 ε 星）

特性：理想論、權力志向、偽善

往理想前進、對權力的意志

★星星與傳說

　　長蛇座是全天88個星座當中最長的星座。從巨蟹座下方繞天球面，直到天秤座下方。如果牠的頭於二月出現在地平線，則直到尾巴沈至地平線下，已經八月了。可見其身之長。

　　這條蛇是希臘神話中上場，位在列路尼斯谷、有九個頭的蛇怪希多拉。當砍掉一個頭後，立刻又會再長出來，連享有勇士盛名的海勒克里斯都很傷腦筋。

　　這顆星代表散發神秘光芒的長蛇眼睛。

★守護星占卜

　　以長蛇座 ε 星為守護星的你，是朝向大夢想前進的人。但如果被權力這種慾望控制的話，你單純的眼睛就會矇上一層霧。你具有立於眾人之上的氣量，不妨想想，抑制自我，為人盡力吧！

　　另外，有關自己本身的戀愛煩惱，如果追求必要以上的理想，就會錯過重要的部分。在這種狀況下，也許你需要一些忠告。

當天誕生的名人
室生犀星（1889・詩人）
伊布斯・聖羅蘭（1936・服裝設計師）

Memorial

8/2

Birthday Star

γ・**Pyxis**

（羅盤座γ星）

特性：創造性、美、個性

對於流行感覺豐富的個性

★星星與傳說

　　這個星座是由原本稱為「南船座」的大星座分割成四部分其中之一。代表船的帆柱部分，包含這顆星在內的三顆星，稍微傾斜排列，像羅盤指針般有趣。

　　依照希臘神話，這艘阿古號是勇士伊亞森為尋找金毛羊皮時，女神海拉所贈送的禮物。船尾部分有一處缺角，好像在展示歷經重重危機一般，令人印象深刻。

★守護星占卜

　　以羅盤座為守護星的你，不會被他人的意見迷惑，是重視個性的人。你對時代的流行敏感，藝術的感受性也佳。即使他人看也不看一眼的東西，你就是有能力將它變成像鑽石般的珍貴。

　　與你交往的異性，也是你眼中有價值的人。彼此互相切磋，築起良好的關係。

當天誕生的名人
中上健次（1946・作家）
藤田朋子（1965・女演員）

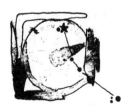

Memorial

Birthday Star

ζ・Hydra

（長蛇座ζ星）

特性：自我鍛鍊、華麗、對體力有自信

自我磨練的正義

★星星與傳說

這個星座代表希臘神話中，住在列路尼斯谷，有九個頭的蛇怪希多拉。這隻蛇怪最後雖被勇士海勒克里斯所擊退，但砍下後立刻再生的頭，連海勒克里斯都傷透腦筋。從砍下頭部傷口處流出來的血，含有劇毒，浸在這種血中製成的毒箭，後來成為海勒克里斯強而有力的武器，但他自己最後也被此箭奪走性命。

ζ星是描繪長蛇頭部的一顆星，放射恐怖的光芒。

★守護星占卜

以長蛇座ζ星為守護星的你，是個對自己嚴厲的正義漢。在自己充分了解狀況之前，絕不輕易採取行動，所以能得眾人信賴。你是身心健康的人。

不急於自我鍛鍊，依照信念踏實生活的姿態，令人佩服萬分，但如果過分拘泥於此，也許會犧牲自己的人性。有時也有必要思考「像自己」的生活。尤其戀愛時，更要像真正的自己。

當天誕生的名人
伊達政宗（1567・武將）
新渡戶稻造（1862・教育者）
王菲（女歌手）

Memorial

227

Birthday Star

α · **Cancer**

（巨蟹座 α 星）

特性：格式、王權、權威、名譽

向目的邁進的行動力

★星星與傳說

　　希臘神話中，勇士海勒克里斯與九頭蛇怪希多拉交戰的故事，大家都知道吧！當時突然出現，咬住海勒克里斯一腳的，正是女神海拉的使者魔蟹。專心戰鬥的海勒克里斯，只好用另一隻腳將魔蟹踩死。眾神為了嘉許魔蟹的勇氣，便讓牠升天成為星座。

　　這顆 α 星表示巨蟹南側的腳。散發白色的光芒。

★守護星占卜

　　以閃亮白色光芒的 α 星為你的守護星，使向目的邁進的你，顯得意氣風發。在一切進展順利時，你能發揮優秀的能力。但只要一有什麼狂亂狀況，你就會變得缺乏自信，甚至自我滅亡。你不太禁得起名譽、權力的誘惑吧！不要急於踏實的鍛鍊。

　　為了擁有美麗的戀情、充實的時間，你必須忍耐。如果因為一次行動失敗就灰心，那便離夢想越來越遠了。潛在的行動對戀情有助益。

當天誕生的名人
吉田松陰（1830・思想家）
石井好子（1922・鄉村歌手）
鈴木蘭蘭（1975・歌手）

Memorial

Birthday Stra
κ・Ursa Major
（大熊座κ星）

特性：社交性、虛榮、憧憬

魅力的外表下潛藏孤獨

★星星與傳說

成為大熊座的，是月之女神艾樂蒂的侍女凱莉絲托。凱莉絲托因為美貌吸引宙斯，接受宙斯的求歡，生下宙斯的孩子。最後淪落至被艾樂蒂驅逐、被同伴疏遠，更讓善妒的海拉生氣，結果變成一隻醜陋的熊。大熊只能躲在森林中，即使凱莉絲托的兒子阿卡斯長大後，也不知道自己的母親變成一隻熊。

這顆星在熊的右前腳利爪處放射光芒。本來應該是捕捉獵物的利爪，卻散發著遲鈍的光芒，也許正代表大熊難言的悲傷。

★守護星占卜

以大熊座為守護星的你，具有社交性，擁有吸引他人目光的不可思議魅力。行動華麗、懂得如何展現出最有魅力的自己。對你而言無意識的行動，有時候可能做得太過度了，而使他人不愉快。也許你的內心與外表相反，非常孤獨吧！

此外，你也很可能因為太在乎別人的評判，使得行動表現失常。不論對朋友或戀人，都應努力以原來的自己相對待。

當天誕生的名人
莫泊桑（1850・作家）
壺井榮（1900・作家）

Memorial

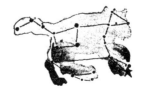

229

8/6

Birthday Star

λ ・Vela

（船帆座λ星）

特性：冒險、勇氣、經驗帶來的自信

強烈精神力與冒險心

★星星與傳說

船帆座的「帆」，代表希臘神話的大船阿古號的帆。阿古號搭載55位希臘神話中的勇士，完成冒險任務。這是伊歐克斯國的王子伊亞森，為了奪回被伯父以卑劣手段騙走的王位，所進行的冒險之旅。伊亞森與勇士們，歷經重重困難與危險，最後平安完成目的。阿古號的功績傳到諸神耳中，海神波塞頓便將它變成一個星座，讓它升上天空。

這顆星描繪出帆的北側邊緣，使阿古號的英勇之姿更顯著。

★守護星占卜

船帆座當中誇示偉大光輝的 α 星，是你的守護星。你是面向偉大目的前進，一點也不畏懼的冒險家。你潛藏對任何事情都不退縮的精神力。雖然你不刻意營造這種形象，但反而使你更得人厚望。經驗能讓你更成長。

一旦決定戀愛對象，不會彆彆扭扭，而是認真的正面挑戰。重視你本來的姿勢。

當天誕生的名人
山崎洋子（1947・作家）
辰巳琢郎（1958・演員）
西田ひかる（1972・女演員）

Memorial

Birthday Star

τ・Ursa Major

（大熊座 τ 星）

特性：華麗、自我表現、不靈巧

潛藏畏縮的華麗

★星星與傳說

　　古希臘阿卡狄亞國王李卡翁的女兒凱莉絲托，是神話中罕見的美女。天神宙斯不禁為其美色所惑，終於使凱莉絲托懷了自己的孩子。這件事讓女神海拉知道了，當然異常憤怒，便將凱莉絲托變成一隻醜陋的大熊。剛生下兒子阿卡斯的凱莉絲托，從此與兒子分別，獨自躲在森林中生活。

　　幾年過去後，阿卡斯長大成人，並在森林中見到自己母親變成的熊。但阿卡斯不知道眼前這隻熊正是母親，舉槍便向凱莉絲托擲去。熊的眼睛處發光的這顆 τ 星，不正散發著悲傷的光芒嗎？

★守護星占卜

　　以大熊座的 τ 星為守護星的你，有很強的自我表現慾。如果不受他人注目，就妄想自己被拋棄了。乍看之下很華麗，但事實上你很膽怯，是有點畏縮的人。一旦自己的缺點被指出來，你便在中途搖搖晃晃、迷失自己。戀愛時，條件太多了，往往因此失去心愛的人。捨棄不必要的拘泥，坦率一點吧！

當天誕生的名人
司馬遼太郎（1923・作家）
阿培貝・比基拉（1932・馬拉松選手）

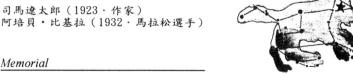

Memorial

231

Birthday Star

β · **Carina**

（船底座 β 星）

特性：公正、權力、政治

內在的野心與沈穩

★星星與傳說

伊歐古斯國的王子伊亞森，是充滿冒險心的年輕人。為了取回被伯父奪去的王位，明知是伯父計謀，還是遠赴科爾基斯國尋找金毛羊皮，進行冒險之旅。搭乘女神贈送的大船「阿古號」，與希臘勇士們海勒克里斯、奧爾菲宇斯等，平安完成目的。船底座所代表的，是相當於船骨架的建材。

β 星位於船首附近。

★守護星占卜

以船底座 β 星為守護星的你，具有沈穩的性格，不會在人前嘰哩呱啦地談天論地。當遇到難題時，你並不慌張，能夠從根本思考，冷靜分析找出原因。反之，即使遇到值得高興的事，也不會有盡情放得開的表現。但你是內在潛藏野心的人，靜待自己真正的出發。

在戀人面前，或以心相許的人面前，你的表現讓人一看便知。接受對方的度量即是戀情的前途。

當天誕生的名人
達斯汀·霍夫曼（1937·演員）
新井素子（1960·作家）

Memorial

Birthday Star

ι · Carina

（船底座 ι 星）

特性：明朗、行動力、元氣、內省

開朗快活的行動力

★星星與傳說

希臘神話中有阿古遠征隊的傳說。敘述充滿冒險心的年輕人伊亞森，與當時搭乘之巨船阿古號英勇之姿。為了取回被伯父占領的王位，遠征至科爾基斯國尋找「金色羊皮」。途中雖然歷經重重艱難、危險，但在眾神與勇士們的支持下，終於順利完成任務。海神波塞頓將阿古變成星座，成為裝飾夜空的「南船座」。船底座是其中一部分。為建造船骨架的材料。這顆星位於船底座的中央。

★守護星占卜

以船底座 ι 星為守護星的你，開朗、快活、具行動性。你是能帶給周圍的人幸福氣氛的人。你是個幸運兒，並且能將幸運與他人分享。對於他人的事，你比自己的事還優先考慮，所以能獲得眾人的支持。

但當有什麼糾紛發生時，你往往將過錯推在自己身上。一個人煩惱，常常想不開。不要忘了，你身邊有許多支持你的人。

當天誕生的名人

黑柳徹子（1933 · 演藝人員）
謝敏男（1940 · 高爾夫選手）
惠妮·休斯頓（1963 · 歌手）
張惠妹（1972 · 歌手）

Memorial

Birthday Star

α · **Lynx**

（天貓座 α 星）

特性：好管閒事、服務、衝動

事必躬親的服務精神

★星星與傳說

全天空只有一個有關於貓的星座。這是波蘭天文學家約翰尼斯・海威利斯於十七世紀新設的星座，代表身體長、姿態優雅的山貓。

這顆星在山貓的尾部發光。直徑超過太陽的三十倍，可說是相當巨大的星辰。紅色的光輝，讓人感到不可思議的魅力。

★守護星占卜

天貓座中，發射紅色神秘光芒的 α 星，是你的守護星。你是事必躬親的人，也具備為受困者服務的能力，但其中往往也含有自我滿足的一面。值得注意的是，不要太好管閒事。

當天誕生的名人
大久保利通（1830・政治家）
安傑洛（1965・足球選手）
北澤豪（1968・足球選手）

Memorial

κ ・ Vela

（船帆座 κ 星）

8/11

特性：對影響力的冀求、才能顯示

友情與天真爛漫的感性

★星星與傳說

　　希臘神話中，有關阿古遠征隊的勇士，包括了海勒克里斯、德塞斯、奧爾菲宇斯等，非常有名。隊長伊亞森，是伊歐克斯國的王子，到科爾基斯國尋找金毛的羊皮。這是為了奪回被伯父強佔的王位所進行的冒險之旅。當時所搭乘的船就是「阿古號」，以前以「南船座」之名，高掛於夜空中。但因為太龐大了，所以分為四部分，其中帆的部分即為「船帆座」。

★守護星占卜

　　以船帆座的 κ 星為守護星的你，是很重視感性的人。對於和自己一樣擁有感性的人，能夠毫不遲疑地敞開心扉。另外，你很喜歡教他人事情，使自己的存在印象加強，同時也提高同伴意識。對於和你擁有不同感性的人，你往往採取敬而遠之的態度。為了使自己成長，與各式各樣的人接觸很重要。戀人也一樣。

當天誕生的名人
吉川英治（1892・作家）
岸惠子（1932・女演員）
喜多嶋舞（1972・女演員）

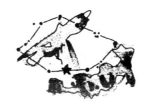

Memorial

235

Birthday Star

α · **Hydra**

（長蛇座α星）

特性：自己的世界、興趣、野外

以夢想爲目標的樂觀主義

★星星與傳說

α星是具有「孤獨」意義的星。長蛇座是全天88個星座中最長的星座，但因為這顆α星的周圍，並沒有亮星存在，總是孤孤單單地發射微光，所以英文稱為Alphard，阿拉伯人稱之為「孤獨的東西」。這顆神秘的孤星閃耀橘色光芒。

長蛇座表示希臘神話中，位在列路尼斯谷，有九個頭的蛇怪希多拉。α星的別名是「Col hydra」（長蛇的心臟），好像在巨大體內噗咚噗咚跳地閃耀光輝。

★守護星占卜

以長蛇座心臟部分的α星為守護星的你，是面向偉大夢想，專心一意前進的人。你的目標超過一般人的水準，也許乍看之下是不可能實現的夢想而已。但是你很樂觀，即使吃苦也能苦中做樂，成不成功在於其次。依自己心意前進很不錯。

你選擇戀人的條件，首先考慮興趣相同。在一起不快樂就沒辦法談戀愛，你和戀人相處和睦。

當天誕生的名人
桑密艾爾・弗拉（1911・電影導演）
陣內孝則（1958・演員）
貴乃花（1972・力士）
羅碧玲（演員）

Memorial

θ · **Ursa Major**

（大熊座 θ 星）

特性：自然、腕力、本能

浪漫的理智

★星星與傳說

這是以北斗七星聞名的大熊座。這隻熊是美麗宮女凱莉絲托的化身。花心的天神宙斯，迷戀凱莉絲托的美貌，使凱莉絲托懷了自己的孩子。善妒的妻子海拉，憤怒之餘將凱莉絲托變成一隻醜陋的大熊。凱絲莉托被迫與剛出生的孩子阿卡斯分別，獨自在森林內生活。凱莉絲托後來在森林中見到長大成人的兒子，但阿卡斯不知道大熊正是母親，便將她射死。

這顆 θ 星代表熊的右前腳。白色潔淨的光芒，或許正代表母親悲傷的心。

★守護星占卜

以大熊座的 θ 星為守護星的你，對自然科學的範疇感到感趣，屬於自然派。知識慾也強，對於自己的才能、力量絕對有信心。但是什麼事都依自己判斷進行，也容易招致他人反感。

其實你是很浪漫的。引導你進入未知世界的重要人物，意外地就在你的身旁。

當天誕生的名人

阿弗烈德・海奇克古（1899・電影導演）
法德爾・卡斯托洛（1927・政治家）
篠原涼子（1973・演員）

Memorial

237

8/14

Birthday Star

26 · Ursa Major

（大熊座 26 星）

特性：超自然、神秘、宗教

容易感覺寂寞的樸直

★星星與傳說

　　阿卡狄亞國王李卡翁的女兒凱莉絲托，長得非常漂亮，待在月之女神艾樂蒂身邊工作。天神宙斯初見凱莉絲托，即驚為天人，二人並產下一子。這件事被女神海拉知道後，便將凱莉絲托變成大熊。離開剛出生兒子的凱莉絲托，只能獨自躲在森林中生活。後來，凱莉絲托與兒子阿卡斯在森林中相遇，但阿卡斯不知眼前的大熊是母親，舉起刺槍………。

　　這顆星就像敘述母子悲劇一般，在一角悄悄地散發光芒。

★守護星占卜

　　以大熊座為守護星的你，看起來好像很寂寞，但你並不是誰待在身邊都好的人，你只希望能帶給自己快樂的人和自己做伴。外表看來你有浪費的傾向，但你就是有這份幸運。

　　對於他人的幸福，你能樸直地感到喜悅，所以你的周圍洋溢笑聲。努力控制自己為所欲為的行動，你便可走向幸福的康莊大道。

當天誕生的名人

塞頓（1860·動物學者）
維姆·衛坦斯（1945·電影導演）
鈴木保奈美（1966·女演員）

Memorial

Birthday Star

ι · **Hydra**

（長蛇座 ι 星）

特性：目的意識、使命感、行動力

四處奔走的使命感

★星星與傳說

長蛇座的頭部在巨蟹座下方，沿著天球面繞行，尾部抵達天秤座下方。在全天88個星座當中，長蛇座是最長的星座。

這隻長蛇，是希臘神話中上場，位在列路尼斯谷，有九個頭的蛇怪希多拉。勇士海勒克里斯的十二項苦行之一，就是擊退這條長蛇，但長蛇的頭被砍下來後立刻再長出來，令海勒克里斯傷透腦筋。

★守護星占卜

以長蛇座的 ι 星為守護星的你，是充滿使命感的行動派。一旦決定之後，往往不聽他人的意見而立即行動。也許稍微靜下心來仔細思考，會發現有部分錯誤，但這時候往往已經沒有後悔的餘地了。

你賦予自己重大的任務，也許從中可以確定自己的價值。你需要的是在後面拉你一把的伴侶。讓你感到有點囉嗦的人反而好些。

當天誕生的名人
拿破崙・波納帕爾特（1769・軍人、政治家）
長岡半太郎（1865・物理學者）
尼克拉斯・羅格（1928・電影導演）
麻生祐未（1964・女演員）

Memorial

Birthday Star

ε · Leo

（獅子座 ε 星）

特性：英雄志向、冒險、正義

向冒險挑戰的正義感

★星星與傳說

　　希臘英雄海勒克里斯的十二項苦行之一，就是擊退位在尼米亞谷的食人獅。這隻恐怖的獅子，後來成為獅子座。海勒克里斯將獅子逼入石洞內，然後以力大無窮的雙手，將獅子的頭扭斷。海勒克里斯還將獅子的皮剝下來，披在自己的身上，以誇示自己的力量。

　　這顆星位於獅子的口部，綻放黃色鮮艷光芒的這顆星，正象徵獅子力量之強。

★守護星占卜

　　以獅子座 ε 星為守護星的你，具有強烈的正義感，不論面對什麼事情，都以認真的姿態面對，獲得許多人的信任。一旦找到自己想做的事，即使成功機率不高，也有冒險一試的膽量。

　　你認為膽怯很可恥，即使戀愛中，也不讓對方看到自己的弱點。這種拚命的姿態，使你看起來很勇敢。有時撒撒嬌，是戀愛的關鍵。

當天誕生的名人
菅原文太（1933・演員）
瑪丹娜（1959・歌手）
迪莫西・哈頓（1960）

Memorial

Birthday Star

ν · Carina

（船底座 ν 星）

特性：集中力、統率力、正義

敏銳的感性與冷靜的判斷

★星星與傳說

　　船底座的「船底」相當於希臘神話中出現的巨船阿古號的骨架，阿古號因搭載 55 名希臘勇士進行冒險之旅而聞名。這是伊歐克斯國的王子伊亞森，為了取回被伯父搶奪的王位，從事的一趟正義冒險。伊亞森等人歷經重重的危險，最後終於平安達成目的。阿古號的功績傳到眾神的耳中，便讓它升天成為星座。

　　ν 星位於這個星座的南側，是擁有伴星的優雅星。

★守護星占卜

　　以船底座為守護星的你，能夠完全發揮與生俱來的感性與才能。你能夠從與他人完全不同的角度看事物，並且下比任何人還正確的判斷後確實執行。這種傾向在運動及藝術領域上尤其顯著。結果，你受眾人所注目，卻始終保持謙虛的態度。

　　戀愛的對象，一定也是依照你的感性所選擇之人。但考慮太多、開始煩惱時，你的直覺會變得遲鈍。

當天誕生的名人

羅勃·得·尼洛（1943·演員）
那爾遜·比凱（1952·田徑選手）
吉姆·克里威（1970·網球手）
華原朋美（1974·歌手）

Memorial

8/18

ν · **Ursa Major**

（大熊座ν星）

特性：自我鍛鍊、目的意識、冒險

不服輸的向上心

★星星與傳說

　　大熊座是在月之女神艾樂蒂身旁服務的凱莉絲托變成的，凱莉絲托是位絕世美女，受到天神宙斯的喜愛，並且生下宙斯的孩子。這件事被知道後，艾樂蒂將她趕走、善妒的海拉將她變成醜陋的大熊。變成熊的凱莉絲托，只能躲在森林中生活，連兒子阿卡斯都不知道眼前的大熊是自己的母親，準備用刺槍殺死母親。宙斯為了防止最慘的悲劇發生，便將二人變成星座升上天空。

　　這顆ν星是在大熊脖子處明滅的星。

★守護星占卜

　　大熊座的ν星是你的守護星。乍看之下沈穩的你，實際上是具有攻擊性的性格。內心深處比誰都不服輸。自我鍛鍊、積蓄力量，朝向目標一心一意前進的時候，能夠發揮大力量。但如果失去目的，消沈狀況也很嚴重。

　　在戀愛方面，面對三角關係也不迷惘，反而能在其間活得更積極。然而一旦產生猶豫時，就開始動搖了。了解自己的弱點，是幸福的關鍵。

當天誕生的名人
馬爾歇・卡爾納（1903・電影導演）
羅勃特・萊特弗德（1937・演員）
清原和博（1967・職棒選手）
中居正廣（1972・演員）

Memorial

Birthday Star

μ · Leo

（獅子座 μ 星）

特性：試鍊、妨礙、挑戰

夢與戀愛、成功與失敗

★星星與傳說

　　成為獅子座的，是希臘神話中怪物都龐與怪蛇愛奇德娜所生下來的猛獸。牠位在尼米亞谷，日夜亂闖、傷害人畜。最後由海勒克里斯制伏這頭獅子。海勒克里斯被女神海拉指派進行十二項苦差事，這正是其中一件。獅子是被海勒克里斯赤手空拳所制伏的，但為了表示牠的武勇，便讓牠升天成為星座。

　　這顆星位於獅子的耳部。

★守護星占卜

　　以獅子座 μ 星為守護星的你，會渡過有山有谷試鍊多的人生。享受夢般的愛情，也有慘痛的失戀經驗；工作上會遇到大挫折，也能得到大成功，重複著波瀾萬丈的生活。你絕不會只選擇愉快的生活方式，而是以歷練為跳板，使自己更成長。

　　累積更多的經驗，努力學習各項領域。

當天誕生的名人
加布利艾爾·香奈爾（1883·服裝設計師）
柴田政人（1948·騎士）
耶蓋米特爾[BUCK-TICK]（1962）

Memorial

Birthday Star

φ・Vela

（船帆座φ星）

特性：理想、信念、權威志向

理想與現實平衡的感覺

★星星與傳說

　　伊歐克斯國的王子伊亞森，是充滿冒險心的年輕人。為了取回被伯父強佔的王位，在知道是伯父計謀的狀況下，還是遠赴科爾基斯國尋找金毛羊皮，進行冒險之旅，搭乘女神海拉贈予的大船「阿古號」，與希臘勇士們海勒克里斯、奧爾菲宇斯等一起達成目的。船帆座代表的是船帆部分。

　　這顆星位於帆的南側。

★守護星占卜

　　以船帆座為守護星的你，在追求大理想之際，也能掌握現實的嚴苛，能得到確實的成功。你絕不會有不盡情理的言行舉止，也不會對他人出難題。你可說是精神上完全的大人。

　　只不過對於戀人或朋友而言，你的完美多少令人感覺無聊。表現出柔弱的一面，也是戀愛的好方法。

當天誕生的名人
成瀨巳喜男（1905・電影導演）
司葉子（1934・女演員）
比特・巴拉坎（1951・評論家）
馬爾寇・安東尼赫（1963・足球選手）

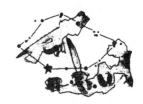

Memorial

Birthday Star
π · **Leo**
（獅子座 π 星）

特性：快樂、刹那主義、樂天

享受美麗戀情的姿態

★星星與傳說

位在尼米亞谷的吃人獅子，日夜亂闖、侵害人畜，讓附近的百姓不得安寧。擊退這隻獅子，是海勒克里斯必須完成的十二項修行之一。海勒克里斯將獅子逼入洞穴，弓箭、棍棒對獅子根本不管用，海勒克里斯最後赤手空拳將獅子的頭扭斷。為了證明自己的怪力，海勒克里斯還剝下獅皮披在身上。

這顆星位於獅子的右前腳。

★守護星占卜

以獅子座為守護星的你，具有享受人生的樂觀性。不論工作或戀愛，在你感覺都像遊戲一樣。但你是不是覺得現在的你燃燒不完全，使得未來充滿不安感？決定大目標、擁有目的意識，你應該可以脫胎換骨。

一旦決定做什麼事，不要想得太複雜。不服輸、不矯飾，率直地向目標前進。

當天誕生的名人
凱文・貝西（1904・爵士音樂家）
芦田淳（1930・服裝設計師）
荻原聖人（1971・演員）
張小燕（節目主持人）

Memorial

245

8/22

Birthday Star

ν^2 ・ **Hydra**

（長蛇座 ν^2 星）

特性：冒險、野心、藝術、個性

強烈好奇心與直覺

★星星與傳說

　　這個星座代表位在列路尼斯谷，有九個頭的蛇怪希多拉。這條長蛇最後被海勒克里斯擊退，但砍下後立刻再長出來的頭，著實讓海勒克里斯傷透腦筋。被砍下頭的傷口流出的鮮血，含有劇毒，浸在此血中製成的毒箭，後來成為海勒克里斯強而有力的武器。但海勒克里斯最後命喪此箭下，這大概是海勒克里斯始料未及的結局。上天真是戲弄人啊！

★守護星占卜

　　長蛇座 ν^2 星是你的守護星，你具行動性，而且對未知的世界充滿興趣，能夠渡過波瀾萬丈的人生。你受不了老在同一處打轉，因為行動範圍廣，所以朋友和敵人都增加。由於你的直覺敏銳，因此能從危險當中出脫。精神力也很強，一旦下定決心，便有貫徹始終的氣概。

　　理想的戀人是生活價值觀能引起共鳴者。重視約會時間。

當天誕生的名人

德彪西（1862・作曲家）
李・布拉特比利（1920・作家）
羽野晶紀（1968・演員）
菅野美穗（1977・演藝人員）

Memorial

Birthday Star
Regulus

（獅子座 α 星）

特性：貢獻、自我犧牲、英雄志向

具有社會意識的向上心

★星星與傳說

成為獅子座的，是希臘神話中，怪物都龐與怪蛇愛奇德娜共同生下的猛獸。這隻猛獸住在尼米亞谷，傷害附近的居民及家畜。最後被海勒克里斯擊退。

獅子座是黃道十二宮星座之一，這顆 α 星（軒轅十四）正好位於黃道旁。每年 8 月 23 日前後，太陽正好在這顆星旁邊。綻放藍白色光芒的這顆星，位於獅子的右前腳跟處，散放強而有力的光輝。

★守護星占卜

在獅子座中綻放藍白星光的軒轅十四，是你的守護星。你是經常反省自己、踏實前進的人，對自己絕不寬厚，在到達大目標之前，不惜一切努力。你不會只在乎自己的利益，而是盡力為社會貢獻。

你喜歡的對象，也一定是能使你奮發向上的人。但你並不拘泥於理想中的戀愛方式。不在乎型式，只重視內心真正的感受。

當天誕生的名人
三好達治（1900・詩人）
吉恩・凱利（1912・演員）
利巴・腓尼克斯（1970）
陶大偉（演員）

Memorial

8/24

Birthday Star

λ・**Hydra**

（長蛇座λ星）

特性：理想、常識、傳統

重視傳統的常識

★星星與傳說

長蛇座是全天 88 個星座當中最長的星座。頭部在巨蟹座下方，沿著天球面環繞，尾部直達天秤座的下方。

這條蛇是希臘神話中，住在列路尼斯谷，有九個頭的蛇怪希多拉。襲擊這隻希多拉，是勇士海勒克里斯必須完成的十二項修行之一。被砍下後立刻長出的頭，永遠不朽的第九顆頭……，在在讓海勒克里斯苦惱萬分。最後海勒克里斯用火燒牠的頭，並將那顆不朽的頭壓在岩石下，讓牠永遠不能出來。

這顆λ星代表希多拉身體扭曲的部分。

★守護星占卜

以長蛇λ星為守護星的你，是重視傳統及先人智慧的人。你的行動絕對不會偏離常理，更討厭造成他人的困擾。但你的這種生活方式，很可能使自己陷於精神過於壓抑的危險。

你的周圍應該有很多值得信賴的人。請他人協助、互相幫助，並不等於責任的轉嫁。不要任何事都一肩挑；有時依賴他人也很重要。

當天誕生的名人
瀧廉太郎（1879・作曲家）
久野綾希子（1950・女演員）

Memorial

Birthday Star

ζ・Leo

（獅子座ζ星）

特性：自我犧牲、服務、意志

被依賴的驕傲

★星星與傳說

　　成為獅子座的，是怪物都龐與怪蛇愛奇德娜所生的猛獸。這隻猛獸棲息於尼米亞谷，傷害附近的居民及家畜，是人人聞之色變的獅子。這隻獅子最後被勇士海勒克里斯擊退，這也是女神海拉賦予海勒克里斯的十二項修行之一。獅子雖然被赤手空拳的海勒克里斯擊退，但為了紀念其英勇，於是讓牠成為星座。

★守護星占卜

　　以獅子座ζ星為守護星的你，待人親切，不論別人與你商量什麼事，你都視為自己的事情一般。你是能為他人、為社會貢獻的人，但如果話題不是以自己為中心，就不太能忍受，這會使你顯得驕傲。

　　戀愛方面，往往等待對方的行動。你的驕傲心能捨棄到什麼程度、熱情發展至什麼程度，是戀情發展的重要的關鍵。

當天誕生的名人
列那德・班斯塔伊（1918・指揮家）
蕭・克尼利（1930・演員）
高西納・翰高（1939・服裝設計師）
飯島愛（1973・演藝人員）

Memorial

Birthday Star

$\gamma^1 \cdot$ **Leo**

（獅子座 γ^1 星）

特性：理想、潔癖、個人主義

對理想與自由的願望

★星星與傳說

　　希臘英雄海勒克里斯的十二項修行之一，是收拾住在尼米亞谷的吃人獅子。而成為獅子座的，就是這隻恐怖的獅子。弓箭、棍棒對獅子都起不了作用，海勒克里斯最後將獅子逼入洞穴，赤手空拳將獅子的頭扭斷，制伏這隻人人畏懼的獅子。海勒克里斯還剝下獅子的皮披在身上，誇示自己的武勇。

　　這顆星是位於獅子鬃毛處發光的黃色星。與 γ^2 成為連星，是美麗的雙星。

★守護星占卜

　　你的守護星是獅子座的 γ^1 星。你的理想崇高，能夠自由自在地生活。但過於重視自己，往往忽略了周圍的聲音。對你而言，也許周圍的聲音聽起來像雜音，但其中也有重要的部分。你所需要的是社會性。

　　不要硬生生地拒絕別人，努力與人交往。

當天誕生的名人
阿波利尼爾（1880・詩人）
下条正己（1915・演員）
石塚啟次（1974）

Memorial

μ ・ **Ursa Major**

（大熊座 μ 星）

特性：純真、精神性、批判性、誤解

容許一切的純情

★星星與傳說

以北斗七星聞名的大熊座，代表美麗的侍女凱莉絲托的變身。花心的天神宙斯，迷戀凱莉絲托的美貌，並使凱莉絲托生下自己的孩子。善妒的女神海拉知情後，便將凱絲莉托變成一隻醜陋的大熊。大熊與剛出生的孩子分開，獨自逃往深山中。日後，凱莉絲托與兒子阿卡斯於森林中再會，但阿卡斯不知眼前的大熊就是母親，用刺槍射向母親。

這顆星位於熊的右後腳，代表銳利的爪。彷彿變身前美麗的凱莉絲托的指甲般，閃耀光芒。

★守護星占卜

以大熊座的 μ 星為守護星的你，從來不懂得懷疑別人，是個清純善良的人。你總是發現對方的長處，愛每一個人，相同地，你也被每一個人所愛。但因為過於單純，所以不容許小過錯，往往將自己追得喘不過氣來。

戀愛方面，大概會產生不少問題。對自己嚴格也該適可而止，否則纖細的你只會受重傷。

當天誕生的名人
宮澤賢治（1896・詩人）
丸谷才一（1925・作家）
藤竜也（1941・演員）
堅爾哈爾特・培爾凱（1959）

Memorial

Birthday Star

α · **Antlia**

（唧筒座α星）

特性：理論、頭腦、明確

擅長動口理論

★星星與傳說

唧筒座是十八世紀法國天文學家拉卡優加上去的。這個唧筒座並非取水的唧筒，而是抽空氣的真空唧筒。拉卡優將當時發明之各項道具、機械放在天空當星座，當成新時代的紀念碑眺望，也很有意思。

這個星座最明亮的星就是α星。其紅色光芒象徵開啟新時代。

★守護星占卜

被唧筒座守護的你，是能夠以理想思考的人，也擅長說話術。但如果不將自己的意志傳達給對方知道，則往往容易指責對方。對自己有信心絕非壞事，但也別忘了對他人體貼，創造良好的人際關係。對你而言最重要的，是退讓一步的寬容。

面對異性往往也以嚴格的眼光，只追求理想。不要只看對方的缺點，發現對方的長處也很重要。

當天誕生的名人
歌德（1749・作家）
托爾斯泰（1828・作家）
伊德斯・漢遜（1939）

Memorial

Birthday Star

ρ・Leo

（獅子座 ρ 星）

特性：自我防禦、教養、傳統

有情有義的戀舊者

★星星與傳說

棲息於尼米亞谷的恐怖吃人獅子，使附近的居民日夜不得安寧。奉命進行十二項苦差事的的海勒克里斯，其中一項任務就是制伏這隻獅子。海勒克里斯進入獅子的洞穴向獅子挑戰。弓箭、棍棒對獅子不管用，海勒克里斯用全身之力，赤手空拳扭斷獅子的頭，制伏了獅子。海勒克里斯還剝下獅子皮披在身上，證明自己的力量。

這顆 ρ 星位於獅子的腹部。

★守護星占卜

以獅子座的 ρ 星為守護星的你，可說是有情有義的戀舊者。即使找到新戀情，也無法完全忘懷舊情人，這種優柔寡斷的態度，反而使傷口更深。

你對於自己經歷過的道路，有一種懷舊的情懷。被舊東西束縛住，對新事物的興趣就淡了。未來比過去更重要，不要自己切斷自己的可能性。

當天誕生的名人
英格利德・巴克曼（1916・女演員）
麥克・傑克森（1958・歌手）
鄭志龍（1969・籃球選手）

Memorial

253

8 / 30

Birthday Star

γ · **Chamaeleon**

（蝘蜓座γ星）

特性：束縛、依賴心、性的慾望

依賴心強的孤寂者

★星星與傳說

身體會變色以適應周圍狀態的變色龍，是熱帶地方有名的生物。大家都知道牠有捲尾及長舌、嬌滴滴的眼神。德國的巴爾讓牠成為天上的星座，但其形狀特徵，以前在航海者之間就廣為流傳。

這顆γ星位於變色龍的腹部，是一顆綻放紅色光芒的神秘之星。

★守護星占卜

以蝘蜓座為守護星的你，很容易感到寂寞，無法忍受一人獨處。這是因為你太依賴他人，怠於用自己的頭腦思考、自己的腳步走路之故。這反映在戀人的眼裡，也許很可愛，但卻不是他人能依賴的人。

如果你想要自己在他人眼中是個重要的人，就得使自己變成重要的人。培育能幫助他人的自立心。愛人比被愛更能增加你的光輝。

當天誕生的名人
野川由美子（1944・女演員）
井上陽水（1948・音樂家）
王光良（1970・無印良品、歌手）

Memorial

254

Birthday Star

φ³ · Hydra

（長蛇座 φ³星）

特性：學習、統一的、公式

洗耳恭聽的學習心

★星星與傳說

位於阿爾科斯地方的列路尼斯谷，住著一條有九個頭的大蛇，名為希多拉。這條蛇有劇毒，使附近百姓倍感威脅。這條長蛇最後被勇士海勒克里斯制伏，但切下後再生的頭，以及已成不朽的第九個頭……，真是傷透海勒克里斯的腦筋。結果海勒克里斯用火燒長蛇的頭，並將第九個頭壓在大岩石下，才制伏長蛇。

長蛇座代表希臘神話中的蛇怪希多拉。是全天88個星座當中最長的。

★守護星占卜

以長蛇座為守護星的你，能傾聽他人的意見，從中學習各種知識。但這種學習慾如果屬於被動性，可就不好了。別忘了自己主動去發現新事物。滿足於既成之事物，只會使思考變得畫一、公式性而已。

就算是談戀愛，光是被動無法互相成長。愛人比被愛樂趣加倍，不妨試試看。

當天誕生的名人
威廉·沙洛夏（1908·作家）
青木功（1942·職業高爾夫選手）
別所哲也（1965·演員）
野茂英雄（1968·職棒選手）

Memorial

Birthday Star

θ · Carine

（船底座 θ 星）

特性：自信、虛榮、驕傲

自視高、不服輸

★星星與傳說

　　希臘神話中阿古遠征隊的勇士，包括了海勒克里斯、德塞斯、奧爾菲宇斯等人，非常有名。領隊是伊亞森。這是為了取回被伯父強佔的王位所進行的冒險之旅，當時所搭乘的船稱為「阿古號」。這個星座以前稱為「南船座」，但因為太龐大了，所以分成四部分，其中骨架部分即為「船底座」。

　　位於船底座東側的就是這顆 θ 星。因太低向南方，所以日本地區看不見。

★守護星占卜

　　以船底座的 θ 星為守護星的你，是自視甚高之人。不論在任何人面前，你都不會讓自己的弱點顯露，不服輸的你，在強勢的同時，也很脆弱。為了展現出必要以上的自己，必須相當的能量，所以精神上很疲勞。應該放鬆心情，以自然體呈現自己。

　　對你而言，能找到讓自己喘一口氣的場所，以及接受真面目之你的人，是掌握幸福的關鍵。

當天誕生的名人

幸田文（1904・作家）
小澤征爾（1935・指揮家）
洛基（1923・拳王）
三浦理惠子（1973・演藝人員）
潘儀君（女演員）

Memorial

Birthday Star

μ ・ Vela

（船帆座 μ 星）

特性：信念、被理想束縛

慎重的計畫與自己

★星星與傳說

　　這個星座代表船體帆的部分。以前以「南船座」這個巨大的船表示，但因為太大了，所以分割成四部分，船帆座是其中之一。依照希臘神話，南船座是勇士伊亞森為取回被伯父強佔的王位，遠赴科爾基斯國尋找金毛羊皮時，所搭乘的阿古號。得到許多神與勇士協助，伊亞森順利找到金毛羊皮。阿古遠征隊的傳說，如今就當成裝飾夜空的神話，流傳至今。

　　帆的左端就是這顆 μ 星。它是黃色星。

★守護星占卜

　　以船帆座 μ 星為守護星的你，受限於信念、理想，喪失了真正的自己。你具有謹慎觀察事物的能力，你插手的事情也多半能成功，但同樣地，失去的也多。

　　準備周到的態度，映在他人的眼中，變成工於心計，也許因此使他人對你敬而遠之。尤其對於戀愛有負面的影響。不妨放輕鬆，享受自由自在的戀情。

當天誕生的名人
伊藤博文（1841・日本第一代首相）
吉米・高納蘇（1952・網球選手）
早見優（1966・演員）
國分太一［TOKIO］（1974）

Memorial

9/3

Birthday Star

ν ・ **Hydra**

（長蛇座ν星）

特性：理想主義、社會活動、服務

往自己道路前進的信念

★星星與傳說

　　依照希臘神話，這個星座代表住在列路尼斯谷，有九個頭的蛇怪希多拉。據稱，砍下後立刻再長的頭，令勇士海勒克里斯傷透腦筋。這隻長蛇最後還是被海勒克里斯制伏。從牠頭部流出來的血含有劇毒，浸在這種血中製造出來的箭，之後成為海勒克里斯強而有力的武器。但他萬萬沒想到，自己也喪生此箭下。

　　位於希多拉的腹部，閃耀黃色光芒的，就是ν星。

★守護星占卜

　　以長蛇座黃色ν星為守護星的你，具有崇高的理想與信念，能夠往自己的道路前進，只要不迷失自己，走在正途上，一定能夠成功。你具備社會的通性，閃耀魅力的光輝。

　　一旦遇見喜歡的人，你就只顧著往前衝，不管各種狀況及變化。先定下心來，看看周圍專心地守候著你，再做決定也不遲啊！

當天誕生的名人
阿朗・拉德（1913・演員）
澤地久枝（1930・作家）
陳曉東（演員・歌手）

Memorial

258

46 · Leo Minor

（小獅座 46 星）

特性：保護、忠告、批判性

很會照顧他人、多管閒事

★星星與傳說

　　位於獅子座頭上、大熊座腳邊，看起來像一隻小獅子趴在那兒，這就是小獅座。十七世紀末由威利沃斯新加上去的這個星座，它的形狀很漂亮。與獅子座傳說中的吃人獅子成對比，這隻小獅子好像趴著睡覺。但牠一定也潛藏百獸之王的力量。

　　這顆星是在小獅子背上發光的黃色星。

★守護星占卜

　　以小獅子為守護星的你，很會照顧他人。當你看見處於困境、不幸的人，總是無法袖手旁觀。你一味地認為，幫助對方是自己的使命。但是，你的忠告、建議是不是能讓對方接受呢？看看對方的反應也很重要。

　　對於友人、戀人，你會站在保護者的立場，但你過度的強壓與親切，會招致過分的批評，可能讓人討厭。記住以謹慎的姿態面對，如何？

當天誕生的名人

梶原一騎（1936‧劇畫原作者）
小林薰（1951‧演員）
亞培‧拜雷斯迪羅斯（1957‧高爾夫選手）
荻野目慶子（1964‧女演員）

Memorial

9/5

Birthday Star

α · Crater

（巨爵座α星）

特性：明確性、衝動、潔癖

討厭模糊不清的完美主義

★星星與傳說

　　這個星座代表古希臘所使用的有把手的酒杯。此酒杯的主人是酒神狄歐尼桑斯，酒神是天神宙斯與德拜國公主雪美蕾所生，具備神通力的美少年。

　　狄歐尼桑斯的出生地德拜，是葡萄酒產地，希臘人視酒為藥的一種，非常珍貴。狄歐尼桑斯具有神通力的傳說，就因此而產生的。

　　這顆α星代表酒杯的台座部分。其透明的光輝，將夜空裝飾得非常美麗。

★守護星占卜

　　以巨爵座的透明α星為守護星的你，很討厭模糊不清，黑就是黑、白就是白的完美主義者。一旦討厭什麼，會立即從口中說出來，但你是不是忘了說明為什麼討厭的理由呢？如果再加上理由的話，你的會話內容、人際關係將更寬廣。

　　你一定是個神經很纖細的人，但如果連不必要的地方，都這麼斤斤計較，那只有弄得自己疲累不堪而已。著重要點、讓自己有更多一點餘裕吧！戀愛方面，餘裕與大而化之是重點。

當天誕生的名人
棟方志功（1903·版畫家）
草刈正雄（1952·演員）
前田治（1965·足球選手）

Memorial

9/6

Birthday Star
Merak
（大熊座 β 星）

特性：傳統、格式、家風、形式

樸直的單純性

★星星與傳說

在北方天空描繪出大杓子的北斗七星非常有名。這七顆星代表大熊座的身體中心至尾部。這顆 β 星（天璇、北斗二）是從柄杓處算起來的第二顆星，綻放帶有藍色的神秘光芒。

依照希臘神話，大熊座的熊是享有美女盛名之凱莉絲托的變身。凱莉絲托因她的美貌與清純，獲得天神宙斯的歡心，甚至懷了宙斯的孩子。知道這件事的女神海拉，對凱莉絲托說：「你的美麗是罪過。」於是將她變成一隻熊。離開兒子阿卡斯後，凱莉絲托只能獨自在黑暗的森林中啜泣。

★守護星占卜

以大熊座的北斗二為守護星的你，是不懂得懷疑人的單純個性。即使有什麼不妥，也都立即拋到九霄雲外，好像不知人間疾苦似的。率直地接受他人的好意，並且懂得感謝，但往往忘了自己也應該主動服務。

被動也許不必花心力，但視野會變得狹窄。如果你希望不平凡的戀情，就應有準備受傷的覺悟，大膽地衝上前去吧！

當天誕生的名人
西村京太郎（1930・作家）
岩城宏之（1932・指揮家）
大江千里（1960・音樂家）

Memorial

9/7

Birthday Star

α · **Ursa Major**

（大熊座α星）

特性：驕傲、家世、血緣、忠實

情緒豐富的自由

★星星與傳說

一提到高掛北天的星星，大家首先想到的，就是北斗七星吧！排成柄杓形的七顆星，組成了大熊座。α星（天樞）在柄杓的一端，位於大熊的背部。

這隻大熊，是在月之女神艾樂蒂身邊服務的凱莉絲托的化身之姿。凱莉絲托的美貌令天神宙斯神魂顛倒，二人並產下一子。這件事被善妒的女神海拉知道後，就將凱莉絲托變成一隻熊。大熊座也許正象徵希臘眾神引起的悲劇吧！

★守護星占卜

以大熊座的天樞為守護星的你，是能依自己感情自由生活的人。在無意識當中，將周圍的人捲入自己的漩渦，製成以自己為中心的世界。你的存在對周圍的人而言，多少也是舒服的感覺。

你是不是已經習慣這種狀況了呢？自恃甚高的你，不要忘記對他人的體貼，因為你的天真爛漫，有時也會為你自己樹立敵人。

當天誕生的名人
艾利·卡桑（1909·電影導演）
約翰·斐利布羅（1937）
長渕剛（1956·音樂家）

Memorial

Birthday Star

Ψ・Ursa Major

（大熊座Ψ星）

特性：表裡不一、情緒不安

笑臉與冷酷雙面性

★星星與傳說

　　阿卡狄亞國王李卡翁的女兒凱莉絲托，據傳是罕見的美女。凱莉絲托的美貌令天神宙斯神魂顛倒，在宙斯的追求下，凱莉絲托懷了宙斯的孩子。這件事被善妒的女神海拉知道後，怎麼可能善罷干休呢？最後，海拉將凱莉絲托變成一隻醜陋的大熊。從此，凱莉絲托不得不離開剛出生的兒子阿卡斯，獨自一人躲在森林中過活。十幾年過去之後，凱莉絲托於森林中見到阿卡斯，阿卡斯不知道眼前的熊就是母親，舉起刺槍………。

　　這顆星位於熊的右後腳處。

★守護星占卜

　　以大熊座Ψ星為守護星的你，平常是笑口常開的沈穩面孔，但當自己或親人陷於危機時，又呈現冷酷的一面，思考防禦策略。哪一個才是真正的你呢？二者都是，可貼上「雙重人格」的標籤。

　　一旦有自己喜歡的人，不論運用什麼手段都要得到手，這種殘酷也是你的魅力之一。

當天誕生的名人

鈴木亞久里（1960・FI 競賽者）
松本人志（1963・演員）
顏行書（1976・籃球選手）

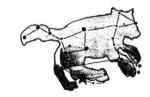

Memorial

9/9

Birthday Star

β · **Crater**

（巨爵座 β 星）

特性：自我中心、利害追求、正義

不改變意見的自我

★星星與傳說

　　這顆星所描繪的形，並不只是單純的杯子，而是古代希臘使用之有把手酒杯。關於這個酒杯的主人是誰，說法不只一種，其中以酒神狄歐尼桑斯最有力。

　　狄歐尼桑斯待在雅典的時候，受當時雅典國王伊卡利歐斯盛情款待，感動之餘，便傳授美酒調製法，並贈予此酒杯。

　　這顆 β 星位於酒杯的台座。雖然不是醒目的星，但由於和下面的長蛇座有接點，根據美索不達米亞的傳說，可說是「蛇缽」的星。

★守護星占卜

　　以巨爵座為守護星的你，是不會欺騙自己的人。換言之，你屬於唯我獨尊型。你會立即指出他人意見的失誤部分，但絕對不會更改自己的意見。這樣子還能得到朋友，大概是你的人德吧！但高傲的態度還是有負面影響，重要朋友、戀人會離你而去。

　　自己行動之前，先和其他人商量看看，這對你而言，或許是最佳的處世哲學。

當天誕生的名人
蘇尼亞・李基艾爾（1930・服裝設計師）
歐帝斯・雷汀克（1941・音樂家）
強尼・德布（1963）

Memorial

Birthday Star
δ・Leo
（獅子座 δ 星）

特性：直覺、光彩煥發、善變

銳利的感覺與直覺

★星星與傳說

希臘神話中的英雄海勒克里斯，被女神海拉交付十二項苦差事，制伏位在尼米亞谷的吃人獅子，就是任務之一。這隻恐怖的獅子後來成為獅子座。海勒克里斯將獅子逼入洞穴內，赤手空拳將獅頭扭斷，制伏了獅子。海勒克里斯還剝下獅皮披在身上，誇示自己力量之強大。

這顆 δ 星中文名為天權星，位於獅子的腰部。

★守護星占卜

以獅子座天權星為守護星的你，感性非常敏銳，直覺力也很好。你的第一印象及感覺，往往都是正確的。找到戀人的瞬間也很羅曼蒂克，這在他人看起來，就彷彿夢境一般。但善變的你，卻有不安定的一面。

另外，你也有靈巧的一面，不論多麼複雜的事物，你都具有掌握的才能。你應該可以順利過一生。

當天誕生的名人
喬治・巴塔伊尤（1897・作家）
山田康雄（1932・演員）
齋藤由貴（1966・女演員）

9/11

Birthday Star

ξ · **Ursa Majar**

（大熊座ξ星）

特性：嫉妒、目的意識、競爭心

自恃高的自信

★星星與傳說

　　由眾所周知的北斗七星組成的大熊座，代表在月之女神艾樂蒂身邊服務的侍女，美麗的凱莉絲托之變身。花心宙斯，被凱莉絲托的美色所迷，二人並生下一子。善妒的女神海拉，氣憤之餘，將凱莉絲托變成一隻醜陋的大熊。與剛出生的兒子阿卡斯分別後，凱莉絲托逃往深山中獨自過活。阿卡斯長大成人後，與凱莉絲托在森林中相會，但阿卡斯不知道眼前這隻大熊正是自己的母親，便向母親放出一槍。

　　這顆星位於熊的左後腳爪，好像要讓人們想起美麗的凱莉絲托一般，綻放神秘的星光。

★守護星占卜

　　以大熊座ξ星為守護星的你，對於本身的知識、才能有絕對的信心。自恃甚高，對於威脅自己的存在，相當的敏感。你認為自己應該不會輸給任何人的想法很危險，這是因為你欠缺向他人學習的意慾。

　　從好的方面來看，擁有競爭意識很重要，不論對朋友或戀人都一樣。

當天誕生的名人
D・H・羅倫斯（1885・作家）
薩朵桑培（1929・漫畫家）

Memorial

δ ・ **Crater**

（巨爵座 δ 星）

特性：階級意識、民族性、排他

同伴意識強烈

★星星與傳說

巨爵座的杯子，代表古代希臘使用之有把手的酒杯。這個酒杯的主人是酒神狄歐尼桑斯。為天神宙斯與德拜國公主雪美蕾所生，是具備神通力的美少年。

狄歐尼桑斯出生之地德拜，是葡萄酒的產地，希臘將酒當成一種藥，非常珍貴。狄歐尼桑斯具有神通力的傳說，即源於此。

這顆 δ 星代表裝飾酒杯邊緣的部分。它的光芒看起來非常高尚。

★守護星占卜

以巨爵座 δ 星為守護星的你，對於以心相許的人，能夠犧牲自己。但一旦對方背叛你，你則強烈憎恨對方，並表現出攻擊性。你有將自己的利益擺在第一位的傾向，所以無意識中會選擇帶給自己利益的對象。

無償的服務能提升你的價值。如果對任何人能以溫柔眼神相待，則你的魅力倍增。

當天誕生的名人

雷斯利・強（1956）
岡本夏生（1965・演員）
田中美奈子（1967・女演員）

Memorial

9/13

Birthday Star

γ ・ **Crater**

（巨爵座γ星）

特性：向上心、理想、統率力

不妥協的正義感

★星星與傳說

　　這個星座所描繪的杯子，是古代希臘所使用的有把手的酒杯。關於此酒杯的主人是誰，眾說紛紜，其中以酒神狄歐尼桑斯一說較為有力。狄歐尼桑斯是天神宙斯與德拜國公主雪美蕾的兒子，是具有神通力的美少年。

　　狄歐尼桑斯待在雅典時，被雅典國王伊卡利歐斯的盛情款待所感動，便傳授其製造美酒的方法，並贈予此酒杯。

★守護星占卜

　　以巨爵座的γ星為守護星的你，是充滿正義感的好人，只要認為對的事情，不論遇到什麼挫折，都絕不妥協。如果你能擁有和自己志同道合的朋友，則你可發揮好幾倍的大力量。

　　既然你是這種個性，戀愛對象當然也要求完美。但並不只是人心強，也要重視互相成長的關係，這樣才能彌補缺陷、長期交往。

當天誕生的名人
大宅壯一（1900・新聞記者）
小田切進（1924・文學家）
強克林・維亞特（1944）
陳慧琳（演員）

Memorial

Birthday Star

τ・Leo
（獅子座 τ 星）

特性：地位、責任、名譽、全體主義

秘藏理想的野心

★星星與傳說

尼米谷中，住著一隻恐怖的食人獅子。這隻獅子是希臘神話中的怪物都龐與怪蛇愛基德娜所生。海勒克里斯為了完成被交付的十二項修行之一，進入獅子藏身的洞穴，準備對付獅子。弓箭、棍棒對獅子而言都沒有用，但力大無比的海勒克里斯，赤手空拳將獅子頭扭斷。並且剝下獅子毛皮披在身上，證明自己的力量。

位於獅子右後足的，就是這顆 τ 星。

★守護星占卜

以獅子座的 τ 星為守護星的你，是潛藏偉大理想的野心家。強大的意志力不容易瓦解。但你往往以自己為中心，讓重視協調性的人遠離了你。

自己為所欲為的行動，在戀愛場面也有負面的影響。即使一開始有些強求，但培育愛苗的過程，最重要的還是體貼。這是引導你走向幸福之道的關鍵。

當天誕生的名人
中村伸郎（1908・演員）
赤塚不二夫（1935・漫畫家）
安達佑實（1981・演員）

Memorial

9/15

Birthday Star

ξ・**Hydra**

（長蛇座ξ星）

特性：**驕傲、清貧、高潔**

意識的理想主義

★星星與傳說

　　從巨蟹座下方沿著天球面，一直伸展天秤座下方的，就是長蛇座。如果牠的頭部於二月出現在地平線，則尾巴沈沒至地平線時，已經是八月了。

　　依照希臘神話，這條蛇是位在列路尼斯谷，擁有九個頭的蛇怪希多拉。砍下後立刻長出的頭，以及第九顆已經成為不朽的頭，都讓享有勇士盛名的海勒克里斯傷透腦筋。

　　位於希多拉長條軀體中心的，就是ξ星。這也是象徵強大力量的星。

★守護星占卜

　　以長蛇座ξ星為守護星的你，非常在乎自己在別人眼中的印象。因為你希望留給他人良好的印象，所以你的行動顯得很刻意，可說是重名不重實的類型。堅守自己立場的態度是那麼地毅然決然，給人威嚴的壓迫感。

　　戀愛型式也往往採用一形態，但必須注意，除了理想的條件之外，還有更重要的部分。

當天誕生的名人
阿加莎・克里斯蒂（1890・作家）
今村昌平（1926・電影導演）
藤谷美紀（1973・女演員）

Memorial

Birthday Star

ν・**Leo**

（獅子座ν星）

特性：單純、正義感、潔癖

被愛的天眞爛漫

★星星與傳說

在大熊座的大熊腳部，可以看見準備向什麼目標飛奔的巨大獅子之姿。這隻獅子表示位在尼米亞谷的恐怖食人獅。弓箭射不了牠、棍棒打不倒牠，最後赤手空拳將牠頸子扭斷的，是希臘神話中的勇士海勒克里斯。為了流傳海勒克里斯的武勇，便將此獅子變成星座。

ν星是在獅子右腳尖發光的小星。

★守護星占卜

以獅子座ν星為守護星的你，是為所欲為、天真爛漫的人，但卻受人喜愛。你對於人的好惡表現明顯，討厭的人，你一句話也不跟他說；喜歡的人，則有說不完的話。你缺乏時間觀念，一旦遇見自己喜歡的事，便埋首其中，往往連飯也忘了吃。

你不被任何人所束縛，所以能過著令人驚訝的生活。

當天誕生的名人

竹久夢二（1884・畫家）
羅倫・巴克爾（1924・女演員）
米奇・羅古（1954・演員）

Memorial

271

9/17

Birthday Star

o · **Hydra**

（長蛇座*o*星）

特性：謙虛、內在、清潔

有安心感的堅強

★星星與傳說

　　依照希臘神話，阿爾科斯地方有個列路尼斯谷，當中住著九頭大蛇。大蛇名為希多拉，身懷劇毒，令附近百姓苦不堪言。最後制伏希多拉的，是勇士海勒克里斯。砍下後立刻長出的頭，以及第九個不朽的頭，海勒克里斯用火燒及壓在大岩石下解決。

　　長蛇座代表古希臘神話中的蛇怪希多拉，也是全天88個星座當中最長的。

★守護星占卜

　　以長蛇座的 *o* 星為守護星的你，非常謹慎保守，並不是醒目的人，但卻受眾人依賴，是充滿不可思議安心感的人。你不只是溫柔而已，不論陷於什麼危機中，都不急躁，正因為潛藏不同惡勢力屈服的堅強，所以總能夠以平常心對待。你並不特意表現自己，但的確在堅強之上還有真正的溫柔。

　　即使戀愛，你也不會迷失自己，你能讓對方感覺充實，具有領導對方的智慧。但有時得熱情一點。

當天誕生的名人
正岡子規（1867·歌人）
金丸信（1914·政治家）
三浦綾子（1931·作家）
大島智子（1964·演員）

Memorial

λ · **Musca**

（蒼蠅座 λ 星）

特性：充實、神佛、理想、秩序

禮儀端正的誠實

★星星與傳說

位於南十字星以南，描繪 χ 型的就是蒼蠅座。十八世紀法國拉卡優新設「蒼蠅座」，但在此之前，1603 年德國巴爾的星圖伍拉諾梅多利亞，即以「蜜蜂」之名被介紹。總而言之，是以一隻小蟲的形狀出現在夜空，只有南半球才看得到的星座。

這顆 λ 星正好代表觸角部分，在 χ 字稍微西側散放光芒。

★守護星占卜

以蒼蠅座 λ 星為守護星的你，重視人際關係、禮儀及秩序。你不會想展現出超過實力的自己，而是盡自己最大的力量。你說的話很有道理，能讓人接受，引起共鳴，獲得多數人支持。

戀愛對象，也能依本能找到適合自己的人。因為你了解、勉強配合對方，或對方實力不足以滿足自己，都會造成破鏡的結果。

當天誕生的名人
橫山大觀（1868．畫家）
葛麗泰．嘉寶（1905．女演員）
中井貴一（1961．演員）

Memorial

Birthday Star

χ · **Ursa Major**

（大熊座 χ 星）

特性：忠義、人際關係、追求理想

潛藏可能性的才能

★星星與傳說

　　大熊座的熊，代表在月之女神艾樂蒂身旁工作的凱莉絲托。凱莉絲托的美貌令天神宙斯心動，最後並懷了宙斯的孩子。因為失去貞操而被艾樂蒂趕出去，朋友們也離她而去，善妒的海拉更是憎恨她，並將她變成一隻醜陋的大熊。變成大熊的凱莉絲托，只能躲在森林中。與兒子阿卡斯再度見面時，阿卡斯不知熊即為母親的化身，拿槍刺向母親，造成悲劇的結局。

　　這顆星在熊的右後腳跟處發光。

★守護星占卜

　　以大熊座的 χ 星（太陽守）為守護星的你，經常試鍊自己的可能性。你對現狀並不絕望，在滿足的同時也感受到不足。這就是你日日成長的證據。

　　你需要有人給你忠告。如果能遇到賞識你的人，即可期待大成功。因此，你必須擴展交際範圍，並用自己的雙腳到四處去看看。

當天誕生的名人
威廉・哥爾汀格（1911・作家）
山口小夜子（1952・模特兒）
島田歌德（1963・女演員）

Memorial

Birthday Star

β · **Leo**

（獅子座 β 星）

特性：決斷力、改革、本質

貫徹信念的精神

★星星與傳說

被海勒克里斯制伏的食人獅子，被當成星座擺在天空。這隻獅子具有弓箭、棍棒均奈何不了牠的堅強實力。但海勒克里斯進入獅子棲息的洞穴，赤手空拳將牠的脖子扭斷，並剝下獅子毛皮披在身上，誇示自己力量之強大。

β 星（五帝座一）是代表獅子尾巴的星。有幾顆伴星，非常亮麗。

★守護星占卜

以獅子座 β 星為守護星的你，乍看之下好像不算是這個世上的強者，不太聰明。但當信念堅定行動時，精神力可是相當強的人。你不會被固定觀念束縛。即使別人稱讚不絕，只要你沒找出真正的價值，就絕對不會輕易心動。可說是有內涵的實力者。

關於戀愛，也是認真思考的人。討厭輕薄的遊戲感覺，也要求對方如此。對對方寬大，是戀愛的重點。

當天誕生的名人
蘇菲亞·羅蘭（1934·女演員）
小田和正（1947·音樂家）
山口美江（1961·演員）
安室奈美惠（1977·女歌手）

Memorial

9/21

Birthday Star
Phecda
（大熊座 γ 星）

特性：勤勉、哲學、遠見

勤勉與崇高理想

★星星與傳說

　　一提到裝飾北方夜空的星辰，任何人都會想到北斗七星。呈柄杓形排列的七顆星，構成了大熊座。這顆 γ 星（天璣、北斗三），是從柄杓端數起的第三顆星，位於大熊尾巴根部。

　　代表這個星座的大熊，是希臘神話中，在月之女神艾樂蒂身邊服務之凱莉絲托的化身。凱莉絲托的美貌深深打動天神宙斯的心，並懷了宙斯的孩子。知道這件事情後，善妒的海拉便將凱莉絲托變成一隻醜陋的大熊。變成大熊的凱莉絲托，只能獨自躲在森林中，即使兒子阿卡斯長大成人後，也不知道眼前就是自己的母親，造成母子間的悲劇。

★守護星占卜

　　以大熊座天璣星（北斗三）為守護星的你，非常勤勉，本身具備的才能很有價值，但由於經驗不足，以致尚未熟練。為了獲得周圍之人的認同，確實腳踏實地往前進很重要。

　　對於戀愛，你太要求理想，不符合理想便放手。應該再一次思考戀愛的真正意義。

當天誕生的名人
高橋悠治（1938・音樂家）
松田優作（1950・演員）

Memorial

ε · **Chamaeleon**

（蝘蜓座 ε 星）

9/22

特性：集中力、正義、固執、獨斷

具有獨特價值觀的個性

★星星與傳說

這是接近天空南極位置的星座。自從德國巴爾記載在他的星圖伍拉諾梅多利亞以來，即廣為人知，但在此之前，航海者即熟悉此姿態。身體顏色會隨周圍環境而變化、長舌、捲尾等，是變色龍的特徵，也是熱帶生物中特有的印象。可說是南半球的代表星座。

★守護星占卜

被蝘蜓座守護的你，是執著於自己價值觀的人。這可能使你與他人意見相衝突，而這種獨斷性就是你的個性之一。你是能給予自己正確評價的人，了解優缺點之後才行動，所以不太會招致反感。

在戀人面前，你是會撒嬌、呈現可愛一面的人。黏而不膩，讓對方也感覺舒服。

當天誕生的名人
法拉第（1791・化學、物理學家）
幸德秋水（1871・思想家）
吉田茂（1878・政治家）
卡爾斯毛奇・石井（1959・歌手）
魯比・毛雷諾（1965）

Memorial

9/23

Birthday Star

π · Virgo

（室女座 π 星）

特性：體制、自我演出、自我矛盾

自我意識的不可思議魅力

★星星與傳說

春季至初夏，在南半球天空閃耀光輝的室女座，就像其左手所持麥穗的象徵一般，代表農業女神德梅泰爾。德梅泰爾是奧林匹斯山12神當中神格崇高的女神，與天神宙斯生下一位美麗的女兒蓓爾雪寶妮。但蓓爾雪寶妮被莫府之神哈地斯強求愛，並吃下象徵婚姻的石榴果實，一年當中有三分之一，也就是十一月至二月，必須住在冥界。德梅泰爾悲傷女兒不在身邊，所以這段期間，大地冰凍，草木枯萎，迎接寒冬。

這顆 π 星位於德梅泰爾的左頰。

★守護星占卜

以室女座 π 星為守護星的你，具有引人矚目的神奇魅力。你本身也意識到這種魅力，所以努力將自己的魅力表現至最大限度。但受人矚目產生的快感，很容易發展出驕傲心。當你注意到這一點時，也許你的內心就開始糾葛。

你往往以外觀來判斷交往的對象。能言善道的交往無法表現充實的內容。追求內在充實最重要。

當天誕生的名人
忽必烈（1215・元朝開國君王）
雷・查爾斯（1932・音樂家）
羅咪・休娜伊達（1938・女演員）
鈴木杏樹（1969・演員）
井上晴美（1974・演員）

Memorial

9/24

Birthday Star

$\theta^2 \cdot$ Crux

（南十字座θ^2星）

特性：洗鍊、晚成、繼承

波瀾萬丈的激烈起伏

★星星與傳說

　　南十字星座，可說是熱情洋溢的南半球天空憧憬之象徵。1624年獨立成為星座，1627年經由法國的拉卡優記載於星圖。

　　天空的南極並沒有南極星，但南十字星的縱軸連接五倍長，即可到達天空的南極。對南半球的人而言，這個星座和北極星的意義相同。

★守護星占卜

　　以南十字星座為守護星的你，是不是渡過波瀾萬丈的人生呢？多變的你，本身波濤起伏激烈，歷經許多試鍊。但這些都成為你精神成長的糧食。

　　累積各種經驗，從中學習各項事物。此外，傾聽他人忠言、虛心求教也很重要。

當天誕生的名人
司各特・費茲傑羅（1896・作家）
筒井康隆（1934・作家）
田淵幸一（1946・職棒選手）

Memorial

Birthday Star

δ · **Centaurus**

（半人馬座 δ 星）

特性：通應力、順從、安定志向

內心沈穩的安定性

★星星與傳說

半人馬座指的是上半身是人、下半身是馬，亦即半人半馬的動物肯塔烏斯族。但肯塔烏斯族當中，也有像凱隆一般，對人及神而言都是好朋友的例子。

這個星座描繪的，是酒神狄歐尼桑斯的養父西雷諾斯之子弗羅斯，他也是勇士海勒克里斯的好酒伴。然而，諷刺的是，海勒克里斯酒醉射箭，弗羅斯竟然命喪好友的箭下。

位於弗羅斯後腳的，就是這顆 δ 星。

★守護星占卜

以半人馬座 δ 星為守護星的你，是內心安穩的人，幾乎不會與人發生衝突。在平穩的狀態下，當然沒有危險，但相對的也沒有進步。太過於順其自然的生活方式，不怎麼有意思。

即使面臨危險，還是要往嶄新、未知的目標前進。越過維持現狀的戀情後產生的激情，可以帶你走向幸福之道。

當天誕生的名人
魯迅（1881・作家）
威廉・福克納（1897・作家）
愛香・康克（1970）

Memorial

ε · Corvus

（烏鴉座 ε 星）

特性：友情、同伴意識、開朗

充滿自由的心

★星星與傳說

　　烏鴉座代表擔任太陽神阿波羅使者的鳥。牠是身披金色羽毛、懂得人類語言，非常聰明的鳥。阿波羅為了一些事情，不得不留下妻子克羅妮斯，獨自返回故鄉。為了彼此傳達意志，或者當天發生的事，便靠這隻烏鴉當傳話者。因為每天都得辛苦工作，烏鴉也顯得非常疲憊，甚至因為沒有詳細傳達克羅妮斯的事情，而招致誤解，使阿波羅殺了克羅妮斯。

　　ε 星是位於烏鴉頭部的黃色三等星。

★守護星占卜

　　烏鴉座的黃色 ε 星是你的守護星。你很重視與人交往，因為你知道，他人對於自己的影響有多重要。你極力避免以第一印象判斷一個人，而是從談話當中，找出彼此的共通點，進行彼此的交流。在你的四周，充滿內心互通的好朋友。

　　戀愛及結婚，在到達目的之前，得經過一段長時間，但一定過得很充實。

當天誕生的名人
T·S·艾略特（1888·詩人）
加舒英（1898·作曲家）
吳宗憲（歌手、節目主持人）

Memorial

Birthday Star

δ・Crux

（南十字座 δ 星）

特性：師弟關係、知識、繼承

建築在傳統上的創意

★星星與傳說

提到南十字星，可說是南半球天空的象徵。這個星座雖然不大，但它非常巧妙的十字形，充滿了對南半球的憧憬，非常有名。

連接南十字星的縱軸，延伸五倍，就可到達天空的南極。對於缺乏南極星的南半球居民而言，這個星座和北極星具有相同意義。

這顆 δ 星位於十字架橫木的西側。

★守護星占卜

以南十字座 δ 星為守護星的你，在了解傳統、文化的真正價值之餘，也不怠於在創新上下工夫。重視到達目的前的過程，更甚於結果的好壞。自己得到的知識、意見，不吝於向他人提供，由衷希望幫助別人。

身旁有個了解你的人，能使你獲得大成長。戀愛對象也希望是能包容你的大人。

當天誕生的名人
宇野重吉（1914·演員）
愛・喬治（1933·歌手）
劉德華（1961·歌手、演員）

Memorial

Birthday Star

η · **Virgo**

（室女座 η 星）

特性：空想、美的感覺、藝術

具有藝術感覺的浪漫

★星星與傳說

　　室女座是太陽通道黃道十二宮之一，描繪出左手持小麥穗、有翅膀的女神之姿。這位女神名叫德梅泰爾，保護大地的農業女神。她有一位女兒蓓爾雪寶妮，長得非常漂亮，但硬是讓冥府之神哈地斯搶了過去。憤怒、悲傷之餘，德梅泰爾丟下天界之事，親自出馬尋找女兒。結果造成土地荒蕪、農作物沒有收成。另一方面，哈地斯答應，每年除了十一月至二月這四個月以外，蓓爾雪寶妮可以回到母親德梅泰爾的身邊。於是在蓓爾雪寶妮回家的三月起，大地再度甦醒，花草也長出嫩芽。

　　這顆 η 星表示女神背上的翅膀。

★守護星占卜

　　以室女座 η 星為守護星的你，是藝術感覺敏銳的人、創造力豐富的戲劇家。一旦開始行動，就不會躊躇不前。在心中想像自己成功的姿態，藉以暗示自己、鼓勵自己奮發前進。因此造成好結果的例子不少。如果身旁有位共築理想、共同實現的人，是再好不過的了。

當天誕生的名人
麥爾查洛・馬斯多洛尤尼（1924・演員）
碧姬・芭杜（1934・女演員）
渡邊美奈代（1969・演藝人員）
陳志明（1952・高爾夫選手）

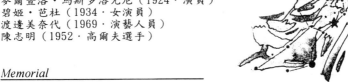

Memorial

Birthday Star

ε · Crux

（南十字座 ε 星）

特性：慈愛、服務、正義感

慈悲為懷的正義

★星星與傳說

雖然小，但卻描繪出巧妙十字形的南十字星，可說是對於熱情洋溢南半球天空憧憬的象徵。1624年獨立成為星座，1627年由法國拉卡優記載在星圖中。

連結南十字座的縱軸，延伸五倍，即可到達天空的南極。對於南半球的人而言，這個星座和北極星具有相同意義。這顆 ε 星位於橫軸稍下方。澳大利亞國旗的南十字星，即描繪出這顆星的意義。

★守護星占卜

以南十字座為守護星的你，深具慈悲心，總是站在他人的立場思考事物。即使明知沒有任何回報，你還是會為他人盡心力，可說正義感十足。

充滿服務精神的你，不求回報的態度用在戀人身上，就未必是好事了。因為你會把對方寵壞了，也許該用嚴格一點的眼光觀察。

當天誕生的名人
雷夫·華利莎（1943·政治家）
林隆三（1943·演員）
涂阿玉（1954·高爾夫選手）

Memorial

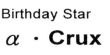

Birthday Star

α ・ **Crux**

（南十字座α星）

特性：努力、理想、自由、藝術

以理想為目標努力

★星星與傳說

南半球的天空，有一個小而艷麗的星座，描繪出十字形。好像引誘你對南國產生憧憬一般，綻放充滿魅力的光芒。

南極的天空，並沒有相當於北極星的南極星，但將南十字座的縱軸延長，還是可以到達南極。這個星座擔負引導的任務。

α星是位於十字南端發光的星。本來是藍白星，但因地平線的差異，在日本看起來變成紅色。

★守護星占卜

以南十字座α星為守護星的你，是位腳踏實地努力的人。即使有崇高的理想，也不怕出現一口氣往上跑的危險，你能夠一步步紮穩根基往上走。別人要了解你的長處，恐怕得多花一點時間，但一旦信任你，就絕對信賴你。可說是大器晚成型。

對於戀愛有點膽怯，應再積極一點。如果你以單相思為滿足，首先該做的是，讓對方意識到你的存在，不論用什麼方法都可以。

當天誕生的名人
德爾曼・卡波特（1924・作家）
石原慎太郎（1932・作家、政治家）
五木寬之（1932・作家）
辛吉絲（1980・網球選手）

Memorial

Birthday Star

γ · **Crux**

（南十字座γ星）

特性：精神性、宗教、福祉、服務

戲劇性的神秘世界

★星星與傳說

　　這個星座被認可為獨立的星座，是在1624年。在此之前，它只不過屬於半人馬的一部分而已，雖然小，卻描繪出美麗的十字形，所以1627年，經由法國拉卡優的設定而成為獨立星座。現在則成為在談論南半球夜空時，不可或缺的星座。

　　這顆γ星位於十字形的北側，綻放紅色幻想般的光芒。

★守護星占卜

　　以南十字座γ星為守護星的你，是憧憬神秘世界的浪漫主義者。相信一見鍾情的愛情、期待夢般的相遇，因此往往遠離現實的愛情。要使美麗的戀情散發光芒，就得禁得起苦難、挫折。

　　此外，你是精神性很強的人，尊重體貼他人的姿態，獲得眾人的信賴。

當天誕生的名人
椎名麟三（1911・作家）
茱莉・安德魯斯（1935・女演員）
柏原芳惠（1965・歌手）

Memorial

Birthday Star
β・Corvus
（烏鴉座 β 星）

特性：幼少時的不安、順應人生波折

正面志向的樸實

★星星與傳說

太陽神阿波羅因為太忙了，所以無法與妻子克羅妮斯朝夕相處。為了排解克羅妮斯的寂寞，便派了一隻烏鴉待在克羅妮斯的身邊。牠擔任為二人傳話的工作。但有一天，這隻吃了路旁青草的烏鴉，沒能充分傳遞訊息，導致阿波羅殺了克羅妮斯。

在烏鴉的腳部發光的黃色星，就是這顆 β 星。

★守護星占卜

以烏鴉座 β 為守護星的你，到目前為止，大概渡過波瀾起伏的人生吧！但你始終能用正面思考看待身邊發生的事，所以也可說能渡過非常踏實的人生。此外，不卑不亢的態度，始終以原本的自己前進的樸實，也可為你帶來幸運。

關於戀愛，你實在是很好相處的人，再也沒有比你更好的戀愛對象了。能築起沒負擔又不無聊的理想關係。

當天誕生的名人
莫汗達斯・K・甘地（1869・思想家）
圓地文子（1905・作家）
史坦格（1951・音樂家）

Memorial

Birthday Star

α · **Musca**

（蒼蠅座α星）

特性：適應力、仲介、彙集

凝聚眾人的協調性

★星星與傳說

南半球天空，有一些北半球國家看不見的奇妙星座，這個蒼蠅座便是其中之一。「蒼蠅座」是十八世紀，法國拉卡優新設定的星座。在此之前，巴爾的星圖伍拉諾梅多利亞中，記載的是蜜蜂。不管怎麼說，描繪出小 χ 型的這個星座，是一隻昆蟲之姿。

這顆 α 星位於蒼蠅座象徵之 χ 型中心發光。

★守護星占卜

以蒼蠅座 α 星為守護星的你，很重視與人交流。你本身也因此得到許多人的支持，這是因為你知道一個人的能力有限之故。但不可忘記一個人的苦勞。

此外，你喜歡撮合人與人之間的交往，只要產生好的關係，你就感到喜悅。但這種態度，有時也讓人覺得你多管閒事。

當天誕生的名人
波納爾（1867·法國畫家）
下村湖人（1884·作家）
星野知子（1957·女演員）
真木藏人（1972）

Memorial

Birthday Star

γ ・ Centaurus

（半人馬座 γ 星）

特性：興趣、平衡感覺、行動

直覺與現實感平衡

★星星與傳說

半人半馬的怪物，肯塔烏斯一族，住在亞洲的陪利翁山，和希臘神話中的勇士海勒克里斯，有不錯的交情。海勒克里斯小時候，曾跟在肯塔烏斯族的凱隆身邊習藝；捕捉住在艾勒曼特斯的野豬時，也是由肯塔烏斯族的弗羅斯帶路。而海勒克里斯最痛苦的時期，也是因為中了肯塔烏斯族的劇毒。

成為星座裝飾天空的，是弗羅斯。γ 星位於弗羅斯的後腳發光。

★守護星占卜

被半人馬座 γ 星守護的你，具有敏銳的直覺力，能因此渡過許多的危機。不僅追求理想，也了解現實的嚴苛，所以能實踐平衡的生活方式。以興趣為主的職業，能讓你成功。

只不過戀愛方面，往往陷於自己形成的圍欄中，因此承受痛苦。為了不讓心愛的人離你而去，不要忘記回頭看看自己。

當天誕生的名人

巴斯達・基頓（1895・演員）
福井謙一（1918・化學家）
北島三郎（1936・歌手）
鄭伊健（歌手）

Memorial

Birthday Star

ι · Crux

（南十字座 ι 星）

特性：知識、興趣、打扮

熱情與開朗的享受

★星星與傳說

南十字星可說是南半球天空的象徵。這個星座不大，但卻描繪出美麗的十字形，吸引人們對於南半球天空的憧憬。

連結南十字星縱軸，延長五倍，就可以到達天空的南極。對於沒有南極星的南半球居民而言，這個星座具有與北極星相同的意義。因為位於銀河的表面，仔細看即可看見交叉的十字。

★守護星占卜

你的守護星是南十字座的 ι 星。正如南國的熱情一般，你也具有開朗的性格，甚至讓周圍人都感受到你快樂的心情。你的興趣廣泛，所以朋友也多，能夠盡情地享受人生。

只不過，也有追隨流行腳步的一面。戀愛也好、工作也罷，如果不受體制規範的話……。你天生的感性，使你有做夢的條件，但也必須有所覺悟，腳踏實地的鍛鍊是不可或缺的。

當天誕生的名人
狄克·米尼（1908·歌手）
黑木瞳（1960·女演員）
郭源治（1956·職棒選手）

Memorial

Birthday Star

β・Crux

（南十字座β星）

特性：迷惘、經驗的累積、晚成

崇高理想與潛在熱情

★星星與傳說

南半球的天空，有個小而鮮明的十字型星座，那就是南十字座。就像引誘你對南國產生憧憬一般，綻放夢幻似的光輝。

南極天空並沒有相當於北極星的南極星，但將南十字座的縱軸連結線延長，即可到達天空的南極，相當於引導的任務。這顆β星位於十字橫木的東側，綻放藍白的光芒，任誰看了都有浪漫的聯想。

★守護星占卜

以綻放藍白光芒的南十字座β星為守護星，你的理想好像太崇高了，與現實連結不起來。即使了解道理，但內心怎麼也燃不起熱情。如果對你而言是重要的，就不要絕望，辛苦嚴格的經驗，是你很大的糧食，一定會開花結果。你最需要的是忍耐與時間。

對於戀愛，你的煩惱也不少。對別人而言細微的事情，恐怕你會產生大煩惱。讓自己放鬆些吧！

當天誕生的名人
路・克爾卑傑（1887・建築家）
海爾達爾（1914・挪威探險家）
寺內大吉（1921・作家）
MC. GAKU[EAST ENDXYURI]（1970）

Memorial

Birthday Star

31・Coma

（后髮座 31 星）

特性：節奏感、平衡感、週期

向前的感性與洞察力

★星星與傳說

　　埃及國王艾爾凱狄斯的妻子比莉娜絲，不但是位美女，更有一頭絕美的長髮。她為了祈求丈夫出征平安歸來，便立誓只要丈夫平安回來，她便將秀髮剪下，送到神廟祭拜維納斯女神。結果丈夫真的平安回來，但放在神廟中祭拜的秀髮卻不見了。取而代之產生一個新星座。埃及國王艾爾凱狄斯之妻比莉娜絲的秀髮，就是后髮座。

　　在暖暖的春夜裡，可以找到星雲中的微光星，想著后髮座美麗王妃的故事，不也是一大享受嗎？

★守護星占卜

　　以浪漫的后髮座為守護星的你，不論對任何事都充滿興趣，總想凡事自己試一試。因為你是不斷向前走的人。對方的感性是否和自己一致，你一看就知道，而且你也非常懂得如何和志不同道不合的人脫離關係，因此能渡過節奏良好的人生。

　　關於戀人也是一樣。也許你具備為自己製造愉快場所的智慧吧！

當天誕生的名人

村野四郎（1901・詩人）
圖圖（1931・南非主教）
巴培爾（1963・足球選手）
小川真由美（1939・女演員）

Memorial

ε · **Ursa Major**

（大熊座 ε 星）

特性：感情不安、兩極端、狂亂

如夢般的野心

★星星與傳說

　　北斗七星是在北半球天空描繪出大柄杓形狀的七顆星。這七顆星代表大熊座的身體中心至尾巴。這顆 ε 星（玉衡星）是從杓底數第五顆、從柄端數的第三顆星，綻放藍色光芒。

　　大熊座的熊，是希臘神話中享有美女盛名的凱莉絲托之化身。凱莉絲托的清純美麗，深深打動天神宙斯的心，之後並且懷了宙斯的孩子。得知此事的女神海拉，認為凱莉絲托的美麗是一種罪，於是將她變成醜陋的大熊。凱莉絲托被迫與兒子阿卡斯分開，獨自躲在森林中。

★守護星占卜

　　閃耀藍白光芒的大熊座 ε 星，是你的守護星。你是心中不斷出現偉大夢想的野心家。但你的夢想實在太多了，是不是每一個夢想都沒有準備齊全呢？還沒想清楚就著手進行，是太唐突了一點。在煩惱理想與現實差異之前，應該多磨練自己。

　　如果想要和理想中的人談戀愛，就得先形成理想的自己。不要只是空等，多鍛鍊自己！

當天誕生的名人
三田佳子（1941·女演員）
雪歌妮·薇佛（1948·女演員）
郭子（1966·音樂創作者）

Memorial

$\alpha^2 \cdot$ **Canes Venatici**

（獵犬座 α^2 星）

特性：膽怯、驕傲、潔癖

靦腆的慎重

★星星與傳說

獵犬座代表由牧夫座大男人所牽繫的二隻獵犬。主人沒有名字，這二隻獵犬倒是各有各的名字。北側犬為阿斯德里翁、南側犬為卡拉。

α 星（常陳一）是位於卡拉的首環發光的星。意思是「查理的心臟」。1660年，英王查理一世返駕倫敦時，發現這顆閃亮的星，便以此命名。

★守護星占卜

以獵犬座的常陳一為守護星的你，是很容易害羞的人。理想的人不就是「值得依靠、能力強的人」嗎？你需要的是能照顧你的人。對能保護你的人撒撒嬌，這種依賴心反而成為你的魅力。

你對於事物的思考過於慎重。當大力量或權威當前時，你就完全失掉主張了。看得那麼嚴重並無法解決問題，不如乾脆想開一點。

當天誕生的名人

大佛次郎（1897・作家）
約翰・藍儂（1940・音樂家）
毛拉雷斯（1966・足球選手）

Memorial

294

Birthday Star
Vindemiarrix

（室女座 ε 星）

特性：平衡感覺、逃避傾向

畏首畏尾當中潛藏光輝

★星星與傳說

室女座於春季至初夏裝飾夜空。左手持麥穗的少女，代表農業女神德梅泰爾。德梅泰爾是奧林匹斯山十二神當中神格最崇高的女神，她有一位漂亮的女兒蓓爾雪寶妮。蓓爾雪寶妮被冥府之哈地斯強行娶走，讓她吃下象徵婚姻的石榴果，所以一年只有三分之二的時間可以在地面生活，其實時間十一月至二月，必須回到冥界。德梅泰爾為女兒感到悲傷，所以當女兒不在的期間，便使大地冰凍、草木枯萎。冬季造訪就是這個原因。

這顆星在女神的右手綻放淡黃色星光。

★守護星占卜

你的守護星是室女座的東次將（太微左垣四）。你具有很大的能量，但卻仍在冬眠。你一直等待發揮的時機，但也許始終無法發揮出來。這是因為你尚未發現真正期待的生命價值之故。先行動看看吧！

當天誕生的名人
威爾第（1813·義大利作曲家）
南森（1861·探險家）
野坂昭如（1930·作家）
梅豔芳（演員·歌手）

Memorial

Birthday Star
ξ^2 · Centaurus
（半人馬座 ξ^2 星）

特性：表裡、刺激

有魅力的說話術與開朗

★星星與傳說

　　四月至五月，在南半球地平線附近，描繪出如山脈般起伏的星座，就是半人馬座。這是希臘神話中半人半馬的怪物肯塔烏斯族之姿。

　　肯塔烏斯族是凶暴的種族，但成為星座的弗羅斯，卻是氣質良好的肯塔烏斯族。他協助海勒克里斯的冒險活動、和酒神狄歐尼桑斯共同飲酒作樂，是眾神與人類的好朋友。

　　日本人也熟悉此星座，宮澤賢治的童話『銀河鐵路之夜』中，就有非常獨特的描寫。

★守護星占卜

　　以半人馬座為守護星的你，具有非常開朗的性格，在群眾中屬於焦點人物。每個人都在期待你提供有趣的話題。你的話題豐富，具有使人不覺得無聊的魅力。

　　只不過，你的意志薄弱，無法沈默，沒辦法保守秘密。即使知道那是不好的事，也沒辦法禁得住誘惑。如此一來，很可能危害到你的信用，必須自重。

當天誕生的名人
阿德·布雷基（1919·爵士音樂家）
坦利爾·赫爾（1948·音樂家）
川久保玲（1942·服裝設計師）

Memorial

Birthday Star

β · Coma

（后髮座 β 星）

特性：傳統、格式、驕傲

謹守禮節的慎重

★星星與傳說

埃及國王艾爾凱狄斯之妻比莉娜絲，擁有一頭非常美麗的秀髮。在丈夫出征時，她立誓：「只要丈夫平安回來，我就將此秀髮拿到神殿供奉。」結果，丈夫果然大勝歸來，比莉娜絲依約剪下一頭長髮，拿到神殿祭拜維納斯女神。但不久之後，這束秀髮卻不翼而飛，取而代之的是天空一個新星座。

代表比莉娜絲美麗秀髮的這顆 β 星，散發出神秘的光芒。

★守護星占卜

以后髮座 β 星為守護星的你，是重視格式、謹守禮節的人。不被流行所左右，具有掌握事物本質、透視真實價值的能力。即使遇見喜歡的人，也不會輕易放出感情，在透視本質之前，不隨便行動。

但過度拘泥過去的慣例或舊習慣，恐怕有視野狹窄的危險。乍看之下不怎麼合乎習慣的事物，正面面對時，也會有意外的發現。

當天誕生的名人
鹿賀丈史（1950・演員）
帕華洛帝（1956・義大利男高音）
真田廣之（1960・演員）
友坂理惠（1979・歌手）

Memorial

η · **Musca**

（蒼蠅座 η 星）

特性：包容力、順應、依賴性

善待他人的溫柔眼神

★星星與傳說

　　蒼蠅座是南十字座以南，稍微描出 χ 型的星座。十八世紀，法國天文學者拉卡優設定為「蒼蠅座」，但在此之前，1603年德國巴爾的星圖伍拉梅多利亞，以「蜜蜂」為名介紹。不管怎麼說，這是以小昆蟲之姿呈現於夜空。為只有在南半球才看得見的美麗星座。

　　這顆 η 星，是在小星座當中的小星星。但它的光芒卻充滿朝氣。

★守護星占卜

　　以蒼蠅座的 η 星為守護星的你，對人很好，非常重視與他人之間內心的交流。不論對誰都以溫柔的眼神相待，很會發現別人的優點。只要你對別人好，別人也同樣會為你盡心盡力。

　　關於戀愛，由於經驗尚淺，所以缺乏自主性。往後的經驗會使你更有魅力。

當天誕生的名人

小林多喜三（1903・作家）
柴契爾夫人（1925・政治家）
約翰・儂（1952）

Memorial

Birthday Star

σ · Vindemiarrix

（室女座 σ 星）

特性：慈愛、親切、救濟

包含慈愛的真心

★星星與傳說

室女座是太陽通道黃道十二宮之一，也是現在的秋分點。左手持麥穗、有翅膀的女神，名為德梅泰爾。這位守護大地的農業女神，和一位漂亮的女兒蓓爾雪寶妮共同生活。沒想到，冥府之神哈地斯愛上蓓爾雪寶妮，將她搶了過去。德梅泰爾悲傷之餘，忘了工作，使地面冰凍、農田荒蕪。而哈地斯規定，蓓爾雪寶妮於十一月至二月，在冥府生活，三月就可以回家與母親團聚。因此在蓓爾雪寶妮回家的三月開始，草木又開始長出嫩芽。這顆星代表女神右側的翅膀。

★守護星占卜

以室女座 σ 星為守護星的你，情義深厚，看見困難的人，無論如何也會幫助他。這是因為你了解弱者心情的緣故。

只不過，你往往將同情與愛情混淆了。在你看來，那也許是愛的形態，但卻很難有對等的立場。必須時時牢記，親切而不要多管閒事。

當天誕生的名人
艾森豪威爾（1890·政治家）
李亞·基休（1896·女演員）
羅倫（1939·服裝設計師）

Memorial

Birthday Star

ι · Centaurus

（半人馬座ι星）

特性：見風轉舵、要領、參謀

掌握機會的眼力

★星星與傳說

　　這個星座，在日本只能看見一半，但若在能仰望全身的土地上，則不禁被其堂堂之姿所壓倒。如山脈般起伏的這個星座，代表希臘神話中上場的半人半馬之肯塔烏斯族。

　　肯塔烏斯族是非常粗暴的神種，而成為星座的，是海勒克里斯的好朋友弗羅斯。他不但為海勒克里斯的冒險之旅領路，還和神明一起飲酒作樂，在神話中是很有氣質的肯塔烏斯族。

★守護星占卜

　　以半人馬座為守護星的你，具有不失掉任何機會的眼力。是不是能掌握幸運？是不是能成為勝利者？在一瞬間即可分辨清楚，可以說很懂得生活要領。雖然這樣並非不好，但人生也不是永遠一帆風順。有時候挫折對你而言也有正面的作用。

　　但對於戀人、朋友而言，你的幸運便能奏效。在女性來說，就是所謂的「幫夫運」。

當天誕生的名人
尼采（1844・哲學家）
卡爾維（1923・寓言大師）
艾科卡（1924・實業家）
林志穎（演員・歌手）
張世（演員）

Memorial

Birthday Star
Spica

（室女座 α 星）

特性：隱藏的才能、強運

超群的感覺與直覺

★星星與傳說

　　春天至初夏，在南半球天空閃閃發光的室女座，就如其左手拿的麥穗象徵一般，代表農業女神德梅泰爾。德梅泰爾是奧林匹斯山十二位神當中，神位最崇高的女神，保護大地，使草木長嫩芽。

　　這顆 α 星（角宿一），在女神手持的麥穗頭閃耀光芒。雖是綻放藍色光的星辰，但在低空看來，就像珍珠般地散發白色光芒。日本人稱這顆星為「福星」或「真珠星」，讚嘆其美麗的白色光芒。

★守護星占卜

　　以如真珠般發光的角宿一為守護星，你與生俱來擁有超群的感性。也許還沒有讓你展露的舞台，但這種機會一定要靠你自己掌握。一旦時機成熟，就得毫不遲疑地迎向前去。積極的行動是成功的關鍵。

　　戀愛的對象，一定也是你憑直覺挑選的。想太多、開始煩惱時，反而讓你感到迷惘。

當天誕生的名人
奧斯卡・王爾德（1854・作家）
昆達・格拉斯（1927・作家）
阿川泰子（1951・歌手）
黃壁洵（1956・高爾夫選手）

Memorial

Birthday Star
70 · Virgo
（室女座 70 星）

特性：知識慾、智慧、策略

博學與轉得快的頭腦

★星星與傳說

室女座代表左手持麥穗的農業女神德梅泰爾。德梅泰爾是奧林匹斯山十二位神當中，神格最崇高的女神，與天神宙斯生下一位美麗女兒蓓爾雪寶妮。但蓓爾雪寶妮被冥府之神騙去，吃下象徵婚姻的石榴果，因此一年只有三分之二的時間可以住在土地上，其餘十一月至二月非得到冥界生活不可。德梅泰爾為了表達見不到女兒的悲傷心情，這段期間便使大地冰凍、草木枯萎。冬天的季節造訪，就是這個緣故。

這顆星位在女神的右手處。

★守護星占卜

被室女座守護的你，是知識慾旺盛的聰明人。不僅學識佳，而且腦筋轉得快，不論什麼難題，都能圓滿地解決。適合白領階級的工作。

與異性接近的方式，也與其他人不同。看似意外性的方式，事實上已經掌握住對方的心。但必須注意的是，遊戲感覺太過於輕率，會使你自己喪失信用。真誠的心最重要。

當天誕生的名人
艾薩·米拉（1915·作家）
麗泰·海華絲（1918·演員）
賀來千香子（1961·女演員）

Memorial

74 · Virgo

（室女座 74 星）

特性：意志、崇高的思想、向上性

以實力取勝的自傲心

★星星與傳說

太陽通道黃道十二宮之一的室女座，代表左手持麥穗、有翅膀的女神。這位女神名為德梅泰爾，是守護大地的農業女神。她非常疼愛女兒蓓爾雪寶妮，但有一次卻發生了不幸。冥府之神哈地斯愛上蓓爾雪寶妮，並用計謀將她搶了過去。為了表達憤怒與悲傷，德梅泰爾離開天界。後來，哈地斯約定，每年十一月至二月，蓓爾雪寶妮必須留在冥府，三月至十月則可回到母親的身邊。因此在蓓爾雪寶妮回家的三月，草木又發芽了。

這顆位於女神衣服的裙襬。

★守護星占卜

以室女座為守護星的你，是自恃甚高的人。你內心潛藏堅定的信心，屬於以自己實力一決勝負型。但因此忽略人際關係則是損失。

要正直的你花心思去追求戀情，好像不太可能。請用你本來的面目，培育美好的戀情。

當天誕生的名人
鈴木大拙（1870·佛教學者）
馬奇納·即普拉奇瓦（1956·網球手）

Memorial

10/19

Birthday Star
ζ・Virgo
（室女座ζ星）

特性：交際、同伴意識、友好

有人德的幸運

★星星與傳說

　　春季至初夏，裝飾南半球天空，左手持麥穗的星座，代表農業神德梅泰爾。德梅泰爾是奧林匹斯山十二位神當中，神格最崇高的女神，與天神宙斯生下一位漂亮女兒蓓爾雪寶妮，過著幸福的生活。但好景不常，不幸突然降臨。蓓爾雪寶妮被冥府之神哈地斯搶去，並吃下象徵婚姻的石榴果實，因此十一月至二月非得到冥界生活不可。德梅泰爾為了表達見不到女兒的悲傷，在這段期間使大地冰凍、草木枯萎。冬季的造訪，即緣由於此。

★守護星占卜

　　以室女座ζ星為守護星的，你到現在為止，應該是一帆風順吧！這是因為你有好朋友的關係。你可說是具有人德的勝利者，但千萬不可以因為良好的環境而放鬆自己。現在輪到你為人服務了。找戀愛對象時，希望你不要求助他人，憑自己的力量獲得。

當天誕生的名人
奧古斯都・魯米埃（1862・電影先驅者）
東惠美子（1924・女演員）
童門冬二（1927・作家）
立花理佐（1971）

Memorial

Birthday Star

ε ・ Centaurus

（半人馬座 ε 星）

特性：服務、連帶感

共同吃苦的快樂

★星星與傳說

　　肯塔烏斯族，是一種上半身為人、下半身為馬，亦即半人半馬、不知禮儀的野蠻種族。但其中也有像成為人類、神明好朋友的弗羅斯般優秀的人。

　　這個星座描繪的，是酒神狄歐尼桑斯養父西雷諾斯之子弗羅斯之姿。弗羅斯與勇士海勒克里斯，不但是飲酒聊天的好朋友，更在海勒克里斯的冒險之旅上，助他一臂之力。但諷刺的是，酒醉的海勒克里斯射出的箭，竟奪走了弗羅斯的命。

　　弗羅斯前腳附近的星，就是這顆 ε 星。

★守護星占卜

　　以半人馬座 ε 星為守護星的你，不是自私的人，你會為他人盡自己的心力。為了達成目的，集結許多朋友，那種一起承擔精神痛苦、肉體疲勞的感覺，讓你感到分外充實。但動不動就如此，恐怕使真正的目的意識變得稀薄。認真最重要。

　　遇見喜歡的人，你一定盡全力向前。此時，注意不要造成對方的負擔。

當天誕生的名人
A・蘭波（1854・詩人）
美智子（1934・日本皇后）
山口智子（1964・女演員）

Memorial

Birthday Star

I・Centaurus

（半人馬座 I 星）

特性：哲學、合理性、秩序

嚴以律己的向上心

★星星與傳說

四月至五月，在南半球地平線附近，出現如山脈般起伏的星座，就是半人馬座。代表希臘神話中上場的半人半馬怪物肯塔烏斯族。

肯塔烏斯族是凶暴的種族。成為星座的是肯塔烏斯族的弗羅斯。他協助海勒克里斯從事冒險活動，並且繼承酒神狄歐尼桑斯的調酒技術。弗羅斯可說是人類與神的好朋友。

★守護星占卜

以半人馬座為守護星的你，對待自己絕不寬鬆。經常自我反省，並以更上一層為目標。你認為滿足現狀就是停止成長。

戀愛方面，你也不努力向上，期待自己成為適合對方的的理想人物。然而，根本沒有一定模式的理想形，也不知道該如何變化。有很多事情不是可以隨心所欲的，還是自然體最重要。

當天誕生的名人
A・諾貝爾（1833・化學家）
大場政夫（1949・專業拳擊手）
阿爾新特（1967・足球選手）

Memorial

Birthday Star

η・Ursa Major

（大熊座 η 星）

特性：友情、連帶、孤獨

很會照顧別人、盡心盡力

★星星與傳說

　　天空閃亮的北斗七星，是七顆星描繪出大柄杓之姿。這七顆星從大熊座的身體中心至尾巴。這顆 η 星（搖光）代表柄的一端，也代表大熊的尾巴。散發的藍色光令人印象深刻。

　　大熊座是月之女神艾樂蒂身邊侍女凱莉絲托的變身。凱莉絲托的清純與美麗，吸引了天神宙斯的目光，後來並懷了宙斯的孩子。這件事情被女神海拉知道後，斷定凱莉絲托的美麗是一種罪過，於是將凱絲莉托變成一隻醜陋的大熊。被迫與兒子阿卡斯分開後，凱莉絲托只能逃往深山中。

★守護星占卜

　　以藍色明顯的大熊座 η 星為守護星的你，受不了身邊沒有人，你非常討厭孤獨。你也很會照顧別人，只要以心相許的對象，你一定為他盡心盡力。此外，你會在團體中為自己找一個位置，以尋求安定。這種想處於群體中心的心情，也許正是缺乏自信的表現。

　　努力充實一個人的時間。

當天誕生的名人

莎拉・伯恩哈特（1844・演員）
羅勃特・卡巴（1913・攝影家）
卡特利奴・特奴溫（1943・女演員）
室井滋（1960・女演員）

Memorial

10/23

Birthday Star

μ · Centaurus

（半人馬座μ星）

特性：刺激、個性、獨自性

具有獨創性的信念

★星星與傳說

半人半馬的怪物肯塔烏斯族，住在亞洲的培利翁山。這個種族的人與希臘神話中的勇士海勒克里斯，有不錯的交情。

海勒克里斯年少時，跟在肯塔烏斯族的凱隆身邊學習各項技藝。他到艾利曼頓地區捕捉大豬時，也是請肯塔烏斯族的弗羅斯帶路。但海勒克里斯最痛苦的時期，竟也是因為中了肯塔烏斯族的劇毒。誇示力與勇的兩者之間，大概有相通之處吧！

★守護星占卜

以半人馬座為守護星的你，很重視自己的世界，是個很有個性的人。以強烈的信念，走在自己道路上的你，也許會被他人認為是個「怪人」，但只要你不迷失自己，就必能得到回報。你一旦產生引人注目的慾望，就會迷失目標。

想彌補你的缺點，最重要的是身旁有個守護你的伴侶，這個人是你最好的伙伴。

當天誕生的名人
比利（1940・巴西足球明星）
坂口良子（1955・女演員）
渡邊真知子（1956・歌手）

Memorial

Muphrid

（牧夫座 η 星）

特性：共同作業、服務、人道

自我犧牲的戀情

★星星與傳說

　　牧夫座所代表的，是半裸體的大男人，牽著二隻獵犬，追趕北方大熊的狩獵人之姿。依照希臘神話，這是被變成大熊的凱莉絲托的兒子阿卡斯。在森林中遇見大熊，不知那是母親的化身，想要制伏大熊的阿卡斯之姿高掛天空，讓人不得不感嘆命運的殘酷。

　　在阿卡斯左腳發光的，就是這顆 η 星（右攝堤一）。阿拉伯語代表「孤獨之星」，是非常悲傷的星。

★守護星占卜

　　以牧夫座的 η 星為守護星的你，一旦陷入情網，便會自我犧牲、為對方盡心盡力。你的戀人也和你一樣親切。看起來非常理想的這種關係，一旦毀壞了，就很難修復。甚至演變成攻擊對方、憎恨對方的局面。這是你不甘心以往的付出全被踐踏的緣故。

　　凡事只要勉強，就必定會產生不良後果，希望你將心情放開一點。如果對於對方的缺點能睜隻眼閉隻眼，以溫柔的眼神相對待，將使你的魅力倍增。

當天誕生的名人
渡邊淳一（1933・作家）
比爾・瓦瑪（1936・演員）
凱興・克賴（1947・演員）
夏樹陽子（1952・女演員）

Memorial

Birthday Star

φ・**Centaurus**

（半人馬座φ星）

特性：幼少時的影響、地區、風俗

具備謙虛美德的正直

★星星與傳說

　　這個星座，在日本只能看見一半，但在能看見全姿的土地上仰望，會被其堂堂之姿所懾服。如山脈般起伏的這個星座，代表希臘神話中上場，半人半馬的肯塔烏斯族。

　　據稱，肯塔烏斯族是不知禮儀的凶暴怪物。而成為星座的弗羅斯，是海勒克里斯的好朋友。他在海勒克里斯的冒險之旅中，擔任帶路的工作，並且和海勒克里斯一起飲酒作樂。在神話當中，弗羅斯為肯塔烏斯族留下很好的形象。

★守護星占卜

　　以半人馬座φ星為守護星的你，自幼即對愛護、照顧自己的人，能坦率地表達自己心中的感謝。環境、風俗習慣、朋友、雙親……。你認為之所以有今天的自己，並非靠一己之力，而是眾多支持所致。這也是你今天會這麼幸福的原因。

　　不好大喜功、胸懷謙虛的美德，會使你的光芒越來越閃亮。

當天誕生的名人
畢卡索（1881・畫家）
土門拳（1909・攝影家）
大仁田厚（1957・職業摔角手）

Memorial

β · **Centaurus**

（半人馬座 β 星）

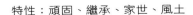

特性：頑固、繼承、家世、風土

注重傳統的頑固

★星星與傳說

　　這顆星是和 α 星一起發出美麗光芒的星辰，成為南半球天空的重要指針。位於半人半馬之肯塔烏斯族的前腳，閃耀藍白光芒。

　　據說肯塔烏斯族是不知禮儀的怪物，而成為星座的肯塔烏斯人，是酒神狄歐尼桑斯的親人弗羅斯。在海勒克里斯冒險任務中帶路、一起飲酒作樂，為肯塔烏斯族留下美好的印象。

★守護星占卜

　　以閃耀藍白光的 β 星（馬腹）為守護星的你，有眷戀傳統、繼承、舊物的傾向。這和你與生俱來的禮儀端正相符合。發展此一長處可使你成功。

　　另一方面，你也很頑固，因此無法從單一型態中超出，始終在自己的糾葛中打轉。無法接受的部分乾脆剪斷，這才是解決之道

當天誕生的名人

托洛斯基（1879．俄政治家）
織田作之助（1913．作家）
弗朗索．米提朗（1916．政治家）
井森美幸（1968．女演員）
孫越（演員．社會義工）

Memorial

311

Birthday Star

θ · Centaurus

（半人馬座 θ 星）

特性：都市性、先得、獨立心

向上的獨立精神

★星星與傳說

半人馬座，在南半球的地平線附近，描繪出如山脈般起伏之姿，這代表希臘神話中上場，半人半馬的怪物肯塔烏斯族。

肯塔烏斯族是凶暴的民族，成為星座的弗羅斯，是肯塔烏斯族當中，氣質良好的年輕人。他支持海勒克里斯的冒險活動，並繼承酒神狄歐尼桑斯的調酒技術，是神與人共同的好朋友。

在弗羅斯肩部發光的，就是這顆 θ 星。它是半人馬座當中，第三亮的星辰。

★守護星占卜

以半人馬座 θ 星為守護星的你，是獨立心旺盛的人。你想從束縛住自己的枷鎖中掙脫的意志力強，這也正是你向偉大夢想、目標前進的開端。但只是一股勁地想跳過去，只會引起各種困難而已。三思而後行很重要。

一旦埋首於某事當中，你就好像看不見其他事情了。不論工作、戀愛方面，你看起來都很辛苦，但投入的喜悅比誰都大。

當天誕生的名人
半村良（1933・作家）
堀內孝雄（1949・音樂家）
高嶋政伸（1966・演員）

Memorial

Birthday Star

κ · **Virgo**

（室女座κ星）

特性：目的意識、忍耐力、修行

沈穩當中的美

★星星與傳說

　　室女座是太陽通道黃道十二宮之一，代表左手持麥穗，有翅膀的女神之姿。這位女神名為德梅泰爾，是守護大地的農業女神。她和一位美麗的女兒蓓爾雪寶妮一起生活。但冥府之神愛上蓓爾雪寶妮，並將她搶了過去。德梅泰爾沈浸在悲傷中，使田地荒蕪、農作物無法收成。於是冥府之神哈地斯決定，蓓爾雪寶妮於十一月至二月，必須在冥府生活，春天至秋天可以回去和母親團聚。於是，在蓓爾雪寶妮回家的三月，大地上的草木都長出新芽，也就是春天來了。

　　這顆星代表在德梅泰爾左腳邊搖擺的裙角。

★守護星占卜

　　以室女座為守護星的你，是位努力不懈的人。但你並不會將苦勞表現出來，而屬於沈穩、內斂的美德。與你有交情的人，都會了解你的價值。

　　謙虛、謹慎的姿勢令人儷服，也令人對你產生好感。不過，不必要總是那麼保守，有時也華麗點吧！

當天誕生的名人
清水義範（1947・作家）
茱莉亞・洛芭茲（1967・女演員）

Memorial

Birthday Star
Arcturus

（牧夫座 α 星）

特性：靜寂、冥想、孤獨、預知

獨自的世界觀與精神力

★星星與傳說

　　可說是春夜象徵的，正是這顆室女座的大角星。在天頂附近閃耀橘色光芒的這顆星，真是與季節相互輝映的美麗星辰。

　　依照希臘神話，這個牧夫座代表追趕熊的獵人阿卡斯。阿卡斯是天神宙斯與美麗侍女凱莉絲托所生。但凱莉絲托觸怒了女神海拉，於是被變成一隻醜陋的大熊。長大成人後，阿卡斯不知在森林中看見的熊是自己的母親，予以射殺。牧夫座含有如此悲傷的傳說。

★守護星占卜

　　以橘色大角星為守護星的你，擁有自己堅定的世界，你很重視一人獨處時光。也許會感覺被周圍的人遺棄，但你是精神力很強的人。

　　就像你重視自己的世界一樣，你絕不會踐踏別人的世界或心靈。即使戀愛，也能築起彼此尊重、平等交往的關係。

當天誕生的名人
哈雷（1656・天文學家）
小栗康平（1945・電影導演）
陳昇（歌手）

Memorial

314

Birthday Star

λ · Virgo

（室女座λ星）

特性：理想、野心、自我改革

重視簡單的自由

★星星與傳說

　　室女座是左手持麥穗的少女之姿，代表的是農業女神德梅泰爾。德梅泰爾是奧林匹斯山十二位神當中，神格最崇高的女神。她與天神宙斯生下一位漂亮的女兒蓓爾雪寶妮。但蓓爾雪寶妮被冥府之神哈地斯誘拐，吃下象徵婚姻的石榴果實。因此，蓓爾雪寶妮在十一月至二月這段期間，非得待在冥府生活不可。女兒不在的日子，德梅泰爾悲傷得無法讓田地有收成，草木也枯萎了。冬季就是從這時開始。

　　這顆λ星在女神左腳尖發光。

★守護星占卜

　　以室女座λ星為守護星的你，不會被常識、倫理侷限，能夠依自己的意願，自由地生活。不管對人或對物，你的想法都很簡單，所以是心靈健全之人。一切自己負責，不依賴任何人的行動，值得誇耀。

　　專心向前的你很有魅力，但對戀人而言，看起來很危險。累的時候，還是依靠在他的身旁吧！

當天誕生的名人

杜斯妥也夫斯基（1821・作家）
波爾・華雷利（1871・詩人）
馬拉度納（1960・足球選手）

Memorial

Birthday Star

Ψ · Centaurus

（半人馬座Ψ星）

特性：共感、信念、自己改善

期待與投入過度

★星星與傳說

四月至五月，在南半球地平線附近，描繪如山脈起伏之姿的，就是半人馬座。這代表希臘神話中上場，半人半馬的怪物肯塔烏斯族。

肯塔烏斯族是凶暴的民族，但成為星座的弗羅斯，卻支持海勒克里斯的冒險行動，並繼承酒神狄歐尼桑斯的調酒技術，是神與人的好朋友。

日本人對這顆星也不陌生，宮澤賢治在童話『銀河鐵路之夜』中有提到。

★守護星占卜

以半人馬座Ψ星為守護星的你，是很會向前設定目標的人。一旦看準一件事，就勇往直前，並有過剩的期待，但是如果期待與現實結果不同，中途便失去意慾。「沒這麼好」不正的你的口頭禪嗎？

戀愛、結婚也一定由你的意志決定。而感情是彩色的或黑白的，也操之在你。

當天誕生的名人
威末爾（1632·荷蘭畫家）
馬利·洛朗森（1885·畫家）
加藤健一（1949·演員）
蔣介石（1887·政治家）

Memorial

Birthday Star

θ · **Bootes**

（牧夫座 θ 星）

特性：野心、目的意識、漂泊

凝視理想的無私精神

★星星與傳說

　　成為牧夫座的，是年輕人阿卡斯。阿卡斯的母親是凱莉絲托，成為大熊座高掛夜空。

　　有一天，凱莉絲托抗拒不了天神宙斯的寵愛，懷了宙斯的孩子。宙斯的妻子海拉知道這件事情後，非常生氣，便將凱莉絲托變成一隻醜陋的大熊。兒子阿卡斯長大成人後，成為一位獵師，與凱莉絲托在森林中見面。但阿卡斯不知道眼前的大熊就是自己的母親，舉起手中刺槍，奪走母親的生命。

　　θ 星代表拉著二條獵犬的左手。

★守護星占卜

　　以牧夫座為守護星的你，是一位為達目的能捨私利私慾的聖潔者。你不會縱容自己，可說是以崇高理想為目標的理想家。但有時太相信自己的能力，反而會失去一切你所擁有的。

　　戀愛方面，並不是堅強就可隨心所欲，也不是一個人能成就之事。有時得退讓一步。

當天誕生的名人
荻原朔太郎（1886・詩人）
逢坂剛（1943・作家）

Memorial

317

11/2

Birthday Star

γ ・ **Bootes**

（牧夫座γ星）

特性：夢想、虛榮、熱情、憧憬

具有創造力的浪漫性

★星星與傳說

　　牧夫座描繪的，是半裸體的大男人，牽著二隻獵犬，追趕北方大熊的獵人之姿。依照希臘神話，這是變成大熊的凱莉絲托的兒子阿卡斯。凱莉絲托抗拒不了天神宙斯的求愛，生下了阿卡斯，但這件事情令女神海拉非常生氣，凱莉絲托所付出的代價，就是變成大熊。長大成人後成為獵師的阿卡斯，不知道在森林中遇見的大熊就是自己的母親，極力想制伏大熊。看見天上的阿卡斯之姿，令人不得不感嘆命運的殘酷。

　　這顆γ星位於阿卡斯的左肩，稍微帶點藍的白色光芒，靜靜敘述著悲傷的傳說。

★守護星占卜

　　以牧夫座白色γ星為守護星的你，具有豐富的創造力。當你夢想自己獲得大成功時，你所散發的光彩比誰都艷麗。也就是所謂「顯貴」願望強的人。但不要只是漠然等待幸運降臨，自身鍛鍊最重要。

　　當你注意到支持你的人存在時，這個人不會結束你的夢想，而會幫你實現夢想。

當天誕生的名人
瑪麗・安彤奈特（1755・法國皇后）
瑞基諾・威斯康汀（1906・電影導演）
歐陽菲菲（1947・歌手）
深田恭子（1982・歌手）

Memorial

η · **Centaurus**

（半人馬座 η 星）

特性：應用力、複合、發明、洞察

研究心與順應性

★星星與傳說

半人半馬的怪物肯塔烏斯族，住在亞洲的陪利翁山。據說他們是不懂禮儀的凶暴種族，但其中還是有受人尊敬的肯塔烏斯族。

勇士海勒克里斯與肯塔烏斯族有密切的關係。他年幼時，跟隨肯塔烏斯族的凱隆學習技藝，捕捉住在艾利曼頓地方的大豬時，也是由肯塔烏斯族的弗羅斯領路。而海勒克里斯最痛苦的時期，竟也是因為中了肯塔烏斯的劇毒。力與勇之間的關係，著實饒富趣味。

★守護星占卜

以半人馬座 η 星為守護星的你，具有順應性的天賦。即使與人初見面，或到陌生的場所，也絲毫不膽怯，總是依照自己原本的步調前進。此外，你也具備研究者的素質。持續下去，最後一定能夠漂亮地完成工作。

不論和任何人相處，都能立即坦誠相待。和你聊天非常舒服。但你好得有時讓人忘了你是「異性」，因此在成為一對戀人之前，恐怕得多花些時間。

當天誕生的名人
巴迪可（1801·作家、出版商）
手塚治虫（1926·漫畫家）
柄本明（1948·演員）
向井亞紀（1964·女演員）

Memorial

Birthday Star
α^1 · Centaurus

（半人馬座 α^1 星）

特性：構想、仲介、刷新人際關係

具備側耳傾聽的包容力

★星星與傳說

四月至五月，在南半球的地平線附近，描繪出如山脈般起伏的星座，就是半人馬座。這代表希臘神話中上場的半人半馬怪物，肯塔烏斯族之姿。據稱，肯塔烏斯族是非常凶暴的種族，但成為星座的弗羅斯，則是氣質佳、成為神與人類好友的人。

這顆星稍微帶點黃色。距離地球4.3光年，已知是最近的恆星。

★守護星占卜

以半人馬座 α^1 星為守護星的你，能夠專心傾聽別人說話，乍看之下，這好像沒什麼，但實際上卻是使人際關係圓滑最重要的條件。再怎麼動聽的話，也比不上敲響對方的心。不用講道理，不用分析內容，面對努力了解對方心情的你，誰都覺得舒暢。在與戀人交往時，也不要忘了這種資質，做個最好的聽眾。

當天誕生的名人
宏索斯特（1590·荷蘭畫家）
泉鏡花（1873·作家）
池內淳子（1933·女演員）
西田敏行（1947·演員）
拉爾夫·馬奇霍（1962）

Memorial

Birthday Star

α · Lupus

（豺狼座α星）

特性：人性、擔心、愛幫助別人

不論得失的溫情

★星星與傳說

看看肯塔烏斯族所描繪的半人半馬圖形，可以看見半人半馬雙手握槍，向前擊倒一匹狼之姿。肯塔烏斯族是狩獵高手，也是凶暴的種族，這個豺狼座，也許就是為了顯示他們力量之強大吧！

這個星座和旁邊的半人馬座，共同構成相當華麗的星空。

這顆星代表被槍刺到的狼，縮起來的左腳。

★守護星占卜

以豺狼座為守護星的你，是能不計個人得失與他人交往者。你經常自我反省，不會違背人的感情，也不會出現衝突、憎恨等情況。也因為如此，所以你的表情總是那麼的穩當。

即使戀愛中，也以尊重對方心情為首要，所以不會有無聊的事爭吵。此外，你也很會撒嬌，可愛得令人想保護你。自然發揮這種誘人之處，是戀愛關鍵。

當天誕生的名人

費雯麗（1913・女演員）
莎姆雪帕德（1943・劇作家）
天地真理（1951・歌手）
泰克馬・奧尼爾（1963）

Memorial

Birthday Star

Mizar

（牧夫座 ε 星）

特性：寬容、純真無瑕、天真爛漫

自由奔放的純真

★星星與傳說

令人熟悉的春夜象徵牧夫座，代表追趕大熊的獵人阿卡斯。阿卡斯是天神宙斯與美麗侍女凱莉絲托所生。但這件事被善妒的女神海拉知道後，便將凱莉絲托變成一隻醜陋的大熊，阿卡斯長大成人後成為獵師，不知在森林中遇見的大熊就是自己的母親，準備奪取母親的生命。牧夫座代表的就是這個母子悲慘的故事。

ε 星（梗河一）是在阿卡斯的腰際發光的黃色星。與藍白伴星並排成美麗雙星。

★守護星占卜

以牧夫座美麗的梗河一為守護星的你，擁有小孩般的純真，這點很能吸引人心。不知是否不了解常識、秩序，你的生活方式總是那麼奔放。因為你不知害怕，不知道哪一天會做出什麼事情來。這種不知危險為何物的態度，也是你的魅力之一。

但光是擁有單純的一面，往往會讓人輕視你太幼稚了。愛上你的人會很擔心你，用善意來解釋對方，才能培育愛的幼苗。

當天誕生的名人
薩克斯（1814・樂器製造者）
莎莉・費爾特（1946・女演員）
松岡修造（1967・網球手）
小田茜（1978・演員）
Memorial

Birthday Star
Kocab

（小熊座 β 星）

特性：自我批判、意志、理想、寬大

具備包容力的寬大

★星星與傳說

　　成為小熊座的是年輕人阿卡斯。阿卡斯的母親是在月之女神身邊服務的侍女凱莉絲托，凱莉絲托也成為大熊座裝飾夜空。

　　凱莉絲托受天神宙斯寵愛，懷了宙斯的孩子。知道這件事情後，女神海拉非常生氣，便將凱莉絲托變成一隻醜陋的大熊。當時，阿卡斯才剛出生而已。長大成人後的阿卡斯，不知在森林中偶然遇見的熊是自己的母親，準備槍殺大熊之姿，與凱莉絲托同掛天空。

　　這顆 β 星（帝星、北極二）在3000年前左右是北極星。如今也閃耀黃色鮮艷光芒於夜空中。

★守護星占卜

　　以黃色北極二為守護星的你，是最佳戀人。具有包容力、寬大，很樂意幫助他人。但再怎麼為別人，也總不能犧牲自己啊！不要什麼事都為別人，請為自己訂定目標。創造自己的世界，可使愛苗生長。

當天誕生的名人
居禮夫人（1867・物理學家）
久保田萬太郎（1889・作家）
阿柏・加繆（1913・作家）
長瀨智也（1978・演員）

Memorial

Birthday Star
Zuben el Genubi
（天秤座 α^2 星）

特性：集中力、寡言、謙虛

具行動力的樸直

★星星與傳說

正義女神阿絲德蕾雅，為了裁定人類的善惡，便利用天秤測量判斷。天秤座即代表這個天秤。

以前秋分點在天秤座，晝夜等長，是非常平衡的季節象徵星座。希臘、羅馬時代，這也是了解收穫季節的重要星座。

這顆 α^2（氐宿一）的意思是「南籠」，亦即天秤南側的盤子。綻放帶藍色的白光。

★守護星占卜

以天秤座的 α^2 為守護星的你，是沈默寡言、確實實行的人。你不會故意裝飾自己，屬於在不顯著地方閃耀光輝型。「有能力的老鷹藏起爪子」，不是嗎？

你值得別人信賴，而他人交代你做什麼事情，絕對能夠放心。你是很好的商量對象，但要成為戀愛對象，希望你再積極、熱情一點。

當天誕生的名人
巴納特（1922·醫師）
若尾文子（1933·女演員）
阿藍·多隆（1935·演員）
陳亞蘭（演員、節目主持人）

Memorial

Birthday Star

β · Lupus

（豺狼座 β 星）

特性：好奇心、情報、猜疑心

容易寂寞的好奇心

★星星與傳說

詩人阿特拉斯在天文詩中歌誦：「肯塔烏斯手上捕捉到的野獸」，就是指這匹豺狼。一般星圖中描繪狼之姿，但古代星圖中也有描繪豬而非狼的場合。在希臘神話當中，有一段勇士海勒克里斯制伏魔豬的武勇傳說，其中有一部分便是得到肯塔烏斯族的弗羅斯所協助。無論如何，這個星座都是為了加深肯塔烏斯族的存在。

β 星是在左腳尖發光的星

★守護星占卜

以豺狼座為守護星的你，有良好的資訊情報關係。但好奇心太強烈，甚至深入對方所不願別人觸及的世界。也許你只是一心一意想更了解你所喜歡的人，但這種以興趣為本位的行動，會被認為感覺遲鈍。

另外一方面，你容易覺得寂寞。也許你的行為正是不願讓他人見到此弱點的潛在意識表現於外。填滿你不足的心是大目標，早點找到生命的價值吧！

當天誕生的名人
屠格涅夫（1818·作家）
野口英世（1876·細菌學者）
賈秀全（1963·足球選手）

Memorial

Birthday Star
Nekkar
（牧夫座 β 星）

特性：好奇心、神秘、宗教。

夢想未知的想像力

★星星與傳說

　　成為牧夫座的是獵人阿卡斯。阿卡斯的母親凱莉絲托，也成為大熊座裝飾夜空。

　　有一天，凱莉絲托無法抗拒天神宙斯的寵愛，懷了宙斯的孩子。宙斯的妻子海拉知道後，非常憤怒，便將凱莉絲托變成一隻醜陋的大熊。數十年後，凱莉絲托的兒子阿卡斯長大成人，在森林中遇見凱莉絲托變身的大熊。不知眼前大熊是母親的阿卡斯，想奪取母親性命。春天夜空中，正在敘述這段悲傷的母子故事。

　　β星（七公增五）是位於阿卡斯頭部的星，綻放黃色光芒。

★守護星占卜

　　以牧夫座的黃色七公增五為守護星的你，正像這顆星所表現的神秘星光一般，具有科學無法解釋的不可思議才能，這正表示對於未知的憧憬。

　　戀愛方面，也屬於在不安定時期感到最充實型。你以想像戀愛對象的種種為樂。就像一次次鐘聲一樣，在鐘響的瞬間令人無法忍受，但接著又喪失興趣，什麼都沒有了。忍耐力是邁向幸福的關鍵。

當天誕生的名人
馬丁路德（1483・宗教改革家）
山城新伍（1938・演員）
松尾嘉代（1943・女演員）

Memorial

Birthday Star

Ψ・Bootes

（牧夫座Ψ星）

特性：反彈、改革、自由、信念

崇高的理想與強烈的信念

★星星與傳說

牧夫座是描繪一手持刺槍，另一手牽著以皮帶繫在一起的二隻獵犬的大男人之姿。

依照希臘神話，這是獵師阿卡斯之姿，也就是天神宙斯與侍女凱莉絲托的兒子。宙斯的妻子，善妒的海拉知情後，將凱莉絲托變成一隻醜陋的大熊。長大成人後成為獵師的阿卡斯，不知在森林中遇見的熊是母親，準備持刺槍追殺大熊。

位於牧夫座附近的大熊座，是阿卡斯的母親凱莉絲托。在華麗的春夜裡，述說這麼一個悲傷的故事。

★守護星占卜

以牧夫座的Ψ星為守護星的你，具崇高的理想，以強烈的信念向前邁進。討厭束縛，也有反抗被強迫的精神。雖然具備相信自己、不猶疑行動的勇氣，但容易於自以為是的危險中。還是避免無意義的反抗吧！

你很不喜歡戀人干涉你，同樣地，你也不會干涉戀人。並不是對對方沒興趣，但這種交往方式或許比較好。對戀愛淡泊的異性較適合你。

當天誕生的名人
布干維（1729・航海家）
田中美佐子（1959・女演員）
黛咪・摩兒（1962・女演員）
李奧納多（1974・男演員）
吳天心（演員・節目主持人）

Memorial

Birthday Star

ζ · Lupus

（豺狼座ζ星）

特性：本能、攻擊性、性的魅力

充滿性魅力與活力

★星星與傳說

豺狼座與旁邊的獵戶座，一起將夜空裝飾得華麗鮮艷。

看看獵戶座所描繪的圖，是半人半馬的肯塔烏斯族，雙手持刺槍擊倒一匹狼之姿。肯塔烏斯族擅長狩獵，這個豺狼座，也正是證明其能力的星座。

ζ星位於狼尾處。

★守護星占卜

以豺狼座的ζ星為守護星的你，興趣廣泛，具備享受人生的才能。工作時完全投入，遊戲時也盡情盡興，從來不知無聊為何物。你在性方面充滿魅力，屬於戀愛經驗豐富型。

萬事順利的反面，就是禁不起逆境。當被指出缺點的時候，不深自反省，而採取徹底攻擊對方的手段，藉以保護自己。應該要有接受批評的雅量。

當天誕生的名人
羅丹（1840．法國雕塑家）
克莉絲・凱莉（1928．女演員）
克梅妮奇（1961．體操選手）
麻木久二子（1964．演員）
孫文（1866．中華民國國父）

Memorial

Birthday Star

δ · **Bootes**

（牧夫座 δ 星）

特性：鬥爭、好色、本能欲求

外表笑容當中潛藏的內在野心

★星星與傳說

　　牧夫座描繪半裸體的大男人，牽著二條獵犬，追趕北方大熊的姿態。這位獵人正是變成大熊的凱莉莉絲托的兒子阿卡斯。凱莉絲托抗拒不了天神宙斯的求愛，生下了阿卡斯，但卻激怒了女神海拉，因此被變成醜陋的大熊。後來成為獵師的阿卡斯，不知在森林中遇見的大熊是自己的母親，打算獵殺大熊。看見阿卡斯在天空之姿，令人不得不感慨命運的殘酷。

　　這顆星在阿卡斯的右肩發光。

★守護星占卜

　　以大熊座 δ 星為守護星的你，在平和的笑臉當中，隱藏著很大的野心。懷著自認為具有實力卻不被認同的不滿，一直等待自己表現的舞台。緊急時，你會冷酷地踢走別人，對敵人而言是恐怖的存在。

　　對異性不知是否有絕對的自信，總是隱藏傲慢之處。這種傲慢也是你吸引異性的魅力。以行動表現溫柔，有助於戀情的發展。

當天誕生的名人
史蒂文生（1850．蘇格蘭作家）
西村壽行（1930．作家）
琴・雪芭克（1938．女演員）
木村拓哉（1972．歌手）

Memorial

329

Birthday Star
Zubeneschamail
（天秤座β星）

特性：超自然、兩極端、善與惡

溫柔與殘酷雙面性

★星星與傳說

　　天秤座代表正義之神阿絲德蕾雅為衡量人類善惡使用的天秤。在地球的黃金時代，人類與神共同幸福地生活。阿絲德蕾雅的天秤也傾向「善」的一方。然而，人類打開收藏各種災厄的「潘朵拉之箱」。然雖人類收納了人類各種醜惡紛爭，但天秤卻只傾向「惡」的一方。阿絲德蕾雅只好到天界去了。

　　這顆星是「北籠」之意，位於北側天秤的盤子，綻放翡翠綠美麗的光芒。

★守護星占卜

　　以翡翠綠的β星（氐宿四）為守護星的你，具有溫柔與殘酷的雙面性。喜歡與人交往，照顧人的你，有時也會恨得想殺人，這是為什麼呢？這是無法控制的感情部分超自然的存在。

　　但是你這種過強的差異，也許會造成周圍的人的迷惑。重新審視自己的真心，才是通往幸福之道。

當天誕生的名人
克羅多・莫奈（1840・畫家）
尼赫魯（1889・政治家）
力道山（1924・職業摔角選手）

Memorial

Birthday Star

ε · **Lupus**

（豺狼座 ε 星）

特性：合理性、科學、唯物

理論的社會性

★星星與傳說

　　一般星圖中，這個星座代表的是狼，但古代星圖則是豬而非狼。在希臘神話勇士海勒克里斯制伏魔豬的武勇傳中，有名為弗羅斯的肯塔烏斯族協助海勒克里斯一節。詩人阿特拉斯在天文詩中也歌誦：「肯塔烏斯族手上捕捉到的野獸。」總而言之，這是為了加深狩獵名人肯塔烏斯族之存在而設的星座。

　　在野獸胸部發光的就是 ε 星。

★守護星占卜

　　以豺狼座為守護星的妳，具備科學方面的才能。能夠很有條理地思考事情。但是，這項優秀的才能，有時候會讓妳不相信他人。妳往往以科學的眼光分析感情、感性。如果能夠在理智與熱情之間尋求平衡，妳就能夠掌握幸福。

　　能夠從妳自己做的陷阱當中將妳拯救出來的，仍然是人。當妳發現身邊出現超越理論、魅力十足的人之時，妳會突然談一場偉大的戀愛。

當天誕生的名人
坂本龍馬（1835·幕末志士）
笹澤左保（1930·作家）

Memorial

11/16

Birthday Star

β · Corona Borealis

（北冕座 β 星）

特性：獨斷、合理性、博識

冷靜與合理性

★星星與傳說

這個皇冠，據說是酒神狄歐尼桑斯送給克里特島公主亞莉特娜的禮物。

克里特島的居民，被一種稱為米諾達爾的牛頭人身怪物所擾，當地英雄西休斯最後制伏了這種怪物。西休斯想娶亞莉特娜為妻，但為了不違反神的戒條，只好獨自默默離開。在悲傷欲絕的亞莉特娜面前出現的，正是狄歐尼桑斯。他贈送公主鑲有七顆寶石的皇冠，並娶亞莉特娜為妻。

這顆 β 星（貫索三）代表七顆寶石之一。

★守護星占卜

以北冕座貫索三為守護星的你，具備理性思考的才能，很有辦法順應社會生活。你能夠不被感情推著走、而以理性思考一切。你對人也很有興趣，能夠以冷靜的態度分析人的內心及精神。但這並非全部。你對人有附加價值的部分，也必須融入自己當中。

博學的你，在自己的戀愛方面，好像不能如想像般順心。找到忠言是關鍵。

當天誕生的名人
達朗伯赫（1717・數學家）
北村透谷（1868・詩人）

Memorial

Birthday Star

θ ・ Ursa Minor

（小熊座θ星）

特性：自我主張、自信、征服慾

敏銳的頭腦與自信

★星星與傳說

　　大熊座的北斗七星，呈柄杓形的七顆星很有名；小熊座也和北極星在柄的一端一樣，是七顆星排列成柄杓形。這二個星座，從形狀及星座名即可推測，代表母親與兒子。

　　母親是在月之女神身旁服務的侍女凱莉絲托。因為長得太漂亮，而得到天神宙斯的寵愛，生下兒子阿卡斯。得知此事的天神宙斯妻子海拉，於是將凱莉絲托變成一隻醜陋的大熊，甚至連阿卡斯都逃不過變成小熊的命運。這是希臘神話中的悲劇故事，但現在阿卡斯成為天上的指針，堂堂誇耀其姿。θ星代表小熊的軀體。

★守護星占卜

　　以小熊座為守護星的你，腦筋轉得快，對於自己的想法絕對有信心。但在自己以理性思考事物的同時，往往要別人服從自己，因此令人敬而遠之。聰明的你，一定相信給別人好印象的重要性。大而化之、寬容可以啟開運勢。對戀人溫柔點。

當天誕生的名人
本田宗一郎（1906・實業家）
內田裕也（1939・音樂家）
蘇非・馬爾蘇（1966）

Memorial

11/18

Birthday Star
Gemma
（北冕座 α 星）

要求主導權的指導性

★星星與傳說

克里特島出現牛頭人身的怪物米諾達爾，使附近居民備感苦惱。此時出現的英雄是西休斯，很漂亮地制伏了怪物，並打算娶該國公主亞莉特娜為妻。但自知無法拂逆天神的戒條，只好獨自默默地離開。當亞莉特娜悲傷欲絕時，正好酒神狄歐尼桑斯出現，並贈送鑲有七顆寶石的皇冠，安慰亞莉特娜，娶她為妻。這個皇冠後來就成為星座裝飾夜空。

α星（貫索四）具有寶石的意義，綻放如鑽石般高貴的藍白光。

★守護星占卜

以如鑽石般光輝的貫索四為守護星的你，具備立於他人前頭的素質。你有希望以自己的的意見為中心的一面。但你也很重視朋友，為他人盡心盡力，受他人歡迎，你也從中感到喜悅。

即使遇見喜歡的對象，你也往往想握有主導權。努力站在對等立場互相交往，「Give and take 」的精神能帶來幸福。

當天誕生的名人
達蓋爾（1789・攝影界）
古賀政男（1904・作曲家）
森進一（1947・歌手）
溫兆倫（歌手・演員）
Memorial

τ · Librs

（天秤座 τ 星）

11/19

特性：理想、熱中、尊重知識

自尊內在的信念

★星星與傳說

正義女神阿絲德蕾雅，為了裁定人類的善惡，用天秤測量下決定。天秤座代表這個天秤。在地球的黃金時代，人與神共同幸福生活，阿絲德蕾雅的天秤也傾向「善」的一方。後來，人類不斷進行醜陋的鬥爭，現在天秤不是傾向「惡」的一方了嗎？

此外，以前秋分點在天秤座，是晝夜等長，非常均衡的季節象徵。在希臘、羅馬時代，這是了解收成季節的重要星座。

★守護星占卜

以天秤座 τ 星為守護星的你，是能依照自己信念生活的人。你的資質非常好，但卻太過於被常識、道理束縛住了，也許不得不犧牲自己的人性。重視「真正的自己」，表現出你具備的人性魅力，才能招來幸運。關於戀愛、結婚等問題，往往虛張聲勢。必須透視捨棄自尊的瞬間。

當天誕生的名人

勒西普（1805・外交家）
古井由吉（1937・作家）
茉蒂・芳絲達（1962・女演員）

Memorial

11/20

Birthday Star

Unukalhay

（巨蛇座 α 星）

特性：自我批判、無責任、照顧

神經質、膽怯

★星星與傳說

這個星座的蛇，是蛇夫座的神醫阿斯克拉匹亞所抱的蛇，被指為醫術的象徵。阿斯克拉匹亞是治療蛇毒的神醫，利用蛇以毒攻毒的治療法，救人起死回生，也使蛇與醫術結下不解之緣。

阿斯克拉匹亞死後，義大利流行大瘟疫時，阿斯克拉匹亞在夢中復活，變為巨大蛇姿，消滅瘟疫，所以稱巨蛇為醫術的使者。

這顆星是在蛇的胸部發光的黃色星。

★守護星占卜

以散發神秘光芒的蜀（天市右垣七）為守護星的你，在人際關係方面，可說有點神經質。從某種意義而言，是製造氣氛者。為了打破冷場局面，你可能會有驚人的行動，甚至將人拿出來奉承一番。大膽表現自己，可以讓你掌握幸運。

在戀愛方面屬於自我防禦。能否主張自己、積極戀愛，是幸福的關鍵。

當天誕生的名人
拉格勒夫（1858‧小說家）
市川崑（1915‧電影導演）
羅勃‧甘迺迪（1925‧政治家）

Memorial

Birthday Star

κ · Serpens

（巨蛇座 κ 星）

特性：目的意識、理想、理論先行

對於崇高理想的慾望

★星星與傳說

蛇夫座的雙手抱著巨大的蛇，這條巨蛇即獨立成為巨蛇座。蛇夫座是神醫阿斯克拉匹亞，為希臘名醫，父親是太陽神阿波羅。

蛇被認為是脫皮後重生的長生不死象徵。此外，利用蛇的休克療法，也使蛇與醫術結下不解的關係。

★守護星占卜

以巨蛇座的 κ 星為守護星的你，是有崇高的理想、偉大夢想的人。但你也容易因不懂現實方法，而陷於欲求不滿當中。壓抑自己內心潛在希望比人高一等的慾望，可使你開運。

戀愛的對象，你也不以一般人為滿足。學歷、經歷、容貌……等等，在在都得高人一等才行。但這也只是一開始，一旦陷於熱戀當中，你就變了。超越苦難後，即可邁向幸福安定之道。

當天誕生的名人

柯南（1787・船業鉅子）
佐野周二（1912・演員）
平幹二郎（1933・演員）
許景淳（歌手）

Memorial

337

Birthday Star

ρ · **Serpens**

（巨蛇座ρ星）

特性：意志、冒險心、無計畫

勇敢挑戰的意慾

★星星與傳說

　　蛇夫座的神醫阿斯克拉匹斯，雙手抱著一條巨蛇。蛇是醫術的象徵。阿斯克拉匹斯是能治療蛇毒的名醫，因為了解利用蛇進行休克療法，使得蛇與醫術結下解不開的關係。

　　阿斯克拉匹斯死後，義大利流行瘟疫，阿斯克拉匹斯便化為一條巨蛇之姿復活，使瘟疫消失無蹤，因此蛇被稱為醫術的使者。

★守護星占卜

　　以巨蛇座ρ星為守護星的你，說夢的眼睛閃閃發光。你具備不怕危險、喜歡冒險的勇者資質。不論機率多小的機會，你都勇敢面對。太過於追逐夢想，將使你的腳步不穩，恐怕導致失敗。光是意慾是不夠的，必須有周詳的計畫及心理準備。

　　戀愛也因你的橫衝直撞造成失敗。必須鍛鍊自己的心，不要被異性傷害了。以失敗為借鏡，你將嘗到幸福戀情的甜蜜。

當天誕生的名人
安特烈吉特（1869‧作家）
戴高樂（1890‧政治家）
波利斯‧培卡（1967‧網球選手）

Memorial

β · Triangulum Australe

（南三角座 β 星）

特性：鬥爭性、遊戲感覺、勇氣

快步跑的朝氣

★星星與傳說

位於天空南極附近，幾乎形成二等邊正三角形的，就是南三角座。

這是自1603年德國巴爾記載於星圖伍拉諾梅多利亞以來，才廣為人知。但大約在一個世紀以前，即相傳於荷蘭航海者之間。

這顆星位於三角形北邊的角，綻放白色的光芒。

★守護星占卜

以南三角座為守護星的你，具有朝氣的性格，連爭鬥也像遊戲一樣，感覺非常快樂。天生不論什麼事都往正面方向思考，可以渡過非常充實的人生。此外，你不卑恭屈膝、不逢迎諂媚，依照真正自己往前進的樸直，能為你帶來幸運。

與戀人之間的關係，也在歷經重重阻擾之後，才會越來越堅固。希望找一位和你一樣，具有樂觀個性的伴侶一起享受人生。

當天誕生的名人
法雅（1876・作曲家）
十朱幸代（1942・女演員）
小室等（1943・作曲家）

Memorial

Birthday Star

π · **Scorpius**

（天蠍座 π 星）

特性：自主性、反叛、自由

勝負強的自由主義

★星星與傳說

在南極的天空，可以看見盛夏之象徵天蠍座，可說是星座的大傑作。大 S 型的曲線，綻放異彩。

這隻天蠍帶有劇毒，因為獵人奧利安誇稱自己天下無敵，這句話引起神明的不滿，便派出一隻毒蠍去刺殺他。毒蠍用天生的螯刺將奧利安毒死。

奧利安（獵戶座）與毒蠍（天蠍座）後來都成為星座，但絕不同時出現在天空。

這顆 π 星在天蠍的頭部三顆並排星當中，位於最南端閃耀藍色光。

★守護星占卜

你討厭受束縛，是自由奔放的人。具備大組織也比不上的剛強。只要意見衝突，你立即翻臉，但你的率直也獲得不少眾望。

以天蠍座為守護星，你具有一刺就將對方刺倒的力量。向戀愛挑戰，多半也能一次成功。一開始強迫，之後花些時間努力互相了解，是邁向幸福的關鍵。

當天誕生的名人
科洛帝（1826・作家）
洛特雷克（1864・畫家）
清川虹子（1914・女演員）

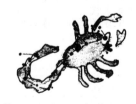

Memorial

β · Scorpins

（天蠍座 β¹ 星）

特性：知性的尊重、勤勉、神秘

隱藏野心的沈穩

★星星與傳說

　　天蠍座代表棲息在熱帶地方沙漠中的毒蠍。七夕左右的傍晚，在銀河往南地平線落下處，描繪出大 S 型。

　　依照希臘神話，這隻毒蠍是天神派去刺殺奧利安的刺客。最後奧利安和毒蠍均成為星座，但當天蠍座出現在天空時，奧利安（獵戶座）就嚇得不敢出現。

　　天蠍座的爪根部，即為此 β 星（房宿四）。這是與伴星一起形成的星。

★守護星占卜

　　被天蠍座的 β 星守護的你，內心藏著很大的野心，夢想著何時能有表現的舞台。內心深處的野心，一直等待機會。

　　你第一印象絕不強烈，只是毫不經意地進入視界而已，並不受注目。但假以時日，你會成為令人難忘者。你能與熟人譜出意外的戀曲。

當天誕生的名人
賓士（1844・工程師）
安德魯・卡耐基（1835・實業家）
吉本隆明（1924・思想家）

Memorial

11/26

Birthday Star

φ・Hercules

（武仙座φ星）

特性：個人主義、統率力、自命不凡

華麗行動派

★星星與傳說

　　海勒克里斯這個名字，不僅成為星座武仙座而已，在希臘神話中也很活躍。他所成就的許多偉大事業，是其他星座望塵莫及的，他的強力在神話中也是出類拔萃。但他的一生不是華麗而已，甚至可說非常悲壯。因為流著天神宙斯的血，所以得承受女神海拉的嫉妒與詛咒，不但親手殺死自己的妻兒，還必須完成十二項修行，渡過波瀾萬丈的人生。

　　這顆φ星在海勒克里斯的右膝發光。

★守護星占卜

　　以武仙座為守護星的你，具有領導人的資質。能演出最有魅力的自己、展現最大的才華，而且有膽量，無法忍受自己與人並駕齊驅。控制自己、讓人看見你的努力是有必要的。

　　你的資質對異性很有效。醒目也是你的魅力，能搏得異性的好感。但這也只是在一開始而已，之後就得以內容取勝了。最後培育出沈穩朦朧的愛情。

當天誕生的名人
尤涅斯科（1912・劇作家）
舒爾茲（1922・漫畫家）
長岡秀星（1936・插畫家）
況明潔（歌手・演員）

Memorial

Birthday Star
δ ・ Ophiuchus
（蛇夫座 δ 星）

特性：急性、個人主義、強迫的愛情

不惜戰鬥的前進主義

★星星與傳說

夏天南半球天空很顯目的星座，是蛇夫座。雙手捉住蛇頭昂起的大蛇，這個巨大男人代表神醫阿斯克拉匹亞。他是太陽神阿波羅與德沙利亞公主克羅妮絲所生，自幼雙眼閃耀的太陽的光輝。

跟在肯塔烏斯族的名人凱隆身邊習藝，在醫術方面尤其發揮優秀才能，不論什麼疾病，他都能夠治療，甚至能使死者復活。但卻因此而觸怒了黃泉國的國王哈地斯，天神只好讓他升天。

這顆星位於握住蛇的左手。實際光度為太陽的七十倍，是顆紅色巨星。

★守護星占卜

以閃耀紅色光芒的蛇夫座 δ 星為守護星的你，具備不斷向前的力量。你也會聚集與你志同道合的伙伴，對抗阻擾你前進的敵人。強迫與協調性的平衡感覺，是成功關鍵。能與柔和的異性成為不錯的一對，創造幸福的愛情關係。

當天誕生的名人
攝爾西烏斯（1701・天文學家）
藤田嗣治（1886・畫家）
松下幸之助（1894・實業家）
小室哲哉（1958・音樂家）

Memorial

Birthday Star

η · **Ursa Minor**

（小熊座η星）

特性：進取、力量、慾望、野心

挑戰進取的精神

★星星與傳說

　　成為小熊座的，是年輕人阿卡斯。阿卡斯的母親是凱莉絲托，成為大熊座高掛夜空。有一天，凱莉絲托抗拒不了天神宙斯的寵愛，懷了宙斯的孩子。宙斯的妻子海拉知情後，非常憤怒，便將凱莉絲托變成醜陋的大熊。數十年後，兒子阿卡斯長大成人，不知在森林中遇見的大熊正是自己的母親，舉起刺槍就要扔過去。怎麼能讓阿卡斯殺死自己的母親呢？於是宙斯將阿卡斯變成小熊之姿，並讓二人一起升天。

　　η星位於小熊的右後腳。為形成柄杓的七顆星之一。

★守護星占卜

　　以小熊座的η星為守護星的你，能用自己的方法向新事物挑戰。只要自己想要的東西，便不顧一切地投入追求，但只要發現沒什麼用，就立即捨棄。仔細凝視戀愛中的自己，可邁向幸福之道。

當天誕生的名人
布雷克（1757・藝術家）
向田邦子（1929・作家）
原田知世（1967・女演員）
蓮舫（1967・藝人）

Memorial

σ · **Scorpius**

（天蠍座 σ 星）

特性：繼承、執著、對權力的欲求

奔走名譽的推進力

★星星與傳說

夏天夜裡，可以看見南半球描繪巨大的 S 型曲線，這就是天蠍座。這個天蠍座是冬季天空獵戶座（奧利安）的刺客。

奧利安是個狂傲的獵人，相信自己的力量，並且誇下豪語：「天下沒有人比得過我。」因此觸怒了神明。神明派出毒蠍當刺客，刺殺奧利安。獵戶座只在天蠍座不會出現的冬季夜空才能看得見，就是這個緣故。

在天蠍座心臟附近放藍白色光芒的，就是這顆 σ 星（心宿一）。

★守護星占卜

以天蠍座心宿一為守護星的你，對於權力、名譽有著無比的意志力，是非常強勢的人。面對偉大的夢想，有向前進的力量。另一方面，對於不遵從自己意見的人，也有冷酷的部份。你是不是能接受與自己不同的聲音，是最重要關鍵。

自己任性的行動及不聽他人意見的頑固，對戀愛場面有負面的影響。以冷靜的眼光看待事情，是邁向幸福愛情的捷徑。

當天誕生的名人

勝新太郎（1931・演員）
澤木耕太郎（1947・作家）
尾崎豐（1965・音樂家）
西太后（1835）

Memorial

Birthday Star

η · **Draco**

（天龍座 η 星）

特性：正義、恐怖政治、理想

直線奔跑的過度激烈

★星星與傳說

　　黑斯庇斯花園內的金蘋果樹，是天神宙斯與女神海拉結婚時的賀禮。終年不休息看守蘋果樹的，是一條忠實的龍拉頓。雖然後來被當成武仙（海勒克里斯）修行的犧牲品，但天神感謝他的忠誠，於是讓牠升天，看守北極，成為現在的天龍座。

　　這顆 η 星約在天龍的軀體處，綻放黃色的光芒。

★守護星占卜

　　以天龍座的 η 星為守護星的你，是不允許歪曲事情的正義漢。面臨突發事件時，恐怕喪失冷靜判斷的能力。有時候會出現過於激烈的行動，使周圍更混亂。過於被既定的思考所束縛，會造成戀愛的麻煩，但樸直地越過苦難，即可享受甜美的愛情。柔順的應對是戀愛成功的關鍵。

當天誕生的名人
馬克吐溫（1835・作家）
邱吉爾（1874・政治家）
L・M・蒙哥馬利（1874・作家）
鍾漢良（歌手）

Memorial

Birthday Star

α · **Scorpius**

（天蠍座 α 星）

特性：糾葛、人性、適應力

凝視內在的瞳孔

★星星與傳說

天蠍座可說是夏季天空象徵的豪華星座。大 S 型曲線，心臟部位的紅色一等星心宿二，令人有魔物般的印象。別名「天蠍的心臟」，這是一顆亮度會改變的變光星。

依照希臘神話，天蠍是天神派去刺殺奧利安的刺客。後來天蠍與奧利安（獵戶座）都成為星座，但在天蠍座出現的夏季天空，獵戶座絕不會出現。

★守護星占卜

被盛夏夜的象徵天蠍座心宿二守護的你，最重視人性，絕對不會從外觀判斷一個人。換句話說，你的人性很具有價值。

你是個認真的人，因此會為許多矛盾所苦惱。當得知以正義之名進行暴力、污衊之事；以人情為名進行貪污之事時，心中就會產生糾葛。但這也是你溫柔的證明。以真正的自己生活最幸福。

當天誕生的名人
塔索德夫人（1761·蠟像製作人）
伍地·阿雷（1935·電影導演）
藤純子（1945·女演員）

Memorial

Birthday Star

τ · **Scorpius**

（天蠍座 τ 星）

特性：革新、嶄新思想、進步

不受常識束縛的思考力

★星星與傳說

在南半球天空可以看見盛夏之象徵天蠍座，可說是星座的大傑作。大 S 型曲線綻放艷麗光芒。

帶有劇毒的蠍子，是天神送給自誇天下無敵的獵人奧利安的禮物。奧利安的驕傲激怒了眾神，眾神便派毒蠍刺殺奧利安。

獵戶座（奧利安）和天蠍座絕不會同時出現在天空。

這顆 τ 星（心宿三）位於天蠍的心臟附近，綻放藍白色的光芒。

★守護星占卜

以天蠍座為守護星的你，不會受古老的常識所束縛，而且不是那種說過就忘了的人。你會用自己的思考判斷事物。讚同你的人應該很多。為了要多數人成就大事業，就得有領導者。你就是適合的人選。

也許你還沒注意到自己的能力，請對自己有信心，向新事物挑戰。等待與互相了解的異性墜入情網吧！

當天誕生的名人
高峰三枝子（1918・女演員）
卡拉絲（1923・女高音）
山崎努（1936・演員）
毛尼卡・雪利修（1973）

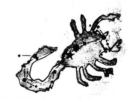

Memorial

Birthday Star

ζ · **Ophiuchus**

（蛇夫座ζ星）

特性：過去、幼少的記憶、自我犧牲

重義理的恩情

★星星與傳說

　　成為蛇夫座的是神醫阿斯克拉匹亞。他是太陽神阿波羅與德沙利亞國公主克羅妮絲所生，自幼即享有神童美譽，跟隨肯塔烏斯族的賢者凱隆學習醫術，是希臘非常有名的醫生。

　　蛇是再生不死的象徵，阿斯克拉匹亞能夠醫治蛇毒，像守護神般地抱著蛇。

　　這顆ζ星位於阿斯克拉匹克的左膝，為藍白星。

★守護星占卜

　　以蛇夫座的ζ星為守護星的你，絕對不會忘記他人的恩情。不僅是有情有義的人而已，還能將他人對你的好牢記在心。過去犯的錯誤，你會謹記在心，當成內心的警惕，不再犯第二次。

　　眼光朝向未知的自己，能掌握幸運。戀愛方面，能客觀審視二人是關鍵。

當天誕生的名人
康拉德（1857 · 小說家）
永井荷風（1879 · 作家）
金大中（1925 · 南韓總統）
篠山紀信（1940 · 攝影家）
毛尼卡 · 亞雷休（1973 · 網球選手）

Memorial

Birthday Star

ζ · **Hercules**

（武仙座ζ星）

特性：學問、歷史興趣、革命、指導性

有信賴感的探究心

★星星與傳說

　　海勒克里斯是希臘神話中有名的勇士。他是天神宙斯與培修斯的孫女艾爾克梅涅的孩子，小時候，即有雙手扭斷蛇脖子的怪力。他曾隨半人半馬的肯塔烏斯族凱隆習武及學問，並且技術越來越高超。但他承受天神宙斯之妻海拉的詛咒，一生過著波瀾萬丈的生活。為了逃避詛咒，他甚至了斷自己的生命，但仍無法消除海拉的氣，現在仍被高掛天空。

　　這顆星位於海勒克里斯右邊的腰際。綻放黃色光芒的這顆ζ星，據稱會逐漸變成紅色。

★守護星占卜

　　以武仙座ζ星為守護星的你，是充滿探究心的努力者。通常會在了解事物的道理後才付諸行動，很適合站在指導的立場。你也潛藏集合同伴，進行改革的力量。確實實行能帶來幸運。

　　緊張狀態持續，會使你的心鬆弛，變得想依賴人。這種柔弱對異性而言，也是難以抗拒的魅力。

當天誕生的名人
康丁斯基（1866·畫家）
里爾克（1875·詩人）
傑拉爾·菲利普（1922·演員）
盧泰愚（1932·南韓前總統）
淺香唯（1969·歌手）

Memorial

α · Triangulum Australe

（南三角座 α 星）

特性：情緒不安、試行錯誤、實驗

有大局觀的時代感覺

★星星與傳說

　　這個星座是1603年德國巴爾記載在星圖伍拉諾梅多利亞的。但大約一世紀之前，荷蘭航海者們就觸及這個星座。

　　在天空南極附近，形成幾乎二等邊三角形的，就是這個星座。

　　這顆 α 星位於三角形的左角處。

★守護星占卜

　　以南三角座 α 星為守護星的你，對於時代之流行敏感，能立即判斷現在需要什麼。即使一般人容易忽略的細微瑣事，你也能大致得知其流向。具行動性，但性情變化無常，所以聽天由命往往失敗。

　　戀愛方面，你會一個接一個戀愛地談下去。經過幾次戀愛經驗後，才踏實地結婚。

當天誕生的名人
卡斯特（1839·美國將領）
渥特·狄士尼（1901·電影導演）
木下惠介（1912·電影導演）
湯·約翰遜（1949）

Memorial

12/6

Birthday Star

ε · **Scorpius**

（天蠍座 ε 星）

特性：依賴心、見風轉舵、配合主義

友情內在潛藏依賴

★星星與傳說

　　天蠍座在七夕左右的傍晚，當銀河往南方地平線流下處，描繪出一個大 S 型。

　　天蠍座代表在熱帶地方沙漠棲息的毒蠍。依照希臘神話，牠扮演刺殺奧利安（獵戶座）的刺客。後來，奧利安和毒蠍均成為星座，但在天蠍座出現的夏季天空，獵戶座絕對不會出現。

　　在這個星座所描繪的 S 正中央閃耀黃色光芒的，就是 ε 星。

★守護星占卜

　　以閃耀黃色光芒的天蠍座 ε 星為守護星的你，具備良好的協調性。你很重視朋友，但比起你給朋友什麼，反而你得自他人的恩惠多一些。這是依賴和被依賴者之間的關係。

　　此外，你對朋友往往比戀人優先。你往往因被愛而放心依靠對方，事實上，乾脆讓對方依賴的決心是戀愛的關鍵。

當天誕生的名人
鶴田浩二（1924・演員）
宍戶錠（1933・演員）
湯姆・哈爾斯（1953）

Memorial

352

ι · **Ophiuchus**

（蛇夫座 ι 星）

特性：權威主義、權力志向

巧妙利用與內在的不安

★星星與傳說

　　成為蛇夫座的是阿斯克拉匹亞，為太陽神阿波羅與德沙利亞國公主克羅妮絲的孩子。精通所有的學問，在醫術方面更發揮出優秀的才能，後來被稱為神醫。但他因為利用蛇髮女怪的血，使得死者復活，因此激怒了冥府之王哈地斯。阿斯克里匹亞不得不讓天神宙斯取走性命，但魂魄卻升上天空成為星座。

　　此外，當許多人因瘟疫而陷於苦痛時，他化身為蛇姿，消滅瘟疫。從此之後，蛇就成為醫術的守護神。

★守護星占卜

　　以蛇夫座為守護星的你，是懂得處世之道的人。利用大力量，以上層為目標，在高準確率之下獲得勝利。但有時信心會動搖，這時必須以行動打開死結。

　　看不見戀人便不安，不斷地疑心疑鬼。相信對方是戀愛的秘訣。

當天誕生的名人
西鄉隆盛（1827·政治家）
與謝野晶子（1878·歌人）
森下洋子（1948·芭蕾舞女演員）
伊藤かずえ（1966·女演員）

Memorial

Birthday Star

ι・Hercules

（武仙座 ι 星）

特性：無謀、過分自信、自由

一匹狼的現實主義

★星星與傳說

海勒克里斯是天神宙斯與培修斯的孫女阿爾克梅涅所生的孩子。在希臘神話中，他以怪力巨人聞名。但他終身背負著女神海拉詛咒的包袱，親手殺死自己的妻子，並且必須從事十二項苦修行，以彌補他的罪過。這一切都是海拉在背後操縱。

海勒克里斯死後，天神宙斯讓他升天成為星座，但仍然不能違反海拉的詛咒，只能以倒掛之姿呈現。

ι 星位於海勒克里斯的左腳脖子處。

★守護星占卜

以武仙座的 ι 星為守護星的你，相信自己的力量，很不喜歡聽組織的指示行事，也很討厭依附在大樹蔭之下。具有強烈意志力。

有時會出現無謀的行動。受一匹狼的自尊心所支配，想割捨他人的輔佐及干涉。側耳傾聽他人的聲音，是成功的關鍵。

關於戀愛，屬於周圍越反對，戀情就燃燒得越旺盛型。大戀愛最後踏上結婚一途。

當天誕生的名人

夏米・大衛 Jr（1925・頂尖舞者）
吉姆・莫里松（1943・音樂家）
稻垣吾郎（1973・演員）
劉嘉玲（演員）

Memorial

60 · Hercules

（武仙座 60 星）

特性：驕傲、無計畫、思慮不足

以理想為目標的頑固

★星星與傳說

海勒克里斯不僅成為星座而已，他的名字在希臘神話中也很活耀，被稱為勇士。他僅僅花十年的時間，便完成了其他任何星座都比不上的十二項苦差事。但他的一生遭遇，與英雄傳說相反，充滿了苦澀與悲壯。因為他身上流著天神宙斯的血，所以讓宙斯之妻海拉憎恨，從誕生至升天，歷經重重困難與苦痛。

星座之姿是屈膝，好像掛在天上倒轉一般。難道成為星座後，仍讓海拉憎恨嗎？

這顆星代表他的頭髮。

★守護星占卜

你的意慾、理想總是走在前頭。往往一個人為所欲為。自尊心很強，一旦踏出腳步，就有旁人拉不回來的頑固一面。結果當然導致大失敗。重視附近的忠言者，才是通往幸運之道。重視友情。

戀愛方面，無謀的行動反而得到意外的幸運。

當天誕生的名人
溫克曼（1717·藝術家）
白石加代子（1941·女演員）
落合博滿（1957·職業棒球選手）
雅子（1963·日皇太子妃）

Memorial

Birthday Star

η · **Ophiuchus**

（蛇夫座 η 星）

特性：知識、先見性、利用

有先見之明的單純

★星星與傳說

　　蛇夫座代表握著蛇站立的神醫阿斯克拉匹亞。他是太陽神阿波羅與德沙利亞國公主克羅絲的孩子。從小就有一對如太陽般閃耀的雙眼，被稱為神童。他從肯塔烏斯族的凱隆那裡學到各種學問，尤其在醫術方面發揮優秀的才能。不論任何疾病都難不倒他，甚至還能使死者復活。但卻因此觸怒了黃泉國王哈地斯，天神宙斯不得不取走他的性命。

　　在阿克斯里匹亞右膝發光的，就是這顆 η 星。

★守護星占卜

　　以蛇夫座 η 星為守護星的你，是個直樸、單純的人。因為樸直，所以禁不起誘惑，屬於容易被欺騙型。相信人的心情很重要，但首先得注意自己要站得穩。知識豐富，又有先見之明，只要沒出現什麼大錯誤，即可成就大事業。

　　乍看之下，你顯得生硬、不和氣，這造成第一印象的損失。多微笑可增添魅力。

當天誕生的名人
魯司（1870・建築師）
寺山修司（1935・詩人）
荻野目洋子（1968・歌手）
呂良煥（1936・高爾夫名人）

Memorial

Birthday Star
Ras Algethi
（武仙座 α^1 星）

特性：模仿、形式主義、流行感覺

被裝飾的魅力

★星星與傳說

海勒克里斯是希臘神話中有名的勇士。他是天神宙斯與培修斯的孫女阿爾克梅涅所生，年幼時即能徒手扭斷蛇脖子，具備怪力量。後來他的能力越來越優秀，但卻因為背負受宙斯之妻海拉詛咒的宿命，使他的一生波瀾萬丈。在自己的生命結束後，雖然擺脫了詛咒的苦難，但海拉的怒氣大概還沒消失。所以即使成為星座，海勒克里斯仍呈現倒掛之姿。

這顆 α^1 星（帝座）在海勒克里斯的頭部發光。閃耀紅色光芒的這顆星，究竟在訴說些什麼？

★守護星占卜

以綻放紅色光芒的帝座為守護星的你，往往無意識自己本來的魅力。只在意別人的事，怠於磨練自己的個性。發現自己內藏的金礦，才是成功之道。

即使和戀人在一起，他有努力過度裝飾自己的傾向。原來的你魅力十足。

當天誕生的名人
小川真由美（1939・女演員）
谷村新司（1948・音樂家）
原由子（1956・音樂家）
黎明（演員・歌手）

Memorial

Birthday Star

π · **Hercules**

（武仙座 π 星）

特性：好奇心、挑戰、攻勢

潛藏向上心的理想

★星星與傳說

海勒克里斯是天神宙斯與培修斯之孫女阿爾克梅涅的孩子。他是希臘神話中有名的怪力巨人，但終其一生卻背負著女神海拉的詛咒。親手殺死自己的妻子後，為了贖罪，他必須完成十二項痛苦修行，這十二項苦差事就像個網一樣套住海勒克里斯。死後雖然從詛咒中逃離，但海拉的怒氣卻還沒消，海勒克里斯還被倒掛在天空。

這顆星代表海勒克里斯彎曲的左腳。

★守護星占卜

以武仙座 π 星為守護星的你，擁有旺盛的好奇心，潛藏向上心。不縱容現在的自己，總是以更上一層理想為目標。即使是不滿、憤怒，也會成為成長的推動力，不服輸的堅強有正面作用。在被保護的環境下，如何使自己奮發，是成功的關鍵。

只有戀愛，光是強迫恐怕無法如願以償。寬容才能帶來的幸福之戀。

當天誕生的名人
小津安二郎（1903・電影導演）
法蘭克・希那多拉（1915・歌手）
耶哈頓（1959・足球選手）
詹尼華・高娜俐（1970・女演員）

Memorial

358

Birthday Star

θ・Ophiuchus
（蛇夫座θ星）

特性：冒險心、經驗、衝動的

不集中的奇遇

★星星與傳說

　　成為蛇夫座的，是被稱為神醫的阿斯克拉匹亞。蛇是再生不死的象徵，因為阿斯克拉匹亞能自由地控制蛇毒，所以像守護神一般抱著蛇。阿斯克里匹亞是太陽神阿波羅與德沙利亞國公主克羅妮絲的孩子，自幼即被稱為神童。後來在阿波羅的勸說下，跟隨肯塔烏斯族的凱隆習醫，成為希臘的名醫。

　　這顆θ星位於阿斯克里匹亞的右腳尖。綻放藍白光芒。

★守護星占卜

　　以蛇夫座θ星為守護星的你，冒險心旺盛，多數經驗使你成長。但也有欠缺集中力的一面。即使知識豐富，也往往半途而廢。如果身旁有提供忠言的支持者，即可成就大事業。別忘了聽聽周圍的聲音。

　　就算談戀愛，也屬於易熱易冷型。往往忘記二人培育出的喜悅。忍耐是戀愛的重點。

當天誕生的名人
亨利海涅（1797・詩人）
仲代達矢（1932・演員）
織田裕二（1967・演員）

Memorial

Birthday Star

β・Ara

（天壇座 β 星）

特性：順應性、幸福、樂天

玩危險遊戲的樂天主義

★星星與傳說

　　天壇座在日本只有北部看得見，但這是自希臘時代即廣為人知的星座。天壇是向眾神獻物時使用的捧台，為非常神聖的星座。銀河中有很多變光星、星雲、星團，因此也傳說這是眾神創造的星座。

　　清楚描繪出羅馬字的 ι，這比什麼都令人印象深刻。β 星位於 ι 字的轉角。

★守護星占卜

　　以天壇座為守護星的你，是個樂天派。你所揭示的理想不只一個，不斷地嘗試自己的可能性，因此從旁人眼中看來，你呈現不安定的印象。你愛充滿魅力的危險，更甚於安定的幸福。

　　戀愛方面波瀾也多。在彼此心情穩定時，靜靜地談談心，能創造更甜美的二人關係。

當天誕生的名人

納斯特拉達馬斯（1503・預言家）
坂東妻三郎（1901・演員）
信西亞・基夫（1963）

Memorial

Birthday Star

ν・Scorpius

（天蠍座 ν 星）

特性：運動、鬥爭心、性慾

運動員的開朗

★星星與傳說

夏夜南半球的天空，描繪出巨大 S 型的，是天蠍座。這個天蠍座正是被派去刺殺臨冬季天空的粗暴者奧利安（獵戶座）的殺手。

奧利安是驕傲的狩獵名人，對自己的力量非常有信心，甚至自誇：「天下沒有比我更強的。」因此激怒了眾神。被選派去當刺殺奧利安的刺客，就是毒蠍。獵戶座只在天蠍座不會出現的冬季天空現身，就是這個緣故。

這顆 ν 星，是位於毒蠍的毒針頭發光的星辰。其藍色光芒，讓人感覺出冷酷。

★守護星占卜

以天蠍座 ν 星為守護星的你，是具行動性的人，充滿開朗的氣氛，受眾人矚目。喜歡運動、腦袋也好，是具有性魅力的人。像你這種人緣好的人，容易陷於過分自信的泥沼中。認真思考人和的一面。

即使你自己不主動接近別人，許多人也會主動來接近你。分清精神面與慾望是戀愛的重點。

當天誕生的名人
谷川俊太郎（1931・詩人）
細川俊之（1940・演員）
張洪量（歌手）

Memorial

12/16

Birthday Star
λ・Scorpius
（天蠍座λ星）

特性：**驕傲、以名譽為志向**

驕傲的挑戰心

★星星與傳說

天蠍座是被派去刺殺粗暴者奧利安的殺手。

奧利安是狩獵名人，非常驕傲，甚至誇下豪語：「天底下沒有比我更強的。」一副唯我獨尊的模樣，因此激怒了眾神。被挑選去制伏奧利安的刺客，就是毒蠍。奧利安即使成為獵戶座之後，仍然怕害毒蠍，因此只在天蠍不出現的冬季夜空才露臉。

λ星是構成毒針的藍色星，其光輝與其說美麗，倒不如說令人感覺其魔般的魅力。

★守護星占卜

以天蠍座λ星為守護星的你，是很驕傲的人，具備與眾不同的才能與感性，懂得如何向最高的自己挑戰，因此備受注目。

雖是自己與他人公認的實力派，但為求表現，往往絞盡腦汁使自己更突出，超出原來自己的界限。謙虛一點吧！這也是戀愛的重點。

當天誕生的名人
貝多芬（1770・作曲家）
尾崎紅葉（1867・作家）
松山千春（1955・音樂家）

Memorial

Birthday Star

θ ・Scorpius

（天蠍座 θ 星）

特性：自我主張、權力、排他的

奔跑的熱情

★星星與傳說

　　天蠍座在七夕左右的傍晚，於銀河向南地平線落下處，描繪出大 S 型，可說是盛夏的象徵星座。

　　天蠍代表棲息於熱帶地方沙漠的毒蠍。依照希臘神話，牠扮演刺殺奧利安的刺客。即使奧利安成為星座獵戶座後，當天蠍座出現在天空的夏季，獵戶座便害怕得不敢出來。

　　這顆 θ 星位於尾部南端閃耀白光的星辰。

★守護星占卜

　　以天蠍座白色 θ 星為守護星的你，具有熱情的性格。往往不聽他人意見即往前直衝。另外也有非常投入的一面。

　　你需要一位能幫你踩剎車的冷靜沈著伴侶。就算有點囉嗦也沒關係，只要能控制你就好。

當天誕生的名人
基斯・李查茲（1943・音樂家）
夏目雅子（1957・女演員）
西村知美（1970・歌手）
牧瀨里穗（1971・女演員）

Memorial

Birthday Star
Kelb al Rai
（蛇夫座 β 星）

特性：權威、大義、名譽

謹守禮節的權威主義

★星星與傳說

　　成為蛇夫座的，是太陽神阿波羅與德沙利亞國公主克羅妮絲的孩子，名叫阿斯克拉匹亞。他精通各種學問，尤其在醫術方面，發揮優秀的才能，後來被尊稱為神醫。但後來利用蛇髮女怪的血，使死者復活，因此觸怒了冥府之神王哈地斯。阿斯克拉匹亞死後，天神宙斯讓他的魂魄升天，成為蛇夫座。

　　當恐怖的瘟疫再度來襲時，阿斯克拉匹亞化為蛇姿再現，消滅瘟疫。從此以後，蛇就被稱為是醫術的守護神。

　　這顆星是在右肩發光的黃色星。

★守護星占卜

　　以蛇夫座的 β 星（宗正一）為守護星的你，了解古老東西的價值，對於禮儀、秩序很寬容。此外，禁不起權威、名譽的誘惑，很容易受花言巧語所矇騙。以客觀的眼光面對自己能帶來幸運。

　　戀愛方面，是否能掌握住迸出激情的開端，是重要關鍵。

當天誕生的名人
史蒂芬・史匹柏（1947・電影導演）
布施明（1947・歌手）
池田理代子（1947・漫畫家）

Memorial

364

Birthday Star

γ · Ophiuchus

（蛇夫座γ星）

特性：浪費、虛榮、華美

服務精神旺盛的商業人才

★星星與傳說

抱住頭部仰起的蛇站立的蛇夫座，代表神醫阿斯克拉匹亞。他是太陽神阿波羅與德沙利亞國公主克羅妮絲所生，自幼即擁有如太陽般閃亮的眼眸，被稱為神童。他跟隨肯塔烏斯族的凱隆學習一切學問，尤其在醫術方面發揮優秀才能。不論什麼疾病都難不倒他，甚至能使死者復活。但卻因此激怒黃泉國王哈地斯，而斷送性命。

他的魂魄成為星座，至今仍閃耀亮麗的光芒。這顆γ星位於他魁武的右肩。

★守護星占卜

以蛇夫座為守護星的你，很懂得掌握人心的技巧，是很好的商業人才。你不但一眼即知對方現在想什麼？而且還具備旺盛的服務精神，所以任何人和你在一起，都會感覺很舒服。

你的戀人不少，東挑西選的結果，終能掌握住溫柔的戀情。

當天誕生的名人

勃列日涅夫（1906 · 政治家）
艾狄德 · 西亞夫（1915 · 鄉村歌手）
山德斯（1960 · 足球選手）

Memorial

Birthday Star

ξ・Draco

（天龍座ξ星）

特性：理想、理念、宗教

肯定的寬容

★星星與傳說

　　天龍座的龍，在在北非阿特拉斯山的黑斯庇斯花園，看守黃金蘋果樹的忠實龍，名為拉頓。黃金蘋果樹，是天神宙斯與女神海拉結婚時，眾神的賀禮。為了獎賞拉頓不眠不休看守蘋果樹的功績，於是讓牠成為一個星座。現在，牠好像看守天空指標北極星似的，一直繞行，不沈入地平線下。

　　這顆星位於龍下顎處閃耀光輝。

★守護星占卜

　　以天龍座ξ星為守護星的你，是能夠以肯定眼光看待一切的寬大之人。即使有人失敗了，你也能將著眼點擺在以往的努力上。不探究缺點，完全認同優點的姿態，真是了不起的長處。

　　只不過在戀愛方面，過於寬容恐怕被對方背叛。但最終能有美好的戀情關係。

當天誕生的名人
北里柴三郎（1852・化學家）
野田秀樹（1955・演出家）
櫻井幸子（1973・女演員）

Memorial

γ ・ **Draco**

（天龍座 γ 星）

特性：團體意識、權力志向、合理性

直覺敏銳的自我中心性

★星星與傳說

　　天龍座最明亮的，就是這顆 γ 星（四棓天）。它是組成龍頭的黃色星，閃耀神秘之光。

　　這條龍並非東方傳說的龍，而是西方的飛龍(Dragon)。依照希臘神話，看守西方盡頭的樂園，黑斯庇斯花園的怪獸，名為拉頓。據傳拉頓一百個頭，因此能夠不分晝夜仔細看守，為了獎勵牠看守連海勒克里斯也視為目標的黃金蘋果樹，因此讓牠成為天上星座。

★守護星占卜

　　以天龍座 γ 星為守護星的你，遇見與自己想法相同、嗜好相同的人，會立即毫無隔閡地與對方融洽交談。但你的獨裁也會引起衝突。重視彼此相連之處，尋求相互支持點。

　　戀愛方面，客觀看待二人關係是重點。

當天誕生的名人
松本清張（1909・作家）
珍・芳達（1937・女演員）
本木雅弘（1965・藝人）

Memorial

Birthday Star

ζ・**Serpens**

（巨蛇座ζ星）

特性：風俗、規則、傳統

認眞、有責任感

★星星與傳說

　　蛇夫座的雙手抱著巨大的蛇，這條巨蛇即為巨蛇座，分為頭部與尾部，但在夜空判讀很困難。巨蛇座雖是獨立星座，但無法與蛇夫座的阿斯克拉匹亞分開。阿斯克拉匹亞的父親是太陽神阿波羅，他也是希臘的名醫，甚至能使死者復活。

　　蛇脫皮後能再生，所以被認為是再生不死的象徵。此外，利用蛇的休克療法，也使蛇與醫術的關係變得密切。

★守護星占卜

　　以巨蛇座ζ星為守護星的你，重視秩序與規則，是能給自己責任的人。只不過，這麼一板一眼的人生，恐怕會造成與他人之間的距離。重視人的心情才能成功。

　　戀愛對象、結婚對象也往往重視社會性甚於人性。改變環境多與人接觸，才是幸福之道。

當天誕生的名人
東鄉平八郎（1847・軍人）
普契尼（1858・作曲家）
喬治・羅・富爾（1926）

Memorial

Birthday Star
Nushaba
（人馬座 γ 星）

特性：野心、權力、下剋上

燃燒鬥爭的野心

★星星與傳說

　　希臘神話中的肯塔烏斯族，為上半身人、下半身馬的奇怪生物。他們是粗魯野蠻的民族，據說其中只有凱隆氣質佳、學問好。凱隆也具備武術方面的優秀才能，是弓箭名人。人馬座即凱隆拉弓之姿。

　　γ 星（箕宿一）代表凱隆所持箭的尖端的星。位於美麗的銀河領域中，它可說是構成銀河系中心之一角的星辰。

★守護星占卜

　　以人馬座的箕宿一為守護星的你，內心潛藏鬥爭的野心。只要自己想得到的東西，便盡力爭取，也會誇示自己的力量。往自己的目標努力，協調性之平衡是成功的關鍵。

　　意外地，你會有激烈、感性的戀情。

當天誕生的名人
約翰・佛朗蘇華・向普利翁（1790・考古學者）
丸山健二（1943・作家）
庄野真代（1954・歌手）
可利・哈姆（1971）

Memorial

12/24

Birthday Star

o ・ **Hercules**

（武仙座 *o* 星）

特性：統率力、意志、組織力

統率力優秀的領導型人物

★星星與傳說

　　海勒克里斯成就的許多偉大事業，甚至名留其他星座中。他的強大在神話中占有一席之地，被當成英雄談論著。但他的一生絕不僅華麗而已，甚至可說是悲壯的生涯。因為身上流著天神宙斯的血，因此承受女神海拉的嫉妒與詛咒，渡過波瀾萬丈的一生。

　　他的左手如同誇耀制伏蛇怪希多拉一般，握著數條蛇。代表左手的就是這顆 *o* 星。

★守護星占卜

　　以武仙座為守護星的你，能得到眾人的支持，發揮優秀的統率力。你天生具有領導人的資質。在創意方面下工夫，為大眾盡力。重視協調性能成功。

　　戀人、朋友，因為有這些支持你的人，你才能閃耀光輝。不要忘記感謝周圍的人。

當天誕生的名人
阿川弘之（1920・作家）
平尾昌晃（1937・作曲家）
柏木由紀子（1947・女演員）

Memorial

μ · Sagittarius

（人馬座 μ 星）

特性：指導性、指示高手、集團心理

得人望的協調性

★星星與傳說

　　人馬座的形，是由半人半馬怪物肯塔烏斯族持弓箭構成之姿。這位肯塔烏斯族名為凱隆。他的學問淵博，是希臘豪傑海勒克里斯的老師。很不幸，凱隆被海勒克里斯意外之箭射中，喪失寶貴的生命。但他的雄姿則成為星座，裝飾夏季夜空。

　　構成人馬座的星座的星辰當中，最亮眼的是柄杓形的「南斗六星」。而這六顆星當中，最暗的就是這顆 μ 星。但它的實際亮度為太陽的2萬6000倍，是顆超巨星，可說是潛力雄厚的星辰。

★守護星占卜

　　以人馬座的 μ 星為守護星的你，人際關係很不錯。與人交往順利、獲得眾望，所以你說的話能得到他人的支持。累積如此的實績之後，越來越得到他人信任，產生良性循環。

　　你的幸運對戀愛也有正面的影響。不刻意安排的單純戀愛更幸福。

當天誕生的名人

郁特里羅（1883・畫家）

金子光晴（1895・詩人）

黑雷納・克利斯強森（1968）

Memorial

371

Birthday Star

η · **Sagittarius**

（人馬座η星）

特性：野心、政治、要領、人脈

充滿幸福的政治能力

★星星與傳說

人馬座的主角是希臘神話中，半人半馬的怪物凱隆。肯塔烏斯族是半人半馬的怪物，他們是粗暴野蠻的種族，但只有這位凱隆，是禮儀端正、學問淵博的人。他的名聲很響亮，各國國王及有力之士，都爭相請他教導自己的小孩。太陽神阿波羅也將兒子阿斯克里匹亞託給他，終於被教成名醫。

這顆散發紅色光芒的η星，正如象徵凱隆的智慧一般，綻放知性的光輝。

★守護星占卜

以人馬座的η星為守護星的你，能自然與人交往，獲得許多朋友。你了解給他人幸福，自己也有好處。具備政治才能。

但你不喜歡與人摩擦，光是選擇快樂的方向，無法達成偉大夢想。將衝突與不同意見當成推動力，才能獲得成功。戀愛也一樣。培養在爭吵中成長的戀愛關係。

當天誕生的名人
菊池寬（1888・作家）
亨利・米拉（1891・作家）
毛澤東（1893・政治家）
音無美紀子（1949・女演員）

Memorial

372

Birthday Star

κ・Lyra

（天琴座κ星）

特性：社會性、市民、權力

為社會服務與先取性

★星星與傳說

奧爾菲宇斯是希臘神話中罕見的豎琴名手。他因為失去心愛的妻子伊麗黛絲，傷心欲絕，從此不再彈豎琴。這樣的晚年真悲慘。

豎琴座的κ星，與其說它是構成豎琴的星，還不如說它代表豎琴的音色。豎琴座的每顆星都不是亮星，但卻沈穩地綻放光芒。成為星座的奧爾菲宇斯，應該會再彈奏豎琴吧！這顆星令人感受到他生命的鼓動。

★守護星占卜

以豎琴座為守護星的你，是希望能為社會、群眾服務的人。你會站在前頭發起運動，但你沒辦法百分之百完全表現出自己的優點，也是不爭的事實。請注意，你的潛力超過你的想像。

戀愛方面，過於意識表現出適合對方的自己，是致命傷。以原來的自己與對方交往是重點。

當天誕生的名人
約翰尼斯・開普勒（1571・天文學者）
瑪烈妮・狄德莉琦（1901・女演員）
福田正博（1966・足球選手）

Memorial

373

Birthday Star
Kaus Austrails
（人馬座 ε 星）

特性：安全、膽怯、家族、安定

穩重的調協性

★星星與傳說

　　人馬座當中，最明亮的就是這顆 ε 星（箕宿三）。它是位於弓的南側，綻放藍光的星辰。

　　握住這支弓箭的，是希臘神話中的凱隆。凱隆是肯塔烏斯族之一人，但他不像其他肯塔烏斯族般野蠻，而是屬於沈穩的性格，而且愛好藝術、學術更甚於戰爭。不知是不是這種性格為他帶來災難，他最後卻因誤中海勒克里斯的箭而死。

★守護星占卜

　　以藍色箕宿三為守護星的你，是安定、心靈豐富的人。不論對誰都展露親切的笑容與穩重的態度。每個人只要一見到你，心情就安定不少。你本質也許有些膽怯，但卻以好的形態表現於外。

　　優柔寡斷是戀愛的禁物。應該以毅然決然的態度應付戀愛場面。

當天誕生的名人
堀辰雄（1904・作家）
石原裕次郎（1934・演員）
渡哲也（1941・演員）

Memorial

Birthday Star
Kaus Borealis
（人馬座 λ 星）

特性：自然、接納、寬容、悠閒

愛自然的流暢

★星星與傳說

這是代表「弓箭北側」的星。為黃色三等星，相當於人馬座的弓在前面柔軟彎曲的部分。

人馬座的傳說，來自於持弓者凱隆。凱隆是半人半馬的肯塔烏斯族，他的出生絕非受到祝福。但他和其他粗魯的族人不同，他的性格穩定，而且有智慧、精通各項技術、武術，獲得許多國王及神的信賴。

★守護星占卜

以人馬座的斗宿二為守護星的你，心中自然產生愛。能夠保持內心穩定生活的你，很重視內心的舒暢。你感謝自己在大自然中生存，而且活得很有意義。不論遇到什麼困難都不焦急，靜待時間解決一切。

關於戀愛也要求安定。築起互助的人際關係。

當天誕生的名人
山本安英（1906・女演員）
岸本加代子（1960・女演員）
加勢大周（1969・演藝人員）

Memorial

12/30

Birthday Star

ν・**Pavo**

（孔雀座 ν 星）

特性：穩定、平和、自然、頑固

內心穩定的單純性

★星星與傳說

　　這顆星位於孔雀的羽尾部分。孔雀這種動物，是以其張開的羽毛顯示美麗，但這個星座，卻沒有那麼艷麗的星。

　　依照希臘神話，百眼怪物後來成為孔雀。百眼怪物是為女神海拉工作的怪物，身上有一百個眼睛，不管什麼事都逃不過牠的眼睛，牠日夜擔任守衛的工作。這也是海拉對花心丈夫宙斯的監視方法。孔雀羽毛的花紋，不正是百眼怪物的一百個眼睛嗎？

★守護星占卜

　　以孔雀座為守護星的你，很容易相信別人。更因為你單純、平穩，因此有心人士想利用你，但你會堅持自己的立場，絕不動搖。以溫柔的眼神看待他人的態度，是無人能比的財富。

　　即使愛人背叛你，你往往會認命，不去憎恨對方，掌握與誠實異性約會的機會。

當天誕生的名人
巖谷大四（1915・文藝評論家）
開高健（1930・作家）
伍茲（1975・職業高爾夫球選手）

Memorial

Birthday Star

θ · **Corona Australis**

（南冕座 θ 星）

特性：野心、能力、穩定、攻擊

潛藏攻擊性的理想

★星星與傳說

南冕座位於人馬座的下方，與北冕座一樣描繪出可憐的半圓形。這是半人半馬的肯塔烏斯族中，眾所周知的凱隆的王冠。

凱隆非常優秀，當過希臘英雄海勒克里斯、神醫阿斯克里匹亞的老師。不僅人類，連神也佩服他的智慧。正如歌頌其功績一般，這個星座閃閃發光。

★守護星占卜

以南冕座為守護星的你，具有崇高的理想。非常重視贊同自己理想的同伴。但對敵人也有殘酷的一面。冷靜能帶來幸運。

只不過，過度拘泥理想，會使你忽視現實的嚴苛，不注意時容易掉落陷阱中。好好面對眼前發生的事，踏實地行動。戀愛方面，在熱情中冷靜的判斷是重點。

當天誕生的名人
安利・馬蒂斯（1869・畫家）
高樹澪（1960・女演員）
小錦八十吉（1963・力士）
江口洋介（1967・演員）

Memorial

生活廣場系列

① 366 天誕生星

馬克・矢崎治信／著
李 芳 黛／譯

定價 280 元

② 366 誕生花與誕生石

約翰路易・松岡／著
林 碧 清／譯

定價 280 元

③ 科學命相

淺野八郎／著
林 娟 如／譯

定價 220 元

品冠文化出版社　總經銷

郵政劃撥帳號：19346241

大展出版社有限公司　圖書目錄

地址：台北市北投區(石牌)
　　　致遠一路二段 12 巷 1 號
郵撥：0166955～1

電話：(02)28236031
　　　28236033
傳真：(02)28272069

・法律專欄連載・ 電腦編號 58

・秘傳占卜系列・ 電腦編號 14

・趣味心理講座・ 電腦編號 15

·婦 幼 天 地· 電腦編號 16

37. 生男生女控制術	中垣勝裕著	220 元
38. 使妳的肌膚更亮麗	楊　皓編著	170 元
39. 臉部輪廓變美	芝崎義夫著	180 元
40. 斑點、皺紋自己治療	高須克彌著	180 元
41. 面皰自己治療	伊藤雄康著	180 元
42. 隨心所欲瘦身冥想法	原久子著	180 元
43. 胎兒革命	鈴木丈織著	180 元
44. NS 磁氣平衡法塑造窈窕奇蹟	古屋和江著	180 元
45. 享瘦從腳開始	山田陽子著	180 元
46. 小改變瘦 4 公斤	宮本裕子著	180 元
47. 軟管減肥瘦身	高橋輝男著	180 元
48. 海藻精神秘美容法	劉名揚編著	180 元
49. 肌膚保養與脫毛	鈴木真理著	180 元
50. 10 天減肥 3 公斤	彤雲編輯組	180 元
51. 穿出自己的品味	西村玲子著	280 元

·青春天地· 電腦編號 17

1. A 血型與星座	柯素娥編譯	160 元
2. B 血型與星座	柯素娥編譯	160 元
3. O 血型與星座	柯素娥編譯	160 元
4. AB 血型與星座	柯素娥編譯	120 元
5. 青春期性教室	呂貴嵐編譯	130 元
6. 事半功倍讀書法	王毅希編譯	150 元
7. 難解數學破題	宋釗宜編譯	130 元
9. 小論文寫作秘訣	林顯茂編譯	120 元
11. 中學生野外遊戲	熊谷康編著	120 元
12. 恐怖極短篇	柯素娥編譯	130 元
13. 恐怖夜話	小毛驢編譯	130 元
14. 恐怖幽默短篇	小毛驢編譯	120 元
15. 黑色幽默短篇	小毛驢編譯	120 元
16. 靈異怪談	小毛驢編譯	130 元
17. 錯覺遊戲	小毛驢編著	130 元
18. 整人遊戲	小毛驢編著	150 元
19. 有趣的超常識	柯素娥編譯	130 元
20. 哦！原來如此	林慶旺編譯	130 元
21. 趣味競賽 100 種	劉名揚編譯	120 元
22. 數學謎題入門	宋釗宜編譯	150 元
23. 數學謎題解析	宋釗宜編譯	150 元
24. 透視男女心理	林慶旺編譯	120 元
25. 少女情懷的自白	李桂蘭編譯	120 元
26. 由兄弟姊妹看命運	李玉瓊編譯	130 元
27. 趣味的科學魔術	林慶旺編譯	150 元
28. 趣味的心理實驗室	李燕玲編譯	150 元

·健康天地· 電腦編號 18

國家圖書館出版品預行編目資料

366 天誕生星／馬克‧矢崎治信著，李芳黛譯
　－初版－臺北市，大展，民88
　　373 面；21 公分－（生活廣場；1）
　　譯自：366 日誕生星の本
　　ISBN 957-557-933-X（平裝）

　　1. 占星術

292.22　　　　　　　　　　　　　　　　　88007496

366-NICHI TANJO-BOSHI NO HON by Mark Yazaki Harunobu
Copyright © 1993 by Mark Yazaki Harunobu
All rights reserved
First published in Japan in 1993 by Nihon Bungei-sha
Chinese translation rights arranged with Nihon Bungei-sha
Through Japan Foreign-Rights Centre/Keio Cultural Enterprise Co., Ltd.

版權仲介：京王文化事業有限公司

366 天誕生星　　　ISBN 957-557-933-X

原 著 者／馬克‧矢崎治信
編 譯 者／李 芳 黛
發 行 人／蔡 森 明
出 版 者／大展出版社有限公司
發 行 者／品冠文化出版社
社　　址／台北市北投區（石牌）致遠一路 2 段 12 巷 1 號
電　　話／(02) 28236031‧28236033
傳　　真／(02) 28272069
郵政劃撥／01669551（大展）
　　　　　19346241（品冠）
登 記 證／局版臺業字第 2171 號
承 印 者／國順圖書印刷公司
裝　　訂／嶸興裝訂有限公司
排 版 者／千兵企業有限公司
電　　話／(02) 28812643
初版 1 刷／1999 年（民 88 年）8 月

定　價／280 元